羅振玉 著
羅繼祖 主編
王同策 副主編
張中澍 管成學 王同策 陳維禮 整理

羅振玉學術論著集

第十一集

第十一集目次

上虞羅氏枝分譜

氏族譜録之作，蓋肇于《世本》，其書叙黄帝以來祖世所出。厥後氏族譜録則有《帝王譜》，有《州郡列姓譜》，有《一族姓譜》，凡《隋》、《唐志》所著録，今皆散佚。古宗譜之尚存者，宋之廬陵歐陽氏、眉山蘇氏二家而已。予族由慈谿遷上虞，蓋始于宋南渡以後，逮明永樂始有譜牒，由永樂至我朝同治庚午已屢修，及宣統紀元又增修。當庚午修譜時，予之本支由上虞僑居淮安已四世矣，予時年五齡耳。及宣統修譜，則予備官京師，始得庚午舊譜讀之。蓋生四十餘年，於高曾以上之名字世次不能知也，故鄉廬墓所在不能知也，其懼且恥爲何如也！因念後之視今，亦猶今之視昔。自陵谷變易，予避地海外者八年，僑居津沽者十年，今遯跡遼東，又逾歲矣。家國淪胥，祭饗多闕，首丘之念徒殷，而維桑之敬莫展。我子孫從予轉徙，有未嘗返鄉里者，其幼小在懷抱者，且不知我生之爲何世，矧高、曾以降乎？即今不述，異日長大，其懼且恥，殆有什佰倍于予者矣。今敘曾祖以降爲之譜，以志僑淮安以後之系統，又紀遷上虞以來十九葉本支之所自出，别爲譜冠焉，所以識木本水源也。于近則詳之，于遠則略之，近者所及見、及聞，遠者所傳聞，其信與否不可知也。《舊譜》之首録《豫章譜》，由一世祝融至四十一世珠，一一具載無闕，又録《慈谿譜》紀第一世甫、第二世隱至八世元，咸具名字、事實、妃匹、葬地。考吾族得姓之始，若《世本》、《廣韵》諸書所載，但云：羅，熊姓也。一云祝融之後，妘姓。及本自顓頊，末胤受封於羅，爲楚所滅，子孫以爲氏。可知者如是而已。而《豫章譜》乃世次井井，寧非虚誕，至昭諫祖知徽，父修古，前籍所記甚明。《慈谿譜》乃云："隱父甫，并載其傳狀年譜，其言不雅馴。"其愚且誣，又可知也。今述第一譜自元始，第二譜自僑淮始，略仿歐、蘇譜例。《歐譜》于先世可徵者詳之，不可徵者略之，《蘇譜》則于所自出詳之，非本支略之；《歐譜》止于其身，《蘇譜》則及其子孫之先逝者。予之此譜，并采歐、蘇以前譜例之可考者。漢人有刻石紀祖考名字、厥妣姓氏、忌日及子女名字者矣，則祖考名字、忌日當記，妣之姓氏、忌日亦當記，子當記，女子子亦當記也。《隋志》載《楊氏家譜狀》及《墓記》，則墓地當記。古者因禄以制祭，則官封當記。故此譜于名字、生卒、子女、墓地、官封，凡可知者，莫不畢載。其不可知者，始略之。先世德業聞見所及者，條記譜後，俾後人則效而不敢有虚美以厚誣先人。予平生所歷，則爲《集蓼編》附焉，以予平生憂患志望告我子孫。譜至先考而止。自予以後，待我後人續焉。至與我同生、先我而没有事實可記者，亦附載世德之後，不列名譜中。既成，顔之曰「上虞羅氏枝分譜」。我子孫之讀是譜者，其勉謀紹述，以無忝所生，此予作此譜之旨，所切望于無已者也。歲在庚午六月，上虞羅振玉記于遼東僑寓之貞松堂。

上虞羅氏枝分譜

吾宗自南宋時有曰元者，始由慈谿遷居上虞三都之永豐鄉，是爲遷上虞始祖。元生榮，榮生壽。壽生丈夫子三：曰孟祥、曰仲銘、曰季安；女子子一，字鄞縣聞氏，未婚而夫亡，守貞養親以老，族人敬之，以兄之子爲之後。於是著定爲四房：曰祥一、曰祥二、曰祥三、曰祥四。祥三者，女子子之後。祥一則予之本支所自出也。孟祥生時中，時中生純，純生遜，以孝友稱。猶子禕少孤，撫之如己出，壯授室授產，與己子均。生禄，歷任桃源、新繁、天長令，有政聲。生應乾，應乾生瑞孚，瑞孚生康，康生禾，禾生養初，養初生如玉，如玉生邦華。邦華生維屏，無子，以兄維藩子炳如嗣。炳如生紹曾，紹曾生我高祖，諱世林，是爲遷上虞第十九世。及我曾祖，始僑寓江蘇淮安之清河。至先祖妣方淑人，乃卜居淮安郡城。我曾祖府君爲遷淮安第一世，於上虞爲第二十世。今將由慈谿遷上虞十九世本支所自出者爲第一譜，由上虞遷淮安爲第二譜。

第一譜

一世	二世	三世	四世	五世
元	榮	壽	孟祥	時中
字元善，本名宗節，配朱氏，子一。葬上虞大塹頭。	字彥華，配錢氏，子一，女一。葬父塋左。	字延齡，配郭氏，子三，長孟祥，次仲銘，次季安。女一，許鄞縣聞氏，未婚夫死，守志。葬嶺龍臍。	字瑞卿，配濮氏，子一。葬父塋左。	字允一，配滕氏，子一，女三。葬泥笿灣。

六世	七世	八世	九世	十世
純	遜	祿	應乾	瑞孚
配沈氏，子三，長通，次迪，次達。繼配沈氏，子二，遜、迎，女二。葬章家嶴泥笿灣。	字希讓，號古愚，配餘姚章氏，子五，長祺，次祝，次祿，次禎，次禴。葬後嶺口。	字景福，號拙庵。恩貢生，歷官桃源、新繁、天長三縣知縣，正德丙寅卒，年七十五。配孔氏，子三，長應乾，次應文，次應吉，女二。葬胡家嶴福祈山。	字汝健，號葵軒，嘉靖□□卒，配陸氏，子四，長瑞鵬，次瑞孚，次瑞相，次瑞臣，女一。葬父塋左。	字世誠，號東園。嘉靖乙巳卒，年五十八。配王氏，子二，長康，次度。繼配何氏。葬陸埠嶴。

十一世	康	字民濟，號白水。嘉靖己酉舉人，官直隸武清縣知縣，敕授文林郎。萬曆辛卯卒，年八十三。配袁氏，敕封孺人。子五，長果，次來，次東，次柬，次禾。葬洋山畈田穴。
十二世	禾	字仲嘉，號斗庵。配沈氏。子三，長養初，次星，次鼎。葬陸埠嶼。
十三世	養初	字心懷。配任氏，子一，女一。
十四世	如玉	字敬懷。崇禎壬午卒，年五十八。配沈氏，子二，長邦基，次邦華，女二。
十五世	邦華	字芳叔。康熙庚寅卒，年八十六。配陳氏，子維藩。繼配趙氏，子維屏。
十六世	維屏	字安侯。康熙戊戌卒，年五十五。配△氏，無子，以兄子炳如承嗣。葬陸埠嶼。
十七世	炳如	字景奎。乾隆甲午卒，年九十二。配陳氏，子紹曾。繼配裘氏，無出。側室富氏，子二，大鼎、大觀，女一。葬後笆地。
十八世	紹曾	字省三。乾隆己亥卒，年六十五。配魏氏，子二，長諱世林，次世桐，女二。葬胡家隩。
十九世	諱世林	字茂森。嘉慶丙子卒，年七十九，貤贈奉政大夫。配張氏，子三，敦詩、敦義、敦孝，女二。側室高氏，子二，敦樂、敦賢。葬屋後大園。

第二譜

遷淮安一世　遷上虞二十世

諱敦賢

字書聲，號希齋。乾隆四十八年癸卯十月初九日生，咸豐四年甲寅三月十九日卒，葬上虞何家陝。配慈谿鄭氏，乾隆四十八年癸卯三月十三日生，道光十四年甲午七月十八日卒，祔葬何家嶴。側室李氏、田氏、嚴氏、宋氏。嫡子長鶴松，次鶴齡，三鶴翔，四鶴疇。庶子恩綬、鶴雲，田出；鶴宣、慶昇，嚴出；鶴昇，宋出。長女適桐城張氏，嫡出。庶女嚴出二，適高郵王氏、賈氏。宋出一，適寶應劉氏。

二世　遷上虞廿一世

諱鶴翔

字翼雲。嘉慶十五年庚午十一月十五日辰時生，咸豐二年壬子十月十二日丑時卒，葬山陽東南鄉張橋南西黃莊乾山巽向。配本邑陳氏，嘉慶十五年庚午七月二十三日生，其卒年失考，葬上虞胡家嶴。繼配蕪湖繆氏，嘉慶十六年辛未八月二十五日生，道光十五年乙未四月二十五日卒。金陵兵燹，棺燬。繆氏，嘉慶二十三年戊寅十一月十五日申時生，道光二十一年辛丑七月二十五日卒。柩亦燬于兵。桐城方氏，嘉慶

三世　遷上虞廿三世

諱樹勳

字堯欽。道光二十二年壬寅十月十九日亥時生，光緒三十一年乙巳十月十三日戌時卒，祔葬山陽東南鄉西黃莊先塋。配山陽范氏，道光二十一年辛丑十月十四日申時生，光緒二十九年癸卯正月二十五日子時卒，合葬西黃莊。側室傅氏、朱氏、朱氏、朱氏。嫡子振鋆、振鏞、振玉、振常、振鎏。振鏞出嗣，振鎏早殤。庶子振鐸，傅出；振鈞、振鉞，朱出。嫡女六，長適山陽舉人何福謙，次適山陽歲貢生范雲，三適揚子貢生候選

續表

遷淮安一世　遷上虞二十世	二世　遷上虞廿一世	三世　遷上虞廿三世
諱敦賢	諱鶴翔	諱樹勳
	二十三年戊寅十二月二十三日巳時生，光緒十六年庚寅閏二月十一日寅時卒，祔葬西黄莊。子二，諱樹勳、樹棠。女一，繆淑人出，適山陽舉人、高郵州學正何公其厚。	知縣汪昌頤，四適山陽李文淮，五適宛平王治平。六未字殤。庶女一，朱出。

右第一譜據舊譜録之，第二譜則據新修譜。然舊譜但載始祖以南宋遷上虞，不言南宋何年。又一世至七世，九世，十二、三世皆失生卒年月，而十三至十五世失葬地，舊譜既有漏略，亦安保其無疏誤耶？姑據舊譜録之云爾。夫以一人一家之興衰亦有常有變，大率祖宗積德累仁，其世澤必悠遠，反是則其子孫將有敗德累行、傷人紀、亂天常者出焉，此蓋其常也。若夫以瞽瞍爲父而有舜，以舜爲兄而有象，許敬宗之後有許遠，盧奕之子有盧杞，此則其變也。然則爲人子孫，貴乎自立，而爲父兄者亦守其常可耳。今述遷淮以來先人所踐履與彝訓，約舉如下：

先曾祖奉政公昆季五人，生齒繁衍，資産不給，乃旅食四方。蕪湖繆公鎔與予家有戚誼，官南河裏河同知，家居揚州，乃携孥往依焉。繆公爲之介紹，歷佐鹽河幕，勤慎不苟，晚歲積數十年俸入從事懋遷，利輒數倍，遂致産數十萬金，以先王考高郵公服官江蘇，遂僑居淮安之清河。

先王考高郵公初隨先曾祖寄食繆氏，繆公賞其才，留佐家政而家政理，繆公益器之，爲納粟得布政司理問。候補江蘇，以廉能爲大吏所器，歷署牧令。道光二十二年，英師犯長江，以防海勞保知州銜。冬，署淮安軍捕通判。二十三年，以催漕獲盜功，保知州。二十五年，署泰興縣知縣，值歲不登，四鄉婦女入城爲人傭，多委棄嬰倪無過問者，公乃收養署中，僱乳媼哺之，全活甚衆。邑人感焉，乃醵資創育嬰堂以垂久遠。二十六年，知贛榆。二十七年，知鹽城。二十八年，知高淳，值水災，捐廉振貸，户有日給口糧以外，益以薪蔬茵絮，民不凍餒。他郡邑因水害多流亡，獨高淳竟事無一人徙境外者。三十年，權知江寧。咸豐元年，牧高郵，民俗侈靡，城鄉婦女喜盛飾觀賽，入廟燒香，每致滋事，乃嚴諭禁止，且令紳耆勸導，不率者罪之，於是積習丕變。二年夏，河決徐州，漕督調公佐辦豐北大工。是年冬，至清江浦祝奉政公七十壽，遽卒於浦寓，年四十三，誥授奉政大夫。光緒庚寅，先府君辦順直水災振捐，奬四品封典，誥贈中憲大夫。宣統紀元，振玉官學部參事，覃恩加四級，晉贈通議大夫。

高郵公初娶於陳，不逾歲卒。及佐繆公理家政，公妻以長女，道光十五年卒。復妻以次女，生何氏姑，二十一年又卒。思得淑女撫鞠之，聞方淑人賢，乃納聘焉。淑人安徽桐城人，考仲秀，江蘇山陽縣裹河縣丞。淑人早失恃，端淑仁孝。二十二年來歸，内政井然，撫前女如己出，俾高郵公得專心民政。高郵公署淮安通判，以催漕外出，胥役有舞弊者，先王妣察知之，密函告高郵公，公歸懲之，署中肅然。及令高淳，先王妣撤簪珥助振災。先高郵公卒，先府君年甫十一，先叔父遂安公九齡耳。先王妣由金陵聞變，星夜奔喪。既殯，因留侍奉政公，並以十餘年所積俸餘萬五千金進。奉政公却之曰：「此汝夫婦辛勤所積，爲兩孤讀書之資可也。」淑人不敢違，姑置之。而諸伯叔祖中有倡議兄弟無異産，淑人不應有私蓄者。及明年，奉政公棄養，將析産，乃以是訟之官。時公産六十萬金，諸伯叔祖平日席豐履厚，固未嘗匱也。先王妣聞之，慨然曰：「俸餘乃奉政公所賜，不敢辭，公産則可得而讓也。」戒先府君兄弟曰：「奉政公以隻身羈旅，並此萬五千金者亦無之，徒以忠信勤儉，得有今日。汝曹異日能自立者，何必籍祖産；使不能自立，則祖産適長汝曹罪惡，終亦不能保也。今先人尸骨未寒，吾忍以資産滋訟辱先人乎！」乃於清河縣立案，讓公産不取。諸從祖大慰，然仍慮異日或滋口實，命先府君及遂安公立據言：「推産雖稟庭訓，然異日即貧無立錐，亦無悔。」淑人許焉。於是家難乃紓。不數年，諸伯叔祖中有産盡來乞助者，淑人罔弗應，且有致月餽至數十年者。貧不能殯者，殯之；不能讀者，令與諸孫同塾讀，不復記往事也。

奉政公身後，諸從祖析産分居他所，淑人亦挈先府君卜葬先王考，買宅於河下之羅家橋。時值黄河北徙後，當道設局招墾灘地，乃認領二十頃墾治之，延師授先府君兄弟書。咸豐十年，捻逆南竄，避地鹽城，羅家橋宅燬於兵，乃至郡城別購更樓東趙姓宅，鬻河灘墾地置山陽田産。遣嫁何氏姑，以非己出，奩田甚豐，並爲先府君兄弟先後授室。咸豐八年，命先府君納粟得縣丞。同治丁卯，先叔父舉於鄉，於是家以再立，而淑人心力瘁矣。

予生晚，不及侍先王考。當予之生，先王考見背已十四年，幸得侍先王妣。予年二十有五，先王妣始棄養，故於先王妣淑德懿行知之甚悉。予生以前，則據吴勤惠公棠所撰《先王妣五十壽叙》。家難事，先府君記之，先王妣未嘗言也。予生以後，先王妣仍主家政，一門之内肅若朝廷，禮防至嚴。以一老僕司閽，得入内白事，他僕無故不許擅入，女僕無故不許出内門。終日沉默寡言，御下及訓子孫以禮，未嘗有急言遽色，而上下莫不嚴憚。祀先人必敬、必潔。孫輩五歲即從師受學，暮始歸寢，孫女等課以鍼黹，終日危坐不下堂，而諸孫男女幾二十人，疾病饑飽寒暖一一調節，鮮致夭札者。予輩幼時目未嘗見惡色，耳未嘗聞惡聲，孩提之童口未嘗出鄙倍之言，以爲人家莫不如是也。偶聞親貫中有爭訟非禮事，輒以爲異，以詢先王妣。先王妣曰：「此習俗所染爾，願汝曹長大永守我家法度，不必問外人事也。」禁畜婢，曰：「此導子弟陷於邪僻喪行者也。」禁賭博，曰：「賭博令人長貪黷，啓爭競，招損友，廢時日，隳家政，壞禮防，萬惡備焉。」禁婦女出門與慶弔，曰：「慶弔男子事，婦女責在理家政而已。既與慶弔，馴至於游觀，非分無不爲矣。」禁殺生，曰：「古人仁民以及物，無故不殺，所以充不忍之心，非守二氏教也。」禁婦女讀小説，曰：「小説述才子佳人，其事子虚烏有，有因此致隳行敗德者矣。且女子在守彝訓，勤女工，略識書算，能佐家政是亦足矣，即能頌椒詠絮，亦不足貴也。」平日自奉極儉，而待人至厚。先府君師金陵丁君，髮逆之亂，家口蕩盡，僅存一子；又皖人王某，爲予家舊戚，亂後無所歸：咸主予家十餘年。山陽李岷江先生導源，先府君及先叔父曾從受業。及先府君納粟得官，先叔父舉於鄉，仍歲致束脩，先後數年。及予兄弟稍長，乃復從受業。山陽舊有施藥局，以資絀勢且中輟，乃捐數百金置田收租，以充常費。同治丙寅冬歲饑，道殣相望，出資掩埋，並施田數十畝爲義冢，俾聞思寺僧主之，以垂久遠。如此之類，不及備書。自先王妣棄養，逮今且四十年，雖謹守家法，不敢違越，然已不免小德出入，遠想遺徽，彌滋愧矣。

先府君以咸豐八年納粟得縣丞，指省江蘇，時髮逆之亂未平，且年甫十七，仍家居讀書養親。嗣以生齒繁，乃以光緒初元與同鄉於清河醵資設質庫，顧司其事者不得人，再逾歲，虧耗二萬金。先叔父遂安公適選遂昌教諭，乃析産赴任，家事乃日棘。七年辛巳，得江蘇藩司檄，委署江寧縣丞，乃委家政於先妣，命予佐理。時先府君年四十，予年十六耳。自是先府君遂未嘗家食。十三年署海州州判，二十年署徐府經歷，二十六年署清河縣丞。先府君性和厚，尤篤於友于之誼，恬退自甘，安貧若素，從未乞當道一言以求進，故留江蘇垂五十年，未嘗補官進秩。予平生侍先府君之日恒少，惟光緒辛巳，先府君送玉及先兄返里應童子試，由暮春至仲夏，日侍左右。晚歲就養滬江，予時長江蘇師範學校，月或一歸省耳。及備官京師，忝竊微禄，而先府君已不及見矣，哀哉！

先府君初聘江蘇候補通判繆公松年女，早夭。先王妣爲聘山陽范光禄公長女。外王父諱以煦，字詠春。副榜舉人，候選光禄寺署正，富藏書，著《淮壖小記》、《淮流一勺》以補正方志。他著作甚多，皆未刊行。交游遍海内，學行冠一時。先妣幼淑慎如成人，爲外王父所鍾愛。及來歸，先王妣方主家政，門户鼎盛，顧以子女衆，操勞甚致，恒多疾苦。及先府君避債外出，又悉以家事委之，於時資産視逋負才及半，每歲入以償息金不及半，且予同母昆季姊妹十人，無一婚嫁者。先妣以田宅爲先王妣所手置，矢死守之，雖索逋者户外屨恒滿，終歲憂勞，間以疢疾，處境非人所堪，而二十年中一一畢婚嫁，復遘四喪，而遺産終得保全。予家居佐吾母者十有五年，三十以後，始得負米四方。及光緒壬寅冬，宿債甫償，而先妣遽以明年正月棄養。不孝無狀，不能盡一日甘旨之養，致先妣二十年間飯疏糲，衣敗絮，終其身無一日之歡。棄養之歲，始製一布裘，而御之不及百日。嗚呼！不孝之罪，真上通於天矣。昔汪容甫先生爲其母鄒孺人靈表，其言曰：「生我之恩，送死之戚，人所同也。家獲再造而積苦以殞身，行路傷之，況在人子。」不啻爲不孝言之矣。

先妣秉操堅貞，雖以積瘁之身而操作勞苦，昕夕無片刻暇，有疾隱忍不言，但假寐須臾即起，操作如故，有健丈夫所不能堪者。及光緒甲午秋，先妣病瘧，予時館山陽邱氏，下榻館中，先妣不以告，一日歸省，乃知之。留侍疾，先妣斥之曰：「瘧非大病，速趨館，愈即以告。」越數日，命奴子以病愈告，令勿歸。然不能放懷，乃私歸，則病增劇。先妣猶以勿荒館務誤人子弟，令趨返館。因詭言日趨館，暮歸侍，乃許之。由是病日增劇，幸荷天祐，轉危爲安。然至次年四月間，始就痊。予自季秋至孟夏，未嘗解衣寢。平生晨昏多缺，惟此七月間稍盡寸心而已。先妣性質慈祥，見人有急難，雖典質俱窮，亦必思所以拯之。鄰曲以困苦告，無不勉應。有以窘迫及他事故服毒自殺者，命予儲藥待之，雖深夜必令親往，歲輒活數人。故棄養之日，鄰右莫不哭失聲。嗚呼，使先妣處境稍裕者，其恩澤及人爲何如哉！

予同母兄弟五人。弱弟振鑾早夭，仲兄出嗣。家道中否，時季弟尚幼，惟與伯兄佩南先生實同患難。光緒辛巳，兄與予同受知於學使者太和張公澐卿，爲縣學弟子員。兄意非致身科第不能興門祚，故習制舉之文甚力。予謂科名得失操之於人，惟學問則操之己，勸兄同治經史小學，兄韙之。嘗佐兄輯《碑别字》及《六朝防戍城鎮考》，卒以爲妨舉業棄置之。兩應鄉舉，鎩羽歸。授室後，嫂氏富家女，無鴻案相莊之樂，戚戚無歡悰。逮丙戌仲秋，遽染疾不禄。時值王氏妹出閣，稱貸將事，羅掘已窮，卒攖此變，不能成殮，先妣與予等憑尸慟哭，無可爲計。幸予婦范淑人脱金飾易六萬錢，乃得具衣衾，並以予長子福成爲之後。自兄之亡，家難遽興，於是六七年間叠遘三喪，家事乃愈棘矣。是年冬，卜葬兄於南門外五里松成子莊。

予女兄弟六人。方壬辰秋，先妣病亟，何氏姊及范氏、汪氏、王氏、李氏四妹皆已出室，季妹時年十五，尚未字人，獨昕夕侍疾。及病益篤，何氏姊及諸妹五人乃合上疏東嶽廟，願各減算二歲，以益先妣。季妹聞之曰：「諸姊皆適人，有仰事俯畜之責者也，可死者我耳。」夜露祝庭中，願以身代，已而不數日，病傷寒遽卒。而先妣竟愈，逾十年，始棄養。鄰里皆歎爲誠孝之徵。是年冬，葬城南龍光闕。昔劉念臺先生撰《家傳》，附《淑媛》，援例著之，以告我子孫，幸永保其封樹，歲時附祭，不得以尋常幼殤等視也。

集蓼編

附録三種

幼罹窮罰，壯值亂離，顛沛餘生，忽焉老至。念平生所懷，百未一償，而憂患歷更，譬如食蓼之蟲，甘苦自喻，初不必表白於人。惟念兒子輩丁此身世，閱歷太疏，故書以示之，用資借鏡。我雖學行遠愧昔賢，亦粗足爲後昆表率。且自叙語皆質實，較異日求他人作表狀，以虛辭諛我，不差勝乎？辛未秋，貞松老人書於遼東寓居之歲寒堂。

予家自先曾祖由上虞僑寄淮安，至予凡四葉。同治丙寅六月二十八日子時，予生於淮安南門更樓東寓居，乳名玉麟。稍長，先府君名之曰寶鈺。後赴紹興應童子試，乃改名振鈺，字之曰式如。入學後，又改名振玉，字叔藴。上有兩兄，予行居第三。生而羸弱，五歲始免乳。是年入塾，從山陽李岷江先生導源受學，一歲之中，病恒過半，故讀書之時少。但先王妣方太淑人督課嚴，非病卧牀蓐，亦令在塾静坐，聽諸兄讀書，往往能默記。七八歲，師爲諸兄講授，遂略通文義。師賞其早慧而慮其不壽，謂先府君曰：「此子若得永年，異日成就必遠大。」先王妣亦器異之過諸孫。

先王妣治家嚴肅，予幼時生長春風化雨中，故性至馴順，不爲嬉戲。以多病，九歲始畢《四子書》，十三始竟《易》、《詩》、《書》三經。蓋十歲後，病日有加，輟讀之日多。是時初學爲詩文及小論，師頗賞其有藻理。十四五讀《禮記》、《春秋》，尚未竟，十六乃習制舉文。是歲三月，先府君送兩兄返里應童子試，命偕往，時八股文甫作半篇耳。途中病作，至杭而劇。蓋平日嘗病喉腫，至是復大作，水漿不能下咽者十九日。延淮安醫吴朴臣治之，下以大黄，得大便，乃能食飲。病時，學使太和張霽亭先生澐卿已定期案試紹興，先府君欲令僕送兩兄返里就試，留伴予在杭醫療。適孝貞皇后上賓，國郵停試，而予病亦愈，乃以五月初赴紹應試。試畢，先伯兄入上虞縣學第二十四名，予第七名。

入學之年，予制舉文尚未成篇，臨試强爲之，疑必不入格。正場前考經古試《盧橘夏熟賦》，學使置予卷第一，尋疑童試不應有此作，乃拆彌封見年方十六，益疑之。正場提堂面試，並出賦卷，令講釋無誤，疑始釋。試畢，偕諸生面謁師。詢平日所學甚悉，並告以致疑之事。且勉之曰：「予歷試諸郡，未見才秀如子者，然子年尚幼，歸家多讀書以期遠到，不必亟科名也。」嗚呼！師之所以期予者厚矣。

是年，先府君以質庫折閲，逋負山積。及試畢，返淮安數月，得藩司檄，委署江寧縣丞，遂往就職，兼謀避債，攜仲兄侍左右。以伯兄天資淳厚，乃命予佐先妣主家政。予少時足不踰書塾，罕接外人，至是府君將債單並令司田租者山陽程西屏一一與予接洽。予閲單不勝惶駭，汗出如漿，初見司田租者，如接大賓，幾不能措一辭，久乃相習。予自揣才力恐不能勝，然但可以紓府君之急，不敢不唯唯。於是畢生憂患，自此始矣。

先伯兄、仲兄均幼聘清河王氏女。是年倩冰人來催娶。先妣以兩兄均年長，勉應之。遂諏吉季冬，典質將事，杼柚已空。至除夕之晨，先妣至予書齋謂：「歲暮祀先尚蕭然無辦，命速爲計。」因相對雪涕。予乃急奔走稱貸，至日昃，乃得錢四千，於是始度歲。明年三月，長姊嬪於山陽何氏，又黽勉將事。此爲予男女兄弟婚嫁之始，以後間歲有之。加以債家日聒於前，有攜家坐索、累月不去者，於是先妣心力盡瘁無餘矣。哀哉！

光緒壬午爲鄉試大比之年，力不能赴試。先府君以日者推予命謂當得科第、官京曹，諭勉爲此行。乃同伯兄往試。畢，紆道至白下，省視先府君。因流覽書肆，見粵刻《皇清經解》，無力購買，燈下爲先府君言之。府君乃以三十千購以見賜。予自入邑庠爲弟子員，自慚經書尚未畢，乃以家事暇補習，至是得此書，如獲異寶。聞先輩言讀書當一字不遺，乃以一歲之力讀之三周，率日盡三册。雖《觀象授時》、《疇人傳》諸書讀之不能解，亦强讀之。予今日得稍知讀書門徑，蓋植基於是時也。

予自習訓詁、考訂之學，於制舉文未能兼騖。然以先府君屬望殷，遂從山陽杜賓谷先生秉寅受學。家事旁午，兩月間才作三藝。其一爲「肫肫其仁」三句。予詳審書旨，意謂「其淵」、「其天」乃狀仁之高深，仁無可象，故以「天」、「淵」喻之。猶「鳶飛戾天，魚躍于淵」，亦喻道之高深，上下無所不届。先生極贊文字之佳，而謂三句當平列，方合作法。予乃嗒然若喪，益知所謂中式之難。越數科，至戊子再試，歸而大病瀕死。自是乃絶迹於棘闈矣。

予自十七歲始，率晨興即接見債家，奔走衣食。晚餐後始得讀書。每夕貯膏盈盞，復貯膏他器以益之。及盞與器中膏盡，則晨雞已唱矣，始匆匆就寢一小時而興。如是者一年。癸未夏，乃得不寐疾，每一瞑目，則一日間語言行動輒歷歷於方寸間，往而復來。貧不能謁醫，任之自然，羸瘠日甚。至翌春乃漸愈。先妣及先伯兄疑有他故，急爲議婚。及次年孟夏，首妻范淑人來歸，予時尚不知牀笫間事，於是前疑乃釋。

予授室後，不寐病初愈，且資稟素弱，讀放翁「小炷留燈悟養生」之句有所會，故未逾月即別置小榻獨宿，後遂以爲常。室小僅方丈許，每夕讀書，榻上置卷帙，范淑人屏當案上物，俾得展閱。已則持衣物側坐縫紉，兒啼則往撫之。予丙夜就寢，淑人必爲予整書卷，理衾枕，始伴兒眠。往往匝月不通一語，恐妨予讀也。噫，今日更安得見此賢明婦人耶！

淑人廣東連平人，王父驤，江蘇知縣。考玉麟，候選光禄寺署正；妣顔安人。淑人長予一歲，年二十來歸，恪循婦道，值吾家中落，斥裝佐饔飧，井臼、浣濯、刀匕、乳哺之事，無不自任之，無怨色。及先兄不禄，淑人出所御金練易錢，乃得入斂。予益服其明大義，家人亦莫不嗟歎，而嫂氏顧以爲市恩沽譽。於是家難遽興，乃益無生人之趣矣。

自先伯兄逝後，生計益窮，一門之内氣象愁慘，終歲如處冰天雪窖中。時先王妣深以株守爲非計，私戒予曰：「門祚至此，異日能復興者，汝耳。汝母以田産由我辛苦手置，誓死不忍割棄一棱，志固可嘉，然愚亦甚矣。亟宜棄産之半以還急債，俾汝得負米四方，門祚之興，乃可望也。若母子相守，即併命，亦何益？汝婦賢明，必能佐汝母，可無內顧憂。汝幸從我言，吾且爲汝母言之。」顧當時米價賤，一石才二千錢，穀價半之，田不易售。先王妣既以告先妣。先妣許予外出。私念出將何之，姑至金陵謀之先府君。予婦乃質衣物得千錢，附錢船往。既至，先府君爲言，方今謀食者多於牛毛，有仍歲處謁舍尚未得一枝棲者。汝貿然來此，冀以旦夕遇之耶？既至，且留數日歸耳。予聞之，且悲且喜，喜者終不忍以艱鉅獨詒吾母。悲者，天壤之大，竟無一負米之處也，爲之方寸如割，驟病目（歷兩旬乃愈，左目從此遂瞖）。於是留三日，復附他舟歸。方予行後，適有往金陵者，予婦以敝衣質百錢，手製一錢帒置其中，寄予，備旅中匱乏。至，則予已行矣。予既歸，不得已，乃謀爲童子師，得山陽劉氏館，歲脩二萬錢。此爲予謀食之始。已而移帳邱氏及丹徒劉氏，先後凡五六年，館穀以漸加豐，然終不逾歲脩八萬錢。

當是時，予薄有文譽，嘗爲人捉刀作書院課卷。予姊夫何益三孝廉福謙，嘗以孝廉堂經古卷屬予代作詩，題爲「桃花魚」得「桃」字。予用《毛詩傳》「魚勞則尾赤」語，有「頳尾不緣勞」句。時校閱者爲清河崇實書院山長南豐劉慈民先生庠，於此句加抹，闌上批「杜撰」二字。予意詩雖不佳，然非杜撰，偶爲盩厔路山夫大令岯言之，不知大令固與劉君舊交也。一日，慈民先生忽過訪，予頗訝其無端。及接見，先生曰：「欽君淵雅，故專誠拜謁，且謝失檢之咎。世之山長有並《詩傳》亦不知者，尚可抗顔爲人師乎？實因衰病，遣他人閱之，竟不及檢點，咎實在予。幸山夫爲予言之，且喜因此誤得與足下訂交。此後試卷，即請代閲，當割歲俸以共菽水，可乎？」予惶恐遜謝。先生不可，曰：「契友中無通人可託，故以託某孝廉，致詒笑柄，幸君爲老朽代庖，俾不致再詒誚，則爲幸多矣。」予不得已，允之。然孝廉堂應試者多父執，恐滋物議，乃請先生秘之。爲閲卷年餘而却其饋，因先生歲入固不豐也。先生以爲歉。時適海州修方志，先生乃因淮揚道謝觀察元福薦予於州牧。觀察爲先生門生，州牧又觀察門生也。

先府君時權判海州，予往省，且擬就聘。至則州牧邀予飲，并集州紳商志例。予謂舊志出唐陶山先生仲冕手，體例甚善，不煩别作，但爲續志可矣。坐中有石室書院掌教嘉興姚君士璋，謂舊志亦多疏誤，宜别撰。予曰：「舊志有疏誤，别爲補正數卷，何必改作。」州牧爲軍功出身，不知所可否，以予爲其師所薦，韙予議，諸紳聞之亦不懌。予歸以告先府君。府君爲言，志局一席姚山長已與州紳有成議，而州牧忽聘兒，宜其不悦，兒若就聘，此後掣肘必多矣。予乃恍然，亟託辭却聘歸。今日書之，以志前輩虚衷可佩，且以記予當日所遇之輒窮也。

予家無藏書，淮安亦無書肆，每學使案試，則江南書坊多列肆試院前，予力不能購，時時就肆中閲之。平日則就人借書，閲後還之，日必挾册出入。當日所從借書者，爲姊夫何益三孝廉、丹徒劉渭清觀察夢熊、盩厔路山夫大令、清河王壽蘐比部錫祺、山陽邱于蕃大令崧生、吴縣蔣伯斧學部黼。予服習經史之暇，以古碑版可資考證，山左估人劉金科歲必挾山左、中州、關中古碑刻至淮安，時貧不能得，乃賃碑讀之，一紙賃錢四十，遂成《讀碑小箋》一卷，又雜記小小考訂爲《存拙齋札疏》一卷。予婦脱簪珥爲予刻之。此爲予著書之始。尋德清俞曲園太史樾采予《札疏》中語入所著《茶香室筆記》中，於是海内多疑予爲老宿，不知其時甫弱冠耳。

予自授徒後，課餘輒以著書自遣，經史以外，漸及小學、目録、校勘、姓氏諸學，歲必成書數種。然是時年少氣盛，視天下事無不可爲，恥以經生自牖。頗留意當世之故，雖處困，志不稍挫。好讀杜氏《通典》及顧氏《日知録》，間閲兵家言及防河書。自河決鄭州後，直、魯、豫三省河患頻仍，及張勤果公曜撫山東，鋭意治河，而幕中有妄人某，假賈讓不與河爭地爲説，謂須放寬河身。上海籌振紳士施少欽等，至欲以振餘收買河旁民地以益河身。予聞而駭然。謂今日河身已寬，再益之則異日漫溢之害且無窮。乃爲文萬餘言駁之。丹徒劉君渭清見予文，以寄其介弟鐵雲鶚。時鐵雲方在山東佐河事，予與之不相識也。鐵雲見予文乃大驚歎，以所撰《治河七説》寄予，則與予説十合八九，遂訂交焉。且爲予言於勤果，勤果邀予入幕。以家事不能遠游謝之。然當日放寬河身之説，竟以予文及鐵雲説而中輟。此亦予少年時事之可記者也。

自丙戌家難起，予幸以授讀故，晨出夕歸，歸即屏當家事，絶無餘暇，雖有聞見，亦以聾瞽處之。予婦則日處闈中，無可避免，所遇則怡然順受，然隱痛深矣。自年二十來歸，九年間凡生男女各二，皆自乳鞠。長男出嗣先兄，次男生而不育。長女幼多病，撫育至勞。及次女生，産後遂致疾，至壬辰三月,卒以勞瘵亡。是年冬,嫂王氏亦病瘵卒,相距不一歲也。逮歲末,雙槥並舉,同殯於南郭外之五里松成子莊。

淑人明達有先識,嘗語予曰:「吾家雖中落,以夫子學行,必再興門户。但妾賦命薄,恐不能終事君子耳。老母半生苦節,未荅劬勞,諸弟必不克負荷,念之滋戚,異日將以是累夫子矣。」予驚其言不祥,曰:「是何言? 人生禍福,安可逆知? 使他日果如卿言者,必不孤所託。」君聞而慰謝,彌留時更言之。及君亡後十年,予履境稍裕,事君妣顏安人先後垂三十年,幸不負所託。嗚呼,十載牛衣,差可酬九原者,僅此而已。

予自辛巳佐家政,至壬辰凡十有二年,是時予男女兄弟婚嫁始畢。當先長兄姊婚嫁尚勉力支持,及予聘婦,益拮据將事,勉措十萬錢,備禮而已。後遂以爲率,遣嫁倍之。然即是,先妣之耗心力於子女者,已竭盡無復餘矣。且每值婚嫁,債家益煎逼。至予聘婦日,債家有芮姓老孀,詛祝於門,亟以禮延入,賓之,始愧而止。至是又值死喪之威。淑人殁後,長男由先妣撫之,兩女則寄養外家,予乃形影益孤矣。

予少時兩值兵事:一爲法、越之役,予尚在塾讀書;一爲日、韓之役,則予年已二十九。時方究心兵家言,日陳海、陸地圖讀之。時我國大兵雲集山海關,以衛京師,沿海兵備頗虛。予慮日本避實擣虛,先襲我海軍,聞者皆笑其妄。乃日本果由金、復、海、蓋進兵,我海軍熸焉。於是笑者又譽爲先識。其實避實擣虛乃兵家之常，當時乃以是推先識，可謂不虞之譽矣。

先妣自連遘兩喪，心力兩窮。及甲午夏，病瘧，尚力疾理家政。後延綿不愈，致成濕温。予時館宿於外，先妣不許荒館政，令僕告已愈，禁予歸省。一日私歸省視，乃知病勢甚重，因留侍左右而誑稱晨出夕歸。乃於先妣榻側置一小牀，俾大兒宿其上，因先妣平日與長孫同卧起也。予則晝夜侍疾。逾半月，疾益篤，昏不知人，而「撩衣摸席」諸敗症悉見。至乙夜，六脈垂絶，肢冷至肘。予倉皇叩醫者門，商進參湯。醫者謂病係濕温，不可進參，謝不處方。予平日深以毁體爲非孝，至是計無復之，乃翦臂肉授季弟，同高麗參兩許同煎以進。比雞鳴，則肢冷漸回，六脈亦復，達旦遂發狂。乃復延醫，進清熱滌痰劑。又月餘，疾始退。卧床者半歲乃復常。予不解衣帶者數閲月。方先妣病劇時，季妹又以傷寒卒，所遇之窮，殆非人所堪。而予於季妹病不能加意醫藥，負咎終身，至今回憶，猶中腸如割也。

予自喪偶，初意不復再娶。乙未春，先妣爲聘山陽丁氏女爲繼室。以夏初贅於丁，三日而歸。丁氏之先蒙古人，山陽大河衛籍。繼婦考荀，山陽廪貢生，老儒也。方范淑人病亟時語予曰：「妾一旦不幸，君且奈何？」予曰：「俟宿累清，予職盡，當被髮入山耳。」淑人喟然曰：「夫子負濟世之志，此何可者，且子女將如何？」予曰：「男由吾母撫之，女以託君母。」淑人曰：「吾母必善撫兩嬰，然吾家人衆，何可久長？妾意期喪畢，夫子即宜續娶，以紓内顧憂。若夫子由此遂鰥，妾在九原，亦不瞑也。」予曰：「不慮衣蘆之事乎？」淑人曰：「此亦視孺子所遭何如，且妾知君必不爾也。」至是予不敢違先妣命，復念淑人遺言，遂違初志。幸丁淑人性亦温厚，既來歸，即與謁顔安人，母事焉。乃攜次女歸。然至是，予之世網乃益不可脱矣。

予頻年以館穀資家用，所入雖微，然時物價廉，於饔飧不無小補，而債務仍不能清償。自先妣病後，精神不能如前，而憂勞未嘗稍減。予感先王妣遺訓，乃泣請於先妣，謂宜割産少許以紓急難。先妣許之。乃售涇河岸薄田百畝，得錢千餘緡。復割越河腴田百畝，質於蔣君伯斧，貸錢二千緡，以償宿逋之尤急者，於是朝夕耳目始得稍寧。時我國兵事新挫，海内人心沸騰。予亦欲稍知外事，乃從友人借江南製造局譯本書讀之。先妣斥之曰：「汝曹讀聖賢書，豈尚有不足？何必是。且我幼年聞長老言『五口通商』事，至今憤痛。我實不願汝曹觀此等書也。」予竊意西人學術未始不可資中學之助，時竊讀焉。而由今觀之，今日之倫紀蕩盡，邪説横行，民生況瘁，未始不由崇拜歐美學説變本加厲所致，乃知吾母真具過人之識也。

予少時，不自知其譾劣，抱用世之志。繼思若世不我用，宜立一業以資事畜。念農爲邦本，古人不仕則農，於是有學稼之志。既服習《齊民要術》、《農政全書》、《授時通考》等書，又讀歐人農書譯本，謂新法可增收穫，恨其言不詳，乃與亡友蔣君伯斧協商，於上海創學農社，購歐、美、日本農書移譯，以資考究。時家事粗安，乃請於先妣，以丙申春至上海，設《農報》館，聘譯人譯農書及雜誌，由伯斧總庶務，予任筆削。及戊戌冬，伯斧歸，予乃兼任之。先後垂十年，譯農書百餘種，始知其精奥處我古籍固已先言之。且歐美人多肉食、乳食，習慣不同，惟日本與我相類，其可補我所不足者，惟選種、除蟲及以顯微鏡驗病菌，不過數事而已。至是益恍然，於一切學術求之古人記述已足，固無待旁求也。

自甲午兵敗後，國勢頓挫，人心震疊。南海康君有爲於會試公車北上時，鳩合各省舉子上萬言書，首請變法自强，並創强學會於京師。是時，亡友錢唐汪君穰卿康年以新進士不應朝殿試，至上海創《時務報》館。聘新會梁君啓超任撰述，譯歐美報紙，載瓜分之説以激厲人心，海内爲之振動。予既至上海，見士夫過滬江者無不鼓掌談天下事，而《時務報》專以啓民智、伸民權爲主旨。予與伯斧私議，此種議論異日於國爲利爲害是未可知。且當時所謂志士者，多浮華少實，顧過滬時，無不署名於農社以去，是宜稍遠之。伯斧韙焉。故在滬十年，黯然獨立，不敢與諸志士相徵逐也。

嗣後與汪君交漸深，知汪君固篤厚君子，志在匡時，實無他腸。乃私戒以公等日以民智、民權爲説，抑知民氣一動，不可復靜。且中土立國之道在禮讓教化，務安民而已，今日言富强，恐馴致重末忘本。且古者治法、治人並重，今弊在人耳，非法也。至欲以民權輔政府之不足，異日或有冠履倒置之害，將奈何？汪君曰：「禮教，本也；富强，末也。吾固知之。然醫之療疾，急則治標。且伸民權亦非得已，君不見今柄政者苟且因循，呼之不聞，撼之不動，此可恃乎？吾曹今日當務合羣，不可立異，君胡爲此言？」予知汪君是時尚未悟也。乃未幾，報館中主撰述者某某以私意忿爭，致揮拳相向，杭人某傷粵人某。於是杭、粵遂分黨派，漸成水火，梁君遂去滬就湖南時務學堂之聘。後，戊戌，康君在京，電命上海道蔡和甫觀察鈞令汪君將《時務報》限期交出，及出使日本大臣黄氏遵憲過滬，復得電飭汪君即日交代。至是，汪君始悟所謂合羣之説不可恃，而所謂同志不能保終始矣。

當《時務報》開辦之初，不僅草野爲之歆動，疆臣中如鄂督張文襄公亦力爲提倡，札飭各州縣購讀，且於練兵、興學、派遣學生留學海外諸事，以次奏行。及梁氏赴湘，文襄邀與談竟日夜，始知其所主張必滋弊，乃爲《勸學篇》以挽之，然已無及矣。至戊戌春，康君入都，變法之事遂如春雷之啓蟄，海上志士歡聲雷動，雖謹厚者亦如飲狂藥。時江督劉忠誠公奉行新政獨緩，康君弟子韓某一日謂予曰：「頑固老臣阻新法尚力，但不日即有旨斬劉坤一、李鴻章首，以後即令行如流水矣。」予驚駭其言，以爲必致亂。乃至八月，而政變之事果作。由是馴致己亥之立儲，庚子之拳禍，國是遂不可爲矣。

方是時，朝旨禁學會，封報館，海上志士一時雨散。《農報》未經查封，予與伯斧商所以處之，伯斧主自行閉館散會。然是時館中欠印書資，不可閉。予乃具牘呈江督，請將報館移交農工商局，改由官辦。並託亡友儀徵李鶴儕大令智儔面陳劉忠誠公。公曰：「《農報》不干政治，有益民生，不在封閉之列。至農社，雖有亂黨名，然既爲學會，來者自不能拒，亦不必解散。至歸併農工商局，未免掠美，有所不可。」大令爲言，雖制軍意在保全，奈財力不繼何？忠誠乃親批牘尾，令上海道撥款維持。滬道發二千元。時予赴淮安省親，歲暮歸滬。伯斧已將此款還印費，不存一錢，感於時危，歸淮安奉母。予以忠誠盛意不可負，乃舉私債繼續之，於是農館遂爲予私人之責矣。

方予譯印農書、農報，聘日本藤田劍峰學士豐八移譯東邦農書。學士性伉直誠摯，久處交誼日深。一日，予與言：「中日本唇齒之邦，宜相親善以禦西力之東漸。甲午之役同室操戈，日本雖戰勝，然實非幸事也。」學士極契予言，謂：「謀兩國之親善，當自士夫始。」於是日本學者之游中土者必爲介紹。然苦於語言不通，乃謀創立東文學社，以東文授諸科學，謂必語言、文字不隔，意志始得相通。乃賃樓數楹，招生入學。藤田君任教務，農館任校費。予與伯斧以農社事繁，乃舉亡友邱君于蕃任校務。時中國學校無授東文者，入學者衆。乃添聘田岡君嶺雲爲助教，上海日本副領事諸井學士六郎及書記船津君辰一郎任義務教員，授東語，學社乃立。繼是日本亦創同文會，會長近衛公篤麿及副會長長岡子護美均來訂交，日以同文同種之義相勸導，意至誠切，於是兩國朝野名人交誼增進。顧以東邦人士派别不同，有主兩國政府親善者，有主兩國志士親善者，遂至有贊助革黨之事，於是親善終不得實現。此固非予與藤田君當日所及料，至今有餘憾也。

學社創於戊戌仲夏，及八月政變，校費無出，邱君乃去滬，生徒散者三之一。而高材生若海寧王忠愨公，山陰樊少泉炳清、桐鄉沈炘伯紘兩文學，均篤學力行，拔於儔類之中，不忍令其中輟，乃復由予舉私債充校費。幸一年後社中所授歷史、地理、理化各教科由王、樊諸君譯成國文，復由予措資付印，銷行甚暢，社用賴以不匱。方予一身兼主報、社兩事，財力之窮一如予之理家。同輩贊予果毅，且爲予危。其實此境固予所慣經也。

方戊戌新政舉行，浭陽端忠敏公任農工商大臣，鋭意興農，移書問下手方法。予謂欲興全國農業，當自畿輔始。昔怡賢親王議興畿輔水利，竟不果行。公若成之，不朽業也。因寄《畿輔水利書》，附以長函。公閲之欣然，乃先議墾張家灣荒地。而值八月之變，公出任外吏。瀕行遺予書謂：「興農一事，朝旨不以爲非，君若願北來，當言之當道，必加倚重。」予意頗動，尋念去庭闈遠，且不知任事能否無阻，乃謝之。時與公未識面，通書問而已。然與公訂交，實自此始。

自戊戌政變，當時所謂志士者咸去滬。及庚子，北方拳禍起，又復猬集，遂有長江之變。時當事諸人亦自知力不足，乃隱通海軍，復結沿江會匪爲後援。及大通一敗，漢口未發再敗，海軍袖手不動，而會匪尚居滬上。有湘人李某者，任上海某局文案，亦與聞長江事，懼連染，乃詣江督告密，謂事變由會匪煽動，簿其名以上，且自請捕之。江督許焉。時汪君穰卿主中外日報館，已練達世事，議論日趨穩健，顧平日負俠氣，聞而不平，謂會匪誠可誅，然既與同謀，敗而下石，傾險孰甚焉！乃陰資諸會匪，縱之去。某憤甚，於是又以汪某實爲首領告。穰卿時方在白下，不知已遭刊章。其友陶矩林觀察森甲知之，不義其鄉人所爲，密衛穰卿出險，並以實語江督。某乃接淅去滬。事先穰卿不以告，恐予阻之，後聞其事，相與歎人心之險，益以危行戒穰卿。此後，予有言不復拒矣。又是年，長江諸督與各國領事訂互保之約，南方幸得無事。然滬上恒舞酣歌如故，一若不知有兩宮蒙塵、北方糜爛者。予乃益感民德之衰，爲之寒心。

是年秋，予方擬措資將歷年所譯農書編印叢書百部，充農館經費。款尚未集，鄂督張文襄公電邀予總理湖北農務局。以館事不可離謝之，公不許，且兩日三電促行。不得已，乃權將館事託沈文學紘，擬到鄂面辭。既上謁，文襄問所以堅辭之故。予據實以對。文襄問：「叢書百部得價可幾許？」曰：「約五千元。」問：「印費幾許？」曰：「半之。」文襄曰：「農館經費易事耳。五千元所得微，可印二百部。書成，當札飭各州縣購之，君勿慮此。現以鄂省農政相煩。此間設農務局已三年，並設學堂授農、蠶兩科。總辦某觀察不解事，命提調某丞任學堂監督。近該丞力陳學生窳敗，教習不盡心講課，惟誅求供給，非停校不可。我意國家經費及學子光陰均當矜惜，故請君任農局總理兼該堂監督。其即日視事，詳察情形，早日復我。」予以力不勝謝。文襄諭以勉爲其難。予既退，提調某時已改充幕僚，出見，且導予至其室，謂予曰：「制軍盼公殷，公此來當先決學堂事。此堂學生皆敗類，不可造就，當以快刀斬亂麻手段亟停此校。而制軍意不決。君初至不知情形，故以奉告。」予詢以君往任監督幾年，曰「三年」。予私念校風之壞果孰致之，竟侃侃而談，毫無愧心，甚以爲異。復詢之曰：「學生不可造就，招某來即爲停校乎？」某曰：「否。否。制軍且以全省農政奉託。」予曰：「既有總辦，又有總理，不嫌駢枝耶？」某曰：「然。制軍以總辦不曉事，專任君，不去之者，以君爲諸生，公事文移不便，故除行公文用其名，他不令干涉一事。且制軍意欲爲君報捐候選知府，留鄂差遣，俟有此頭銜，則總辦可去也。」予益詫爲異聞，乃託彼代予堅辭。某則堅勸留。予知不得去，乃告以予曾捐候選光禄寺署正職，可謝制軍不必再捐知府。蓋是年先府君辦捐輸，令予報捐此職也。某曰：「如此更善，當反報。」乃次日公文至，仍是總理，殆以予之職微也，然代捐知府事則幸免矣。

明日予至校受事。收支委員李某持簿籍至，則教習農、蠶科各二人，農科爲農學士美代清彦、吉田某（今忘其名），蠶科爲峰村喜藏，他一人今忘其名，翻譯四人，某某。學生兩科，總七十餘人。頗訝學生之少、翻譯之多，乃先接見教習。教習謂：「夙敬仰先生，今蒞此，某等之幸。以前總辦、提調苦不得見，有事由收支轉達，頗不便。以後許直接逕達乎？」予諾之。又見譯員四人，中三少年爲使館學生，能東語，不通中文，舉止浮滑。又一人年差長，中文略通，性尤陰騺。又接見收支員李壽卿，則中州人，出言鄙甚。又一人爲文襄之同鄉侯某，則挂名支俸而已。已而總辦至，導諸生旅見。總辦年六十許，議論極奇詭，出人意外，宜文襄斥爲不曉事也。予乃逐日接見諸教職員，並上堂督課，且分班接見諸生，戒以聞本堂學風素劣，致有請制軍停校者，制軍矜惜爾曹光陰及國家經費，故命予來此整頓。今與爾曹約：自今更始，當敦行力學，一洗前恥，有偶犯過者，初次宥之，再次記過，三犯革除。衆皆唯唯。自是遂密察校中情形，乃知譯員半爲革命黨員，且觀其所譯講義文理均不可通，因詢教員以學生既三年，何仍不能直接聽講？答以提調嫌第一年課表東語太多，謂既有譯員，不必重東語，故某等礙難違命。但深願嗣後再招新生，必期直接聽講。其言頗合理，且與久處並無誅求供給事，知以前必收支員託名冒領，提調不知也。學生則以新監督每事躬親，頗有戒心。逮半月後，有故態復萌致記過者。既一月，詳察記過諸生中有五人舉止詭異，與譯員往還甚密，意其必三犯，已而果然，遂面諭斥退。於是校風日整，乃謁文襄，陳二事：一、請裁不職譯員，暫覓替人，以後廢除，令學生直接聽講；二、請撥地爲試驗場以備實驗。並面陳自革退劣生，校中安靜，但學風之壞由於譯員，譯員不去，根株尚存。文襄大悅，令覓替人，且面允撥撫標馬場地爲試驗場。提調聞之，殊不懌。蓋譯員陰聳學生滋事，而又諂事提調，提調不悟其奸，即課表中減東語亦譯員爲自保地，提調爲所愚也。予既請易譯員，提調遣人密告之以示好，於是譯員全體辭職。予立許之。乃電忠慤及少泉代焉。於是教員稱便，校風清謐。其後革命事起，則予所斥譯員諸生等半在其中，且有爲之魁者，乃知予當日所料固未爽也。

予自整頓農校後，提調頗怏怏，蓋忿予不停校以實其言也。致予數上謁文襄，請撥馬場地，皆不得見，蓋陰爲之阻也。予又見凡在鄂任事之人，見文襄皆極其趨承，而陰肆譏誹，無所不至。意甚薄之，不欲與伍，乃於次年暑假返滬，遂再三辭職。時該校管理頗易，營謀者多，文襄遂派員接辦，而委予襄辦江楚編譯局。實無一事，素餐而已，意頗不安。逾歲，遂併謝之。當在鄂時，無所事事，王、樊兩君除講譯外，亦多暇日，乃移譯東西教育規制學説爲《教育雜誌》，以資考證。先後凡五年，予始知外國教育與中國不能一致。外國地小，故可行義務教育，中國則壤地占亞洲之半，人民四萬萬，勢必不可行。故古者四民分職，各世其業。以君子治野人，以野人養君子。而所以化天下者，如春風之長養百物，上老老而民興孝，上長長而民興悌，上恤孤而民不悖。堯、舜帥天下以仁而民從之，桀、紂帥天下以暴而民從之，風行草偃而天下已無不治矣。乃當世論教育者，必欲强行義務教育，於是各省苛捐日出，民不堪命，謀之不臧，卒陷國家於危地。哀哉！

予自丙申至辛丑凡六年，初僅歲寄銀幣二百奉堂上菽水，及庚辛二年，積薪資得二千餘圓。既辭鄂歸，所印《農書》亦未請文襄札發，而銷行甚暢，所得利益除償本金及維持農館、東文學社外，尚贏數千圓，乃悉以償債，不敢私一錢，於是夙逋一清，但質蔣君處之越河田尚未贖耳。先妣慰悦，移書獎勵。以予久客獨居不便，遣僕送眷至上海。是年冬，江、鄂兩省奏派予至日本調查教育，使兩湖書院監院劉君及畢業生四人爲輔行。時眷屬適至，翌日即行。至次年正月歸，在海東凡兩閱月。

予至海東，東京高等師範校長嘉納治五郎爲講教育大意一星期，每日一小時，意甚摯，然所言皆所夙知者。逐日參觀大小及各專門學校，甚匆遽。然有當記者三事：一、自各省爭派生留學，至是而極盛，人類本純駁不一，復經庚子之亂，東邦浪人又相煽誘，於是革命之説大昌，如蜩螗沸羹，一倡百和。各省監督畏其勢盛，噤不敢聲，或且附和之。日本外務大臣小村氏，一日密延予至其官邸。謂留學生現象如此，恐釀成兩國之不祥，顧諸生來者補習東語後，皆入高等及專門學校，而日本高等學校素無取締之例，但不加取締，前途甚可憂。若貴國江、鄂當道不以爲非，當由文部訂取締專條，以免將來發生不幸。予時方以是爲憂，而該大臣乃自言之，予出諸望外。允歸爲江、鄂兩督言，且謝其厚意。此一事也。二、日本貴族院議員伊澤君修二聞予至，來拜。爲言變法須相國情，不能概法外人，教育尤爲國家命脈。往者日本維新之初，派員留學，及歸國咸謂不除舊不能布新，遂一循歐美之制，棄東方學説於不顧，即現所行教育制度是也。其實東西國情不同，宜以東方道德爲基礎，而以西方物質文明補其不足，庶不至遺害。我國則不然，今已成難挽之勢。貴國宜早加意於此。新知固當啓迪，國粹務宜保存，此關於國家前途利害至大，幸宜留意。予深服其言，亦允歸爲言之當道，並謝其拳拳之意。此二事也。三、同文會副長長岡子爵本爲予舊交，一日延予至華族會館相見。至，則子爵外僅一譯人。既入席，謂有秘事相質，故不延他人。乃鄭重言曰：「自甲午兩國失和，爲東方之大不幸。戰後日本國際地位驟高，久啓歐人之忌，異日必將有俄、日之爭。以日本壤地褊小，可勝不可敗，敗則滅亡，勝亦大傷元氣。萬一竟至啓釁，貴國東三省當兩國之衝。若中國國勢强勝，則有此緩衝地，日本受庇不小。惟貴國國勢恐不能固此緩衝。兩國開戰，日本爲爭存計，必首先侵犯貴國中立。甲午之役，睦誼已損，何可一而再乎？故非避免戰事不可。今有一策於此，特請君商之，幸許一言否？」予請示其策。乃續言曰：「我國爲此與元老樞府協商久矣。竊謂變法危事，今中國日言變法，其得失非可一言盡。以其至淺者言之，恐羣情不便，國勢轉爲之不安。何不由貴國皇帝遴選近支王公之賢者，分封奉天，合滿、蒙爲一帝國，開發地利，僱用各國客卿，以此爲新法試驗之地。變法而善，中國徐行未晚，若不善，則可資經驗，不至害及國本。我國今將與英訂同盟之約，若新國既建，可由兩國提出國際會議，將此新國暫定爲局外中立。惟不可以爲藩屬，將致種種不便。如是，則貴國可免變法之危，日本亦可免日、俄之戰，實兩國交利之事。此策雖建自本會，實已得天皇同意。若公謂然，請密告江、鄂兩督，與政府籌之。但不知君認此爲出於誠意否耳！」予乃極稱其策之善、意之誠，謂：「當力言於兩督。」且詢以「若兩督謂然，必與公商進行之策，公能至江、鄂否」？長岡曰：「可。」予乃珍重與訂後約。此三事也。有此三事，予私喜，以爲不虛此行。壬寅仲春至鄂，密陳於文襄，文襄稱善。並令予先將第三事密詢劉忠誠，若同意，當商之樞府。及予至江寧謁忠誠，乃亦謂然。未幾，江、鄂乃密電日外務部，請訂取締學生規則及文部頒行，學生大譁，紛紛抗命，致失效果。至保存國粹之説，予著論揭之《教育雜誌》，暢言其理，於是「國粹保存」四字，一時騰於衆口，乃卒不收其效。文襄定學堂章程，僅於課表中增「讀經」一門，未嘗以是爲政本，後學部開教育會，野心家且將併此而去之，致芒芒禹甸，遂爲蹄迹之世矣。

三事中末一事所關尤巨。兩督會商後，曾命予密招長岡副長，長岡以病不能行，近衛公代之。予伴至江、鄂而不得與會。久之寂然，不得其故。及日、俄戰後，端忠敏撫吴，偶言及之。忠敏曰：「近衛到鄂，某亦與議，相商極洽。乃以此密詢榮文忠，文忠不可，遂已。」蓋其時忠敏方撫鄂，故知之也。嗚呼，文忠誤國之罪，寧止庚子之變，模棱持兩端已哉！

予壬寅自鄂渚歸。適上海南洋公學增設東文科，毘陵盛公宣懷延予任監督，沈子培尚書曾植爲之慫恿，乃就聘。時校地不能容，設分校於虹口，爲延藤田劍峰爲總教習。諸生勤學者多，成績頗可觀。乃閲二年而遽罷。是年冬，積俸入得二千元，以贖越河質産，於是宿負始清。當庚子十月，先妣六十初度時，至鄂初受事，不獲返淮稱祝，乃遣奴子賫銀幣二百歸。先妣諭以兩宫蒙塵，且宿逋未了，非稱壽之時，來款給饔飧，足慰兒孝思，異日逋負畢償，當爲兒盡一觴耳。至是遂擬歸省，先妣復諭以冬寒不必遠涉，俟春和歸可也。乃癸卯正月二十四日以事至吴下，越日得急電，言先妣病。閲之神魂飛越，乃星夜遄歸。五日始抵家，則吾母已於發電之日棄不孝而長逝矣。予肝腸寸裂，撫柩痛哭。府君持予手慰勉，予不能措一辭以對。回憶離膝下七年，往者歲必數歸省，雖不過留數日，尚得親承色笑。獨去冬以慈諭故未歸，豈知遂不及永訣，竟抱恨終天耶！今以垂暮叢咎之身，家國俱亡，海濱視息，未知何日方得侍吾母於地下。去年冬，爲吾母九十冥壽，家祭畢，回思劬勞未報，萬感交集，愴然涕下。今追記及此，又不覺老淚之漬紙也。喪逾百日，先府君恐予過哀致疾，謂宜速反滬理校務。不敢違嚴命，乃至柩前痛哭而别。返滬後，精魄若喪，心如死灰，覺人間事無一可留戀者。方戊戌，朝旨舉經濟特科，湖南巡撫陳公寶箴以予名應。自慚名實難副，本不敢應徵，乃旋以政變中止。及壬寅特科復開，張文襄公及郵傳部尚書張文達公、法部侍郎沈公家本、漕運總督陳公夔龍復加薦剡。是年考試，予以居喪故，得謝徵車。是年孟冬，粵督岑公春煊延予至粵參議學務，欲謝不往，家人恐予鬱鬱致疾，勸行。予以嶺南景物爲平生所未見，乃姑往應之。到粵，往粵秀書院，無所事事，惟將南洋公學東文科高材生數人補官費留學海外而已。粵東書價廉，乃日至雙門底府學東街閱覽書肆，適孔氏嶽雪樓藏書後人不能守，方出售，乃盡薪水所入購之。予之藏書自此始。歲暮返滬，明春再往。終以素餐爲愧，至暮春遂託故辭歸。孟夏，購愛文義路地九分，築樓三楹，請先府君到滬就養。府君許之。既至，以眷口衆、新築狹，乃别賃宅西門外。是年六月，鄂撫端忠敏公移署蘇撫，過滬來訪，面請參議學務。謝之，不可。七月，往受事。謀創江蘇師範學堂，卜地於撫標中軍操場。先繕紫陽校士館爲校地，即舊紫陽書院也。以十一月開校，時公已移署兩江總督，初擬定學生分初級、高等兩班，生徒共三百二十人，因校地狹，乃先招講習科生四十人，速成科生百二十人。予薦藤田學士任總教習，延山陽徐賓華廣文嘉爲監院。次年，添設體操專修科。五月，講習科及體操專修科畢業。七月，招初等本科生八十人，八月朔，入堂受學。是月設附屬小學校，十月開校，招初、高兩級學生六十餘人。

予任蘇校一如在鄂時，日至講堂督課，至齋室視察諸生行檢，課暇分班接見諸生，戒以敦品立行，俾不愧「師範」二字。時無父無君之説雖非猖獗若今日，然已萌芽，故於校中恭設萬歲牌，朔望率諸生於萬歲牌及至聖先師前行三跪九叩禮。各校無設萬歲牌者，僅予校有之。校中揭示皆手書，不假手吏胥，除休沐日，跬步不離校，學生初以爲苦，尋亦安之。平湖朱廉訪之榛鯁直明察，以講習科畢業莅校，昌言於衆曰：「今日學校縻國帑、壞學術、誤子弟，如羅君之於此校，如嚴父之訓子弟，如李臨淮之治軍，校風清肅，令我誠服。」予深愧其言。實則予之治校，不過不敢素餐曠職而已。

紫陽書院舊祀徽國文公。予嘗擬將過去院長學行足爲師表，若錢竹汀先生等附祀其中，以資學生觀感景慕，乃事冗不果。校中本有春風亭，故址不可尋，乃於荷池旁構一小榭，揭三字榜以存其名，捐經史書置其中。於門庭植卉木，宿舍前雜植桃、柳，池中補蓮，並於撫標操場擬卜築地，加圍牆以定界址。今時移世異，不知如何，念之憮然。

蘇州自洪、楊亂後，城内尚有廢基隙地，朱廉訪招人購領建屋。予於操場旁從官購地二畝許。以滬寓狹，命工建樓五楹，旁造平屋十餘間，足容全眷，擬迎先府君至蘇，俾得晨夕侍奉。乃夏初，先府君即患小溲不暢，延東醫診之，謂腎病延及心臟，非數月不能致效。乃府君數日後即卻藥不御，屢請不許。及十月，先府君書至，言脛腫，恐病勢增重，兒可歸一談家事。閲之驚惶失措，亟請假歸視。府君尚坐起至案前，諭予曰：「往以家事累汝且二十餘年，今庶孽衆，不忍再累汝，欲與汝謀所以處之。」予知府君意，急應曰：「大人安心養疾，兒必體大人意，必厚視諸庶母、庶弟。」府君曰：「汝孝子也。我知之。然累汝矣。」遂不言。予聞諭，泣不可仰，亟延醫診視。醫者謂病已亟，姑投瀉劑消腫。乃腫消而食不進，至十三夜，遂易簀。予再遭大故，泣念自辛巳府君離淮安，違侍三十年，幸得迎養至滬，又以寓宅小，別賃宅以居。蘇寓垂成，竟不及待，風木之悲，痛徹心骨。殮事畢，迎諸庶母、庶弟至予宅，乃扶柩返淮安。暫停南門外僧寺，予即借寺屋爲堊室。及卜葬返滬，擬俟百日後赴蘇辭校務，而值江蘇教育會逐客之事。方此校招生時，忠敏謂予曰：「此校雖爲蘇屬設，然蘇、寧本一省，不當分畛域，有投考者一律收録。」於是揚、徐、淮、海有投考者亦憑文録取，遵公旨也。蘇紳滋不悦。又蘇紳素多請託，招生時以竿牘至者，間不能副其請，意益不滿。至是遂由教育會長張謇氏登報紙，謂予在蘇築室私佔校地。因予新築去擬建新校地僅數十步也。張與予素諗，一旦以戈矛相向，不欲與校，乃移書朱廉訪，謂宅地購自公家，非私佔，公所知。校地已築圍牆，新築地與校地無涉，亦人人知之。初不必與辯，予築此室本以奉親，今堂上已棄養，亦不忍居此，即以此宅捐贈公家可也。廉訪初聞蘇紳事已憤甚，及閲予書，益不平。因復書謂有更以誣謗加公者，某當之。予再移書請勿校，公知予決棄是宅，乃出官款還予購地及建築費。予乃以百日滿至蘇辭職，蘇撫及公皆慰留。已而公知予必去，乃曰：「公去，此校可停矣。予與公非素交，不知何以得此於公也。」予將去，乃勉諸教習及職員仍舊供職候代。乃教員勉留，職員均憤而求去，堅留不可。乃請蘇撫派員即日來接校事。及代者至，款目即日交割，予乃行。當予在校時，戒諸職員謂：「治公家事，一切款目必每日清揭，俾隨時可交出。」至是乃不煩而辦。

方教育會與予爲難，吾友錢唐汪頌穀文學詒年頗不平。聞予不校，乃激予曰：「人世無黑白久矣，公不辯，人且謂公果有佔地事。請告予本末，予一一誦言之。」頌穀乃用予名代予作答辯書，登之報紙。予訝其多事。乃報章出，竟噤無一言。蓋意在逐客，予既去，願已足，故不更煩筆墨也。書此以見當日尚有公論。若朱廉訪及汪文學者，皆古之遺直也。

予叙校事訖，更叙家事。當先府君存日，有一至痛心之事，蓋當析産時，先叔父攜眷赴遂昌，所得淮安居宅之半無所用，乃作價歸併先府君。後無以償，先王妣乃割養膳田三之二，兩分之，給先府君與先叔父。以府君所應得者償先叔父。府君傷因貧致割及膳田，抱痛至深。及先妣棄養，予乃請於府君，宿債甫清，不可因喪舉債，喪費由予任之。以後田租所入積以贖膳田。及府君棄養日，膳田已將贖回。府君之喪，亦由予任喪費。諸庶母、庶弟居上海半歲，請返淮安，乃措資送歸。時舊居賃於人，以别宅居之，以田租所入充歲用，予仍不取家中一錢。私慟往者先妣見背，尚有老父，今無怙無恃，天地間一鮮民耳。雖僅行年四十，然十年來於世態思之爛熟，從前夙抱用世之志，今見民德友誼如此，官場積習如彼，爲之灰冷。幸予職已盡，意欲遂被髮入山。然我瞻四方，慽慽靡騁。方徘徊無計，忽得端忠敏電，謂學部初創，相國榮公已奏調君，請即入都。予時既決計不復入世，乃以居喪固辭。公援滿人百日當差爲言。予復以漢臣無此例，不可自某始。公迫以即不就職，亦當入見榮公。不得已，乃入都上謁。相國慰勉曰：「君不欲援滿人當差例，請不照滿人吉服到署，即以素服出入。君所不欲，皆不相强，但必助予。」予見公意至誠切，乃諾以暫留數月，寧知由此竟不獲遂初志耶！

予至都，本擬即南歸。然既許榮公暫留，家屬在南中殊不便。又以北方風土氣候皆佳，人情亦較厚於南方，即不官亦可居，乃售滬宅得萬元，爲移眷及在京用費，再徐圖治生之術。乃先一年同鄉某君在滬以二千金創印刷局，强予入資之半，勉應之。至是，聞予售宅，乃言印局虧耗，令出三千元閉局。予思鬻宅得贏，出諸意外，遂不與校，如數與之。平日向守古人犯而不校之訓，然於此可知南方人情之儇薄矣。明年，因農、教兩館不能遥領，乃均停止。

學部初立，尚無衙署，先賃民屋爲辦事處，奏調人員到部尚寡，相國令予入居之。時部章未定，司局未分，每日下午令部員上堂議事。予蒞部日初次上堂，相國出公文三通令閲。其一爲請廢國子監，以南學爲京師第一師範學校。予議曰：「歷代皆有國學，今各學未立，先廢太學，於理似未可。」時兩侍郎，一爲固始張公仁黼，一爲天津嚴公修。嚴答稱：「現在以養成師範爲急，南學向蒞國子監，新教育行，國子監無用，不如早廢止。」予曰：「師範雖急，京師之大，似不至無他處可爲校地，何必南學？即用南學，似亦不必遽廢國子監。且是否當廢，他日似尚須討論。」張公聞之，啞然曰：「相國以君爲明新教育，特奏調來部，乃初到即説此舊話。某已頑固不合時宜，意在部不能淹三數月，君乃不欲三日留耶？」予聞之訝，嚴之思想新異，張之牢騷玩世，均出諸意外。而於予之初到部即縱論不知忌避，則自忘其愚。語已，相國徐曰：「此事容再商，且議他事可也。」至明日，予至太學觀石鼓，見監中有列聖臨雍講坐，私意部臣欲廢太學，此坐將安處之？午後返署，以是爲詢，張公聞之遽曰：「是竟未慮及。本部新立，若言官知之，以此見劾，豈非授人話柄乎？此奏萬不可繕發。」相國亦悚然。因撤消此奏。予始知此事嚴意在廢除，相國及張則視爲無足輕重，雖非同意，尚可曲從也。及議學部官制，設國子丞，及各郡縣學留教官一人奉祀孔廟，亦予所提議。其幸得議行者，實自保存國學始。自此，部中皆目予爲頑固愚戇矣。

及議學部官制，相國命黄陂陳君毅起草。陳君，文襄所薦也。既援新設諸部例，於尚、侍以下設丞、參各二人，又援日本官制，設參事官四人，列各司之前。予議既設丞、參，則參事爲蛇足。部員有駁予説者，乃卒如陳所擬。厥後此廳立，乃廢上堂會議之例，每星期於參事廳開例會一次，有要事則開臨時會議，尚、侍、丞、參及各司官咸與議。堂官奏派予在廳行走，月致餼七十元，堅却之。服闋後始受餼。

部章改以前學政爲實官。各省設提學使一人，位次在藩司之後、臬司之前。一日，堂上集議，相國詢衆以提學使應以何資格請簡？嚴侍郎首建議謂必須明教育者，蓋意在曾任學校職員及曾任教習者。故已調天津小學校長及小學教員數人到部行走。予議提學使與藩臬同等，名位甚尊，似宜選資望相當者。相國然之，因詢何資望乃可。衆未有以對。予曰：「無已亦但有仍如從前學政於翰院選之耳。」嚴意不謂然。予曰：「堂官謂以明教育者爲斷，不知以何者爲準，殆不外學校職員及教員已耳。今各省但立師範及中小學校，其管理員及教員不外地方舉貢生員，此等人亦未必即副深明教育之望，一旦拔之不次，驟至監司，恐官方且不知，能必其果舉職否？」相國曰：「然。亦但有於翰院取之，若謂翰林不明教育，俟奉簡命後，派往外國視察數月可耳。」相國復令各舉堪任之人。衆又默然，莫肯先發。嚴侍郎曰：「諸君且下堂，以無記名投票法舉之可也。」相國曰：「不如即席面舉所知。」時同在坐者有汪君穰卿、張君菊生。予語兩君謂：「盍三人同舉？予意舉沈太守曾植、黄學士紹箕、葉編修爾愷。」兩君皆首肯，願同舉。菊生別增一人曰汪太史詒書。既下堂，即有部員數人同上説帖，力詆沈爲腐敗頑固，萬不可用。其人蓋皆曾任小學教員者也，顧所言無效。然予至是知當世之習爲阿唯，非無故矣。

外省派遣留學生多習速成法政、速成師範。予意學無速成之理，嘗於參事廳提議，謂無益有損，請由本部奏請停止。相國及坐中多然予説。嚴侍郎謂：「派遣短期留學，實因需才孔亟，亦具苦心，且謂爲無益或可，若云有害，非某所知也。」予謂：「需才孔亟，亦如七年之病求三年之艾，在早蓄之而已。若憚三年之歲月而以數月之艾代之，其不能得效，三尺童子知之矣。且學術非可淺嘗輒止，速成求學，所得者一知半解而已。天下事誤於一知半解者實多，若全無所知，必虛心求慊，略知一二者則往往一得自矜，最足害事，故某意非截止不可。」嚴默然。既而曰：「所言亦持之有故，但今日士子望速成者多，因卒業便可圖噉飯處，一旦罷之，不慮其起哄乎？」予曰：「此予之所以謂非裁制不可也。國家養士，非但爲其噉飯地。至慮學生起哄，則可不慮，已派者任其卒業，未派者從此截止，何不可者？」相國韙之，謂不必入奏，但通電各省及海外留學生監督可矣。遂令予起草，由此派遣速成之事遂止。

是年本部奏派視學官，命予視察直隸、山西學務。戊申春，命視察山東、河南、江西、安徽學務。是年，本部考試留學生，奏派予充同考官，閱農科試卷及各科國文卷。明年，復派充同考官。戊申、己酉欽派充留學生殿試襄校官。

予視學山東時，東撫爲泗州楊文敬公士驤，總角舊交也。公與予同寄居淮安，且同里閈，其先德仲禾先生鴻弼與先府君又通譜昆季也。公既貴，遂不通往還。至是相見甚歡，延予至其署觀濟源。酒闌，予語公：「東省有大政二：一黄河，一外交，皆難措手。公何以處之？」公曰：「黄河潰決，由天者半，由人者亦半，予嚴責當事，厚賞罰，幸得無事。至對德外交，現與德新島督相處甚洽。其棘手者，惟學務耳。此邦學風囂競，非得有幹力提學使不可。私與公商，若惠然肯來，當密商榮相，得公任此，吾無憂矣。」予謝不可。公曰：「公必不可，不敢强，然當爲吾謀適任者。」予前視學保定，見羅順循太守正鈞，其人似有氣幹，允向榮相言之。其後由部奏簡順循提學山東，然亦無顯績。蓋其人亦老於仕途者也。公又語予：「有一事頗關重要，且質之公。德國租借青島，初實欲用爲東方軍港，既至，乃知不可用。其政府深願示好我國，交還爲自闢商埠。但請以後東省路礦各政聘彼國技師，此外別無要求。至其政府經營青島費用，願以最長期由我國政府逐年償還，不取息金。意欲請公密陳榮相，若以爲可者，某當任折衝事。」予極贊之，乃歸爲榮相言。相國謂茲事體大，俟南皮入都後議之。及文襄至，亦然之。顧以西藏兵事，遂不暇及此。未幾，文敬亦擢北洋大臣去。此議若行，則歐戰時可免日、德之爭。然天數如此，殆非人力所能挽耶？

予在濟南，欲觀東昌楊氏海源閣藏書，請文敬爲之介。文敬曰：「東昌不通鐵道，往返辛苦，且閣主人老瞶，平生愛書甚，不僅賓舊藏，自購善本亦不少。顧老而無子，近支無可繼者，彼深憂身後散佚，嘗爲予言之。且此老自由外部歸，欲得一京卿頭銜以自娱。請予伺機奏保，至今無以報。其身前誓守藏書，必不可奪，且不肯示人。若於彼存日奏請立案，將其藏書報效國家，先呈目録，俟身後由東撫案籍點收解京，而賞以卿銜，彼必感激樂從。此事盍與榮相商之？予敬候部示。」予歸即陳之相國，相國首肯。然卒以不關重要，置之。今楊氏藏書歷遭兵事，多散佚，則當日所請不行爲可惜也。

因楊氏藏書憶及一事，歐人何樂模者，骨董商也。至西安，欲竊取《唐景教流行中國碑》，復刻一本，將以易原碑。定海方藥雨太守若之宗人爲何樂模舌人，以告藥雨。藥雨以告予，予乃白部發電致陜撫及提學司，將此碑由金勝寺移置學宮碑林中。何樂模乃不得竄取，運復刻以去。當予以此陳，當事頗以爲多事，强而後可。然我國之古物流出者多矣，此特千百之一，國家不加意保護，亦無從禁其輸出也。

光緒季葉，各新部皆有顧問，學部亦仿行，將奏派頭二等諮議官。予以爲虚名無用，堂官謂他部皆有，學部不可獨異，卒奏派十餘人。予亦列二等。然奏派後無建言者，惟頭等諮議官江蘇教育會長某有書到部，請奏定學校職員教員升轉。其大意謂欲求教育之興，必得深明教育之人，求深明教育之人，當求之各學堂職員、教員中，學部宜定升轉之法。各省小學堂長治事有成效者升中學監督，如是遞升高等至大學。小學教員教學有成效升教中學，如是遞升高等至大學。並相其才力，内用爲堂司，外任提學使，以示鼓勵。如是則人才得而教育理矣。相國持至參事廳相傳觀，雖僉以小學教員得升大學教授爲奇特，未能據以入奏。然卒作復書，以示褒納。當時又有某直刺者，以卓異内用調部，上説帖請廢舉人、進士名目，凡在學堂卒業者，一律授博士，小學卒業者授小學博士，中學以至大學，均如是稱。聞者莫不啞然。此均學部當日笑端也。

是時，海外留學生返國，由部試及第者，皆獎以翰林、進士、舉人。以前歐、美留學返國者，多爲不平。適四川擬修鐵道，喬茂蘐左丞聘詹君天佑爲總工程師。詹微露此意，喬君遂以此提議於參事廳。堂司僉謂當援例奏請補獎。予議：此事某亦贊同，但年來新學未興，舊學已替。頻年留學生國文試卷皆予校閲，幾無一卷通順，滿紙「膨脹」、「運動」等新名詞，閲之令人作嘔。亦當優獎海内宿學，經術文章夙著聲譽者數人，以示學子，俾知國學重要，並非偏重西學。相國首肯，令予略舉其人。乃舉瑞安孫君仲容詒讓、湘潭王君壬秋闓運及已故紹興府教授烏程汪剛木先生日楨，謂汪今雖已故，亦宜追獎。其後乃獎王君壬秋、元和曹君叔彦元弼諸人翰林，而汪、孫不與焉。

文襄入樞府兼管學部，到部日循例旅見。文襄止予曰：「今日各司旅見，不能接談，明日下午幸過我。」乃如約往謁。文襄曰：「君此次到部甚善，幸勿再言去矣。」予答以愚戇不通世故，且已陳榮相不久乞歸，並求中堂諒許。文襄色微不懌，已而莞爾曰：「我必不任君去。」因詢以在兩湖時奏設存古學堂，君意云何。予曰：「中堂維持國學之苦心至爲敬佩，惟國學浩博，畢生不能盡。今年限至短，復加科學，成效恐不易期。」公首肯曰：「此論極是。但不加科學恐遭部駁。至年限太短，成效必微，但究勝於並此無之耳。」予曰：「職往於集議此案時，曾有説帖，乃推廣中堂之意。略謂各省宜設國學館一所，内分三部：一、圖書館，二、博物館，三、研究所。因修學一事，宜多讀書，而考古則宜多見古器物，今關洛古物日出，咸入市舶，亟宜購求以供考究。至研究所，選國學有根柢者，無論已仕未仕及舉、貢、生、監，任其入所研究，不限以經史、文學、考古門目，不拘年限。選海内耆宿爲之長以指導之，略如以前書院。諸生有著作，由館長移送當省提學司，申督撫送部。果係學術精深，徵部面試，其宿學久知名者，即不必招試，由部奏獎。如是，則成效似較可期。」公聞之欣然曰：「君此法良佳，當謀奏行。」予又乘間言，以前奏定各學堂章程，乃以日本爲藍本，與我間有不合，尚有應增損者。我朝自世祖頒六諭以訓天下，厥後聖祖廣之爲十六條，世宗又推衍爲廣訓。從前學政案試各郡，必下學講演，童生考試，必令默寫，此誠教化之本，中小學校亦宜宣講。日本有教育勅語，其例可援。至大學章程，經科課目宜增曆法，文科宜增滿、蒙、回、藏文，此皆我藩屬，且爲考古所必須。原課表皆無之，反有埃及古文，其實埃及文字雖亦象形，與我文字故非出一源也。公聞之首肯者再，令予將以前定章加以補正，當具奏更改。予乃一一加籤呈堂，堂官以爲非急務，竟擱置之。後文襄引疾，此議遂罷矣。

予到部本欲留數月即去，乃榮相維縶甚殷。及文襄管部，爲言榮相倚畀君甚，幸輔助之，益不許退。至戊申服闋，適遣嫁程氏女。舊例部員無故不得請假。予欲借此乞退，據情上陳，乃許私假二十日，不許去。及至滬，值兩宮先後上賓，乃遄返京師。尋文襄奏請試署參事官，己酉春奏補，遂不敢言去。至是實爲予致身之始矣。

學部定章，參事官内以丞、參，外以提學司升轉，先由本部奏請記名。予自補官後，自維以韋布驟致郎曹，忝竊非分，深懼無以報稱。乃一日左丞喬君來言：「現奏保丞、參及提學司，榮相欲留君在部相助，然提學司難得人，又欲保君提學，意不能决，屬質之君，願外任乎，抑在内乎？」予爲之愕然，曰：「此豈堂官可謀之屬員者，予補參事已懼難報稱，請爲謝相國，以後保奏丞、參及提學，幸勿及某。」後半歲又言之，予益驚愕，謝之如初。榮相初頗疑予爲矯强，至是信爲出於中誠，乃謂予曰：「予知君性恬退，不願他任。但我意國子丞不異宋人奉祠，惟非品學足爲國人矜式者，不克任之。梧生不耐冷官，不久必遷擢。宜莫如君，此可不必再辭矣。」梧生者，臨清徐君坊，時方任國子監丞者也。予復遜謝。已而榮相以病去，徐君亦未他擢。文襄奏補予農科大學監督。

文襄管部後，議奏設大學。侍郎嚴公謂學子無入大學程度，且無經費，持不可。文襄曰：「無經費我籌之，由高等卒業者升大學，無虞程度不足。」侍郎爭之力。文襄怫然曰：「今日我爲政。他日我蒙賞陀羅尼經被時，君主之可也。」乃奏設經、法、文、格致、農、工、商七科。奏任德化劉公廷琛爲總監督，經、文、格致、農監督任膠州柯學士劭忞、昭文孫吏部雄、元和汪侍讀鳳藻及予，皆奏補。法、工、商監督任候官林參事棨、諸暨何員外燏時、江夏權主事量，皆奏署。

先是，於參事廳議大學官制。予議不必定爲實官，當時頗有贊同者。文襄以他故决定爲實官，遂定總監督正三品，分科監督正四品，及奏請分别補署。是時予應開參事官本缺，循例上謁。時灌陽唐公景崇代榮相國任部長。唐公曰：「君在部久，一旦改官大學，義不可留，然大學故隸本部，且君爲諮議官得與議部事，以後幸相助。」乃次日復招至堂上，謂予曰：「頃丞參堂因將請補參事缺額。檢閱前奏，乃知繕摺時漏去『分科監督爲正四品』一語。同人本惜君去，今因誤，君可以原官兼任，仍得在部相助，深以爲幸。但幸勿以此語管部，恐管部必欲補奏更正，轉多事也。」予爲避求升級之嫌，唯唯而退。以前榮相奏任徐君爲國子監丞，因底銜錯誤乃自請議處。唐公長部，頗異於榮相國，此其一端也。

予既長農校，時大學行政皆由總監督主之，各分科監督畫諾而已，無從致力。惟是時七科皆在馬神廟，本某駙馬舊府地，狹不敷用。予請於管部，奏撥西直門外釣魚臺地建新校，設試驗場。溽暑嚴寒，往返監視。至辛亥秋乃落成，而武昌之變作矣。

當戊申冬，今上嗣位，醇邸攝政。令內閣於大庫檢國初時攝政典禮舊檔。閣臣檢之不得，因奏庫中無用舊檔太多，請焚燬。得旨允行。翰苑諸臣因至大庫求本人試策及本朝名人試策，偶於殘書中得宋人《玉牒》寫本殘頁。寧海章檢討梫影照分餽同好，並呈文襄及榮公。一日，榮相延文襄午飲，命予作陪。文襄詢予何以大庫有宋《玉牒》，予對以此即《宋史·藝文志》之《仙源集慶録》、《宗藩慶系録》。南宋亡，元代試行海運，先運臨安國子監藏書，故此書得至燕。且據前人考，明代文淵閣並無其地，所謂文淵閣，即今內閣大庫。現既於大庫得此二書，則此外藏書必多，盍以是詢之閣僚乎。文襄聞予言欣然，歸以詢，果如予言。但閣僚謂皆殘破無用者。予亟以《文淵閣書目》進，且告文襄：「雖殘破，亦應整理保存。大庫既不能容，何不奏請歸部，將來貯之圖書館乎？」文理。面令予時至内閣相助。一日予往，見曹舍人方整理各書，別有人引導至西頭屋曰：「此選存者。」指東頭屋曰：「此無用者，當廢棄。」予私意，原奏言片紙隻字不得遺棄，何以有廢棄者如此之多？知不可究詰。又觀架上有地圖數十大軸，詢以此亦廢棄者乎？對以舊圖無用，亦應焚燬。隨手取一幅觀之，乃國初時所繪。乃亟返部，以電話告文襄。文襄立派員往運至部。於是所指爲無用者幸得保存。然已私運外出者，實不知凡幾。今庫書自南北人家流出者甚多，皆當日稱無用廢棄者也。方予至内閣視察庫書時，見庭中堆積紅本題本高若丘阜，皆依年月順序結束整齊。隨手取二束觀之，一爲陽湖管公貞幹任漕督時奏；一爲阿文成公用兵時奏。詢何以積庭中，始知即奏請焚燬物也。私意此皆重要史稿，不應燬棄。歸部爲侍郎寶公熙言之，請公白文襄。寶公謂既已奏準焚燬，有難色。强之，允以予言上陳。及告文襄，文襄韙予請，然亦以經奏準爲慮。低回久之，曰：「可告羅參事，速設法移入部中，但不得漏於外間。」寶公以告予。予乃與會稽司長任邱宗君梓山樹枏商之。宗君明敏敢任，且移部須費用，故與商。梓山曰：「部中惜費甚，若堂官不出資，將何如？」予曰：「若爾，予任之。」宗君乃往觀。越日報予曰：「庭中所積僅三之一，尚有在他處者。相其面積，非木箱五六千不能容，無論移運及保存，所費實多，公何能任此者，部中更無論矣。盍再請於文襄？」予以此事文襄已有難色，若更請，設竟謂無法保存仍舊焚燒，則害事矣。因告宗君，但先設法移部。移部後再思貯藏法。宗君思之良久曰：「然則先以米袋盛之，便可搬運。米袋有小破裂不能盛米者，袋不過百錢，視木箱價什一耳，部中尚可任之。然非陳明堂官不可。公能白之唐公乎？」予稱善。乃上堂言之。唐公嚬感，尚未作答，予遽曰：「此所費不逾千元，設部中無此款者，某任之。」唐公微笑，命由部照發，乃裝爲八千袋。乃陸續移部，適堂後有空屋五楹，因置其中。明日唐尚書招予上堂曰：「君保存史料我未始不贊同，奈堂後置米袋累累，萬一他部人來，不幾疑學部開大米莊乎？幸君移他處。」予曰：「是不難，以紙糊玻璃，則外間不見米袋矣。」唐公乃默然。已而，仍令丞、參與予商移出。復籌之宗君。宗君言：「南學多空屋，貯彼何如？」予曰：「善。」適監丞徐君在丞參堂，予與商。徐君拒之曰：「現宜聖改大祀，南學設工程處，無地容此也。」予意頗愠，語之曰：「君殆謂南學君所掌，予不當爲是請耶？然太學微予，改廢久矣。今以官物貯官地，望君終不見拒也。」徐亦怫然。左丞喬君曰：「君毋愠，此非妄也。」爲語當日議廢監事。徐乃謝予。於是移貯敬一亭。予平生以直道事人，榮相幸能容之，復以是事唐公，遂益彰予之戇矣。然大庫史料竟得保存。後十餘年，又幾有造紙之厄，予復購存之。雖力不能守，然今尚無恙，但不知方來何如耳。至宗君實有勞於史料，世罕有知者，故特著之。

光緒季年，歐人訪古於我西陲者，爲英、德、法三國。宣統紀元，法國大學教授伯希和博士賃宅於京師蘇州胡同。將啓行返國，所得敦煌鳴沙石室古卷軸已先運歸，尚有在行篋者。博士託其友爲介，欲見予。乃以中秋晨驅車往。博士出示所得唐人寫本及石刻，詫爲奇寶，乃與商影照十餘種，約同志數人觴之。博士爲言，石室尚有卷軸約八千軸，但以佛經爲多，異日恐他人盡取無遺，盍早日搆致京師乎？予聞之欣然，以語喬茂蘐左丞，請電護陝甘總督毛實君方伯，託其購致學部。予並擬電，言需款幾何？先請墊給，由部償還。喬君攜電上堂白之。則電允照發，而將還款語删去。予意甘肅貧瘠，若令甘督任此，必致爲難。乃復提議於大學，由大學出金。總監督劉公亦謂大學無此款。予曰：「若大學無此款，由農科節省充之，即予俸亦可捐充。」劉公始允發電。逾月，大學及學部同得復電，言已購得八千卷，價三千元，兩電文同。部中初疑價必昂，聞僅三千元，乃留之學部，不歸大學。及甘省派員解送京師，委員某爲江西人，到京不先至部，而主其同鄉某家。其同鄉乃竭日夜之力，盡竄取其菁華。卷數不足，乃裂一軸爲二三以充之。解部後，予等轉不得見。後日本京都大學諸教授來參觀，予等因便始窺其大略而已。後廿餘年，予寓津沽，人家所私竊之卷往往得之估人手。此又予所不及料者也。

予自三十出游，在野凡十年，漸諳世態，少年邁往之氣已爲稍挫，然用世之心尚未消泯。在野所建白，雖當道不以爲非，然無一事見諸實行者。故入都時自號「刖存」，意尚欲爲鉛刀之一割也。及在部派參事廳行走及諮議官，但有言責而無事權。予本不求進，故論事侃侃，無所避忌。乃改字曰「舌存」。以示尚有言責，且寓老氏尚柔之旨以自儆。乃在京既久，目擊元凶在朝，太阿倒持，宮中府中廣布耳目，其他大臣則唯阿粉飾，若無知聞，訛言莫懲，翻以爲輿論而曲徇之。其在下則奔競鑽營，美名其曰「政治運動」，毫無顧忌。老成之士，獨居深歎而已。及元凶斥退，斬草又不去根，逆知禍且不遠，乃又改吾字曰「目存」。辛亥夏，部中奏設教育會，以江蘇教育會長張君謇爲會長，俾與議教育。阻之不可。予亦濫竽爲會員。及開會，由會員譚太史延闓、陸太史光熙提議，以後教育當定爲軍國民主義，令各學堂練習軍事，行實彈打靶，欲隱寓革命勢力於學生中。兩太史平日爲黨中之錚錚者，主張革命最力。其後，陸在山西隨父任，倉卒死亂軍手，謚文節。其結局與其懷抱正相反，亦異事也。此議提出，附和者衆。予首抗議以爲不可。予友王君季烈、蔣君黼、恩君華等均贊予説。汪君康年時久病，亦扶病出席抗議。孫君雄亦反抗之。黄君忠浩則駁以事實不能行。乃不得議行。一日，又提議學科中廢除讀經，則太倉唐君文治倡議，託副會長張君元濟擕至會中付議者。予時病足，不能赴會。乃寫予意見託蔣君伯斧代予抗議。王、汪諸君均力爭，亦不獲議行。彼黨乃憾予甚。予自是益萌去志，顧不能辦歸裝。及秋而武昌之事起。不假教育會之力，革命已告成功。予「目存」之號，乃不幸而中矣。

當予抗議於教育會後，侍郎于文和公式枚至予家言：「君執義不回，至爲敬佩。然彼黨凶燄方張，其勢力已成，抗之無益。彼黨已憾吾甚，請勿再攖其鋒以蹈危險。方今同志甚少，幸留此身以有待。」予感公厚意，答以今爭之固無益，異日挽逆不更難乎？公慨然曰：「某異日必不顧成敗利鈍，犧牲此身。某固非畏難以阻君者，幸君鑒之。」至海桑後，公果奔走青島、上海間，有所謀不就，卒於崑山舟中。卒時無爲之遞遺摺者。予戊午春以放振至津沽，與吾友王君九學部季烈議爲之請謚。王君乃合舊日屬吏具呈，由前侍郎寶公熙領銜。因得予謚文和。予録録無似，無以謝公。今日記此，以志知己之感。惓言往昔，爲之涕零。

予丙午入都，吾友汪君穰卿先在春明已補應朝殿試，得内閣中書。既相見，謂予曰：「予往者以道茀不治，欲别啓山林，闢一新徑。乃山林未啓，虎兕已出噬人，先後數年，誤國之罪，實無可逭。今力謀補救，恐已晚矣。」予深贊其不護前，往嘗論其人爲篤實君子而誤其步趨者，至是知所見之非妄也。時君已抱病，以一手一足之力創《芻言報》以抗革命。黨人憾之甚。其參與學務，主張亦皆正大。在京落落，罕與往還者。予書「獨立不懼，遯世無悶」楹帖贈之。及武昌變起，君至津，招予往，言留屋三間相待。予是年夏即擬出京，而川資莫措。適東邦友人借所藏書畫百軸往西京展覽，彼邦有欲購者。予移書允之，欲以是辦歸裝。乃至秋尚無消息，至是無所措手，乃謝之。不數日，君在津方晚餐，聞袁世凱復出之訊，於坐中遽委化。不數日，蔣君伯斧亦以病殁於京寓。兩君俱無子，舍人有嗣子，不久亦逝。蔣君以猶子嗣。其遺書僅予爲刻《沙州文録》一卷而已。至是，予之舊游乃日就彫謝矣。

武昌變起，都中人心惶惶。時亡友王忠慤公亦在部中。予與約各備米鹽，誓不去，萬一不幸死耳。及袁世凱再起，人心頗安。然予知危益迫矣。一日，日本本願寺教主大谷伯光瑞遣在京本願寺僧某君來，言其法主勸予至海東，並以其住吉驛二樂莊假予棲眷屬。予與大谷伯不相識，感其厚意，方猶豫未有以答，而舊友京都大學教授内藤虎次郎、狩野直喜、富岡謙藏諸君書來，請往西京。予藏書稍多，允爲寄存大學圖書館，且言即爲予備寓舍。予乃商之亡友藤田君。藤田君爲定計，應諸教授之招，而由本願寺爲予擔保運書物至京都，運費到京都後還之。且願先返國爲予籌備一切，事乃決。遂以十月初出都門，往天津待船。時大沽已將結冰，商船惟末班温州丸，船小僅千噸。予與忠慤及劉氏壻三家上下約廿人同往。船至，艙已滿，乃棲家屬於貨艙中，船長以其室讓予。途中風浪惡，七日乃達神户。藤田諸君已在彼相迓。即日至京都田中村寓舍。東京舊友田中君慶太郎亦至京都助予料理。狩野博士夫人在寓舍爲備饔飧。諸君風誼不減古人，終吾生不能忘也。

方予攜家浮海時，漢陽已克復，武昌尚未下，都中同志尚冀時局可以挽回。寶公熙謂予曰：「君竟潔身去耶？盍稍留，俟必無可爲然後行。」予乃諾以送眷東渡後，即孑身返都。既至東三日，即附商舶至大連，遵陸返春明，知已絶無可爲，踐宿諾而已。比至，衆亦謂大事已去，留旬日，乃復東渡。壬子歲朝，遜政之訊乃遽至海東矣。

予初至京都，寓田中村，與忠慤及劉氏壻同居。屋狹人衆，乃别賃二宅，以居兩家。時季弟子敬振常方任奉天某校教習，復寄資迎其眷屬，别爲賃屋居之。三宅月饟各百元。季弟讀書知大義，居東歲餘返國，於上海設一書肆，苟全性命於濁亂之世，皭然不汙。昔徐俟齋、傅青主兩先生清風亮節，爲海内所推，獨不能得之於其弟，予乃無此憾。此平生差可自慰者也。

予寓田中村一歲，書籍置大學，與忠慤往返整理甚勞。乃於淨土寺町購地數百坪建樓四楹，半以棲眷屬，半以祀先人、接賓友。門側爲小榭四間，樓後庖湢奴子室數間，植松十餘株，雜卉木數百本，取顔黄門《觀我生賦》語，顔曰「永慕園」。尋增書倉一所，因篋中藏北朝初年寫本《大雲無想經》，顔之曰「大雲書庫」。宅中有小池，落成日，都人適有書爲趙爾巽聘予任清史館纂修，既焚其書，因顔池曰「洗耳池」。日本國例，外邦人可雜居國内，但有建屋權，無購地權，乃假藤田君名購之。家人既移居，未幾，更移存大學之書於庫中，乃得以著書遣日。

予在海東時，以不諳東語，往還甚簡。惟大學文科諸教授半爲舊契，以文字相往還。大學總長延予爲文科講師，請藤田君爲之介，至爲殷拳，堅辭乃允。是時王忠慤公盡屏平日所學以治國學，所居去予不數武，晨夕過從。忠慤資稟敏異，所學恒兼人。自肆業東文學社後，予拔之疇人中，所至皆與偕。及予官學部時，言之榮文恪公，奏調部行走，充編譯官。每稱之於當道，恒屈己下之，而聞譽仍未甚著。及至海東，學益進，識益完，十餘年間，遂充然爲海内大師矣。

予往歲家居，修學無師友之助，聞見甚隘。三十以外聞見漸增，始稍稍購書器，而江海奔走，廢學者且十年。及四十後入都，聞見日擴，致書器日多。每以退食之暇欲有所造述，牽於人事，無所成就。逮辛亥間，始創爲《國學叢刊》，不數月以國變而止。至是，賡續爲之。時忠愨迫於生事，乃月餽二百元請主編校。又歲餘，上海歐人聘忠愨至滬，乃輟刊。予遂以一人之力編次平生所欲刊布之古籍，並著録所見所得古器物墨本，次第刊行，歸國後復賡續爲之，先後得二百五十餘種、九百餘卷，撮其序跋爲《雪堂校刊羣書叙録》。

予平生所至輒窮，而文字之福，則有非乾嘉諸儒所及者。由庚子至辛亥十餘年間，海内古書器日出，若洹濱之甲骨、西陲之簡牘書卷、中州之明器，皆前人所未及見者。洹濱甲骨自庚子歲始由山東估人攜至都門。福山王文敏公懿榮首得之。未幾，殉國難。亡友劉鐵雲觀察得文敏所藏，復有增益。予在申江，編爲《鐵雲藏龜》。瑞安孫仲容徵君據以作《栔文舉例》，於此學尚未能有所發明。且估人諱言出土之地，謂出衛輝。及予官京師，其時甲骨大出，都中人士無知其可貴者，予乃竭吾力以購之。意出土地必不在衛輝，再三訪詢，始知實在安陽之小屯。復遣人至小屯購之。宣統初元，予至海東調查農學，東友林博士泰輔方考甲骨，作一文揭之《雜誌》，以所懷疑不能决者質之予。予歸草《殷商貞卜文字考》答之，於此學乃略得門徑。及在海東，乃撰《殷虚書契考釋》，日寫定千餘言，一月而竟。忠愨爲手寫付印，並將文字之不可識者爲《待問編》，並手拓所藏甲骨文字，編爲《殷虚書契》，後又爲《續編》，於此學乃粲然可觀。予平生著書百餘種，總二百數十卷，要以此書最有裨於考古。厥後忠愨繼之，爲《殷先公先王考》，能補予所不及。於是斯學乃日昌明矣。

西陲古簡，英人得之，請法儒沙畹教授爲之考證，書成寄予。予乃分爲三類，與忠慤分任考證，撰《流沙墜簡》三卷。予撰《小學術數方技書》、《簡牘遺文》各一卷，得知古方觚簡之分别及書體之蕃變。忠慤撰《屯戍遺文》，於古烽候地理考之極詳。後忠慤在滬將所著訂正不少，僅於《觀堂集林》中記其大略，惜不及爲之重刊也。

伯希和教授歸國時，予據其所得《敦煌書目》擇其尤者，請代爲影照，勸滬上商務印書館任影照費，並任印行，而予爲之考證。乃約定而久不踐，予乃自任之。先將中土佚書編《鳴沙石室佚書》，嗣編印《古籍叢殘》，復選印德人所得西陲古壁畫爲《高昌壁畫菁華》，嗣日本大谷伯得西陲古物陳列於住吉二樂莊，予據其所得高昌墓磚爲《高昌麴氏系譜》，於是西陲古文物略得流傳矣。

中州墟墓間所出明器，春明估人初無販鬻者，土人亦以爲不祥物而棄之，故世無知者。光緒丁未，清暉閣骨董肆徒偶攜土俑歸爲玩具，予見而購焉。肆估乃知其可貿錢。予復録《唐會要》所載明器之目授之，令凡遇此類物不可毀棄。翌年，各肆乃爭往購，遂充斥都市。關中齊魯諸地亦有至者，初所見多唐代物，尋見六朝兩漢者。歐美市舶多載以去。此爲古明器發見之始。予在海東，就往昔所藏編爲《古明器圖録》，並嘗會最古明器之見載籍者爲之説，至今草稿叢脞，尚未暇寫定也。

本朝經史考證之學冠於列代。大抵國初以來多治全經，博大而精密略遜。乾嘉以來，多分類考究，故較密於前人。予在海東，與忠慤論今日修學宜用分類法。故忠慤撰《釋幣》、《胡服考》、

《簡牘檢署考》，皆用此法。予亦用之於考古學，撰《古明器圖録》、《古鏡圖録》、《隋唐以來古官印集存》、《封泥集存》、《歷代符牌録》、《四朝鈔幣圖録》、《地券徵存》、《古器物範圖録》、《古鉨印姓氏徵》諸書。

予三十以前，無境外之交。旅滬時，始識東邦諸博士。宣統初，因法國伯希和教授，得與沙畹博士書問相往還，又與英國斯坦因博士通書問。嘗以我西陲古卷軸入歐洲者所見僅百分之一二，欲至英、德、法各國閲覽。沙畹博士聞之欣然，方聯合英、德學者，欲延予至歐洲爲審定東方古文物。予將約忠慤偕往，乃未幾而巴爾幹大戰起，乃中止。今沙畹博士及忠慤墓已宿草，予今且戢影海濱，萬念都灰，此願恐不克償矣。

予於前輩學者猶及見者，爲江寧汪梅村先生士鐸、寶應成芙卿先生孺、烏程汪剛木先生曰楨。並世學者若會稽李蒓客侍御慈銘、宜都楊惺吾舍人守敬、膠州柯蓼園學士紹忞、嘉興沈子培尚書曾植，皆嘗與從容談藝。王忠慤則同處垂三十年，至孫仲容徵君則通書問未及識面。于文和公則未嘗論學。今多已委化，僅蓼園巋然如魯靈光。予則亦老且衰矣。

予自寓海東，壬癸二歲足迹未嘗涖中土。甲寅春乃返國，擬至淮安展視先壟，以漕渠水涸，乃留滬上，與朋舊相見，話隔世事，如在夢寐。明年春再返國，乃得償祭埽之願。瞻先人舊廬，愴然涕下。尋至曲阜謁至聖林廟，至安陽之小屯，訪殷虚遺址。往返五十餘日，復返海東。自是以往，歲輒一至滬，或二至三至，由今思之，當日之仆仆道途，居諸虛擲爲可惜也。

予往歲在滬，遭先妣之喪，此身塊然如木石，厭厭無復生意。然念先府君在堂，子職未盡，不能不强自排遣。時南中故家若兩罍軒吴氏、鰈硯齋沈氏、愙齋吴氏、南潯沈氏、上海徐氏、嘉興唐氏所藏書畫、碑版、古器充斥滬上。時流於書畫但重王惲，宋元明人真蹟及古器罕過問者，予乃稍稍收集。及備員京曹，當潘文勤、王文敏之後，流風已沫，古泉幣、古彝鼎亦購藏者少。退食之暇，每流覽廠肆，間遇珍本書籍，於是吴中上海售屋之價，太半用之於此。及居海東，無所得食，漸出以易米。予本不事生計，至遭遇國變，覺此身且贅，更何問資産，每有餘力，即以印書。繼念先王妣、先妣兩世劬勞，意欲斥其所藏得金將淮安田廬照時值收爲公産，以現金分給諸庶弟，屋宇改爲祠堂，田畝以充義莊。諸庶弟乃百計抗之，喟然而罷。爲致病胃垂三年，自分無生理。思贍族之願既不償，何如出以濟世？及丁巳，近畿水災，乃斥鬻所藏，即精品若王右丞《江山雪霽》卷之類，亦不復矜惜。沈乙庵尚書贈予詩所謂「羅君章有唐年雪，揮手能療天下飢」者是也，得日幣二萬圓。戊午春，扶病返國，攜大兒福成與滬上紅十字會員散放保定之清苑、淶水二縣春振。此雖於民生未必有濟，即濟亦幾何，然亦推吾錫類之心而已。

袁氏假共和以竊國，陰欲竊帝號以自娱，及稱帝不成而憤死。柯蓼園學士乃郵書招予返國，謂「元凶已伏天誅，遼東皂帽盍歸來乎？」予復書言：「郿塢雖傾，李郭尚在，非其時也。」及歐戰告終，疫癘大作，家人無不感染。四兒婦李致成肺病，次兒福萇轉爲肋膜炎。乃送兒婦返國，不數月身故。次兒轉地療養亦無效。予病胃復不瘥，乃慨然動歸歟之念。欲於淶易間卜宅以老。東方友人聞之，多方維縶，京坂諸公欲於吉田山爲予築精舍，且爲謀致月廩，情至殷厚，堅謝乃得免。瀕行，兩京、神、坂耆舊數十人公餞於圓山公園。念予初至時，亡友富岡君謙藏同諸博士至神户相迓，才逾八載，遽作古人，爲之黯然。而君之先德鐵齋先生，年垂九十，亦扶鳩來餞。諸博士復送予至神户登舟。此邦人情之厚，令我至今感歎不忘也。方東邦耆舊餞予時，酒闌，犬養君毅詢予曰：「公居此邦，平日但言學術，不及政治。今垂別，破例一言可乎？」予應之曰：「辱承下問，敢不以對。東西立國思想迥異，而互有得失。東方以養民爲政本，均安爲要歸，而疏於對外。西方則通商練兵、長駕遠馭，而疏於安内。今歐戰告終，赤化遽興，此平日不謀均安之效也。此禍或且延及東方，願貴邦柄政諸公，幸早留意。」犬養君曰：「此雖當慮，但東方素無此等思想，似不至波及。」予曰：「歐洲開化遲，今日所謂斬新思想，在中國則已成過去，不但曾有此思想，且實行試驗，蓋試而不能行，故久廢也。即如今日蘇俄所倡産業國有及無階級政治，中國固已早行之而早滅矣。」犬養君聞之愕然，請其徵。予曰：「井田之制，非産業國有乎？阡陌開而井田廢矣。孟子言，貉之爲國，無君臣上下百官有司，非無階級政治乎？此等政治僅見《孟子》書中，不見他載籍。蓋至孟子時廢且久矣。竊謂今日爲國不謀均安而鶩富强，則蘇俄其前車也。」犬養君乃掀髯首肯。今去予返國甫逾十年，而東方少年思想日異。予當日所慮者，乃不幸而中矣。

予在京都既影印西陲古卷軸，欲繼是影印東邦所藏卷子本各書，顧僅成數種即告歸。乃捐淨土寺町寓宅於京都文科大學，售之以充繼續印書之費，且爲居東之紀念。以託内藤、狩野兩博士。予歸國後，成書數種，今又十餘年，聞將有續印者，想兩博士必始終竟予之志也。

予自海東歸國，歲在己未春末。先至滬，遣嫁王氏女。預於津沽賃樓三楹，以貯由海東運歸之書卷長物，請姊夫何益三孝廉住津接收，並請吾友王君九學部代覓宅，以棲眷屬。天津金浚宣民部鉞聞之，慨然以英租界集賢村别業二十餘間相假。予與金君未謀面，聞其於海桑後閉户謝客，讀書養志，迥異時流。及至津，遂訂交焉。居集賢村逾年，乃卜地法界三十一號路，建樓十數楹，尚餘二宅，賃之於人。顔之曰「嘉樂里」，於是留津者垂十年。

予至津後，即至梁格莊展謁德宗山陵。且謀購地卜宅，乃以故不能遂初志。亡友南豐趙聲伯太守世駿勸予入居都中，謂後門有宅，價至廉，數千金可得也。意頗動。時番禺梁文忠公鼎芬病，往視之。尋見報紙載梁公將薦予代彼爲師傅。知謡諑必有由來，遂謝趙君，決居天津，不復徙矣。

居天津後，舊游往還頗多，不能如海東之靜謐。且一再移居，料理書籍費時日頗久，然胃病乃自愈。始知在海東久不痊者，半由水土所致也。在津稍久，得識南皮張小帆中丞曾敭、豐潤張安圃督部人駿。時舊交如姻丈桐鄉勞玉初尚書乃宣、蒙古升吉甫相國允，皆僑居青島，時往存問。以後歲或一再至，略如往在海東時之歲至申江矣。

予與吉甫相國初非素諗。往歲旅居海東時，公亦僑居東京，由文求堂主人田中君爲之介，乃得相見。公時寓深田銀行别邸，衣服不完而志氣彌厲。平日不事生産，罷官後躬耕渭濱。辛亥國變，朝旨授陜西巡撫，督辦陜甘軍務。乃領甘軍力戰，至壬子春乃罷。居東不久，歸國寓青島，渭濱田已遭没收，貧不能自存。勞丈移書故交，爲謀饔飧。予乃歲餽銀幣千元。及青島收回，予迎至天津，割嘉樂里樓三楹以居之，歲餽如故。公嘗自歎任疆吏多年，乃以猪肝累人爲歉。予曰：「久任疆吏，至貧不能自存，乃盛德事，何歉耶？」居東時，日本内藤湖南博士贈公詩有「絶世奇男王保保，可能痛飲岳耶耶」語，異邦人亦欽挹若此。在青島已幽憂致疾，旅津後，頻上封事。甲子之變益憤懣，疾日進，然日必扶病造行朝。近則神識衰頹，飾巾待盡。予二十年來見遺臣能任社稷重寄者，公一人而已。

予去國八年。及返津沽，見民生彫弊，京旗人民死亡枕籍，無顧邮者。庚申秋，柯蓼園學士至津，與予商擬鳩款二三千元辦冬振，俾略緩須臾之死。予意此亦姑救一時，所裨至微，不如寬籌款項，創一「京旗生計維持會」。蓼園韙焉，而慮巨款難集。予乃檢所藏書畫金石刻數百品，於京師江西會館開會展覽，售以捐該會。三日間得二萬元。乃以萬八千元爲維持會基礎，以二千元拯豫災。復至滬上募義金，先後共收十三萬餘元。乃於十月望，放急振，推及東西兩陵。並於京師設文課以邺士流，設工廠二所以收少年子弟。明年，於天津設「博愛工廠」一所，會紳金息侯少府梁倡議維持生計必須由銀行入手，少府乃於義金中提出五萬元，並招集商股爲「東華銀行」，自任其事。至每年冬，例辦急振。津廠初設織布、織帶、織巾、織簾、製漆布沙紙諸科，後生徒再畢業，乃罷諸科，專設印刷科。經費不足，募商股及慈善股充之。津廠初賃屋充用，後乃於河北購地建房。並議於京師設「貞苦堂」以邺孤嫠。乃銀行以連年遭兵事折閱，不能進行。印刷廠則以津沽爲商業地，文化未開，印書者少，由予出資印行古書籍以充廠用。及予移居遼東，津廠不能兼顧，遂停止。此會先後垂十年，終以費絀不能發展，予對義捐諸人，負愧無地。若尚得苟活數年，終當補償折閱。否則望之我子孫，我子孫苟具天良，必不忍使吾留此憾也。

歐戰以後，歐美各國爭研究東方學術，法國大學院乃公舉予爲東方通信員。回顧我國，則異學爭鳴，斯文將墜。乃鳩合南北同志，創「東方學會」。會中擬設四部：一、印刷局，以傳布古籍；二、圖書館，以收集古籍；三、博物館，以蒐集古器；四、通信部，與國內外學者通音問、相切磋。而先從印刷始，借博愛工廠印刷處，由予捐資印書數十種。所謂學會者，僅留此爪痕，其二三兩事則以經費浩繁，不願向人集資，乃無從進行，今且並印刷事亦中止。平生所懷願大者，固莫能償。即此小小者，亦不克成就，良自恧已。

燕都自明季甲申之變，宮中文物一時都盡。我朝治平垂三百年，以康乾之隆盛復爲蒐聚，天府之藏遂駕明季而上之。海桑以後，宫禁稍疏，間有一二爲宵小竊出者。不逞之徒遂謂禁籞所藏乃歷代留傳，非一姓所有。又因一二流出之物，遂謂爲不能保存。蓋甲子之變，彼輩生心久矣。當道顢頇瞢然如睡。予私意不如由皇室自立圖書館、博物館。但慮首都頻年兵事不已，即設立亦難免咸陽一炬，不如立之於使館界内。顧庚子條約，中國不能在使館界居住，外人或以爲口實。繼念兩館關係文化，或不爲使團所拒，乃以此意與德國友人衛禮賢商之。衛時爲德使館顧問，聞之欣然，轉謀之德使。德使與荷公使至契，復商之荷使，皆極端贊許。爲予言：奥國自大戰後，未派遣使臣，以後且無派遣之日，其館地甚大，由荷使代管，現方閒曠。若皇室定計，即由荷使電商奥國，借爲兩館籌備處，奥必允諾。至以後建造兩館，德使願將彼國在京兵房操場捐爲館地。皇室若無建築費及維持費，當由使團在各國捐募，不難集事。屬予以此陳之皇室。予聞之欣然，乃據情作函，請師傅及内務府大臣代陳，乃久無復音。升相國聞之，復據予函所言以封事上陳，亦無效。且有謡言謂予與時流某將借此謀盗竊者，知阻力甚深，乃謝衛君。衛君亦爲長喟。吾謀不用，及甲子十月之變，於是三百年寶藏蕩然無復遺矣。

壬戌冬，皇上大婚禮成。升相國奏陳皇上春秋方富，請選海内士夫學行並茂者入侍左右。皇上俞其請，乃於癸亥夏，詔景方昶、温肅、楊鍾羲、王國維入值南書房。首命檢景陽宫書籍，知聖意仍欲立圖書館、博物館，不因左右之言而阻也。及甲子秋，予繼入南齋。諭令審定内府古彝器，又命檢查養心殿陳設，於是聖意益明。然爲時則已晚矣。

予自返津後，每歲正月十三日皆入都祝賀萬壽聖節。及大婚禮成，乃蒙召見於養心殿東暖閣，奏對頗久，温諭周至。甲子夏五月，奉旨著在紫禁城騎馬。八月又奉命入直南書房。疏遠小臣，驟擢近侍，聖恩稠疊，至今無以報稱，念之惶愧汗下。

予以中秋三日奉恩命，熟籌進退，頗有顧慮，意欲懇辭，商之升吉甫相國。相國謂義不可辭。然方寸仍不能無慮，乃先作書致螺江陳太傅，請先代奏，以京旗生計會須料理，以後擬半月在京供職，半月乞假理會事，預爲日後求退地。螺江許之。乃以八日入都具摺謝恩。蒙賜對，賜餐，諭京旗事不必每月請假，務留京供職，且諭令即檢查審定內府古彝器。既退，謁陳、朱兩傅，螺江太傅謂所託已代奏，朱傅謂南齋現已有六人，事務至簡，已代爲懇辭，今既入謝，以後不必案日入直，隨時可返津也。已而又親訪忠慤，屬勸予不必留京。然予既奉檢查內府古器之命，不可遽辭。幸當時即面薦王國維同任檢查事，仍預爲乞退地，意欲於一二月後陳乞。乃於次日即與忠慤同檢查寧壽宫藏器，甫三日，復奉命與袁勵準、王國維先檢查養心殿陳設。既逾月，私喜內務府尚未爲予請食俸，未頒月餼，以爲進退益可裕如。乃至十月而值宫門之變，遂萬不忍以乞身請，憂患乃薦至矣。

當馮玉祥軍未入城前數日，國民軍孫岳即遣礮兵駐紮大高殿，距神武門僅隔一御溝，已咄咄逼人，逆知必有故。及孫岳私開城納馮軍之晨，即於景山架礮直指皇居，益知變且亟，乃與同僚亟詣内務府大臣許，籌商備禦。予言未竟，内務府紹大臣哂曰：「馮軍之入與我何涉，不觀已禁曹錕耶？君甫入直内廷，予等數年來所經變故多矣，均以持鎮靜得無事。萬一城内騷動，以土袋塞神武門，決無慮也。」乃命備土囊數十。予聞之愈不安。時京津汽車不通，乃詣日本使館商附列國車赴津設法。使館許給證。瀕行，屬日本兵營軍官竹本君，萬一有事，幸以無綫電報我。竹本君謂，一二日内或不至變。乃以昧爽附車行，向夕始抵津。一日未食，方擬具餐，而日本司令部參謀金子君遽至。謂得京電，馮軍鹿鍾麟部入宫，逼改優待條件。聞之神魂飛越。詢以後事如何，對以未詳。乃急詣司令部，請司令官爲介往見段祺瑞。將陳説大義，令發電止暴動。司令官許諾，出刺爲介。持刺往，則段將就寢。丁君問槎出見，謂有事當代達。予告以來意，且堅訂面見。丁君將予意告段。段如命發電，而謝面見。乃商定電文，交日司令部拍發。予心稍安。歸思電由日司令部拍發，馮軍或不承認，乃又往請再發官電，段亦允諾。並託丁分電兩傅及内務府大臣，電既發，乃歸。夜不成寐，坐以待旦。翌晨附車入都，夜三鼓方至前門。先至金息侯少府許探消息，始知聖駕已出幸醇邸矣，心乃稍安。是時予主忠慤家，所居後門織染胡同，急驅車往。既見，忠慤乃爲詳言逼宫狀，爲之髪指眦裂。因告予上諭已派貝勒載潤及紹英、耆齡、寶熙及予爲皇室善後委員，與國民軍折衝。時鹿鍾麟派兵一營圍行朝，名爲保衛，陰實監視。羣臣須投刺，許可乃得入。向夕即出入不通。時夜深，不能詣行朝，侵晨乃得展覲。上慰勉周摯，爲之泣下。是日初與鹿鍾麟輩相見，先議定諸臣出入不得禁止，及御用衣物須攜出兩事。會議散，鹿等乃封坤寧宫後藏御寶室。憤甚，欲投御河自沉，尋念不可徒死。乃忍恥歸寓，撫膺長慟，神明頓失。時已中夜，忠愍急延醫士沈玉楨君診視。言心氣暴傷，爲投安眠藥，謂若得睡乃可治。及服藥得稍睡，翌朝神明始復。蓋不眠者逾旬矣。自是遂却藥不復御，蓋以速死爲幸也。乃卒亦無恙。

鹿軍入宫時，端康太妃金棺尚停宫中，敬懿、榮惠兩太妃亦未出宫。鹿鍾麟等催促早日移出，諸以端康太妃金棺可先出，敬懿、榮惠兩太妃非得兩太妃同意不可。予乃入覲兩太妃。敬懿太妃言：「鹿軍以非禮加皇帝，不能以加我。否則，我且以死殉。我不畏彼也。」予以此語鹿等，與約三事：一、太妃出宫時不得檢查，一切服用器物須攜出；二、中國男女之防素嚴，本朝家規尤肅，太妃出宫時，民國諸委員及軍人等均須屏退；三、出宫日期由太妃自定，不得干涉。且告以汝等若自以爲國家代表軍隊者，則處處應守法律，若軍隊不守法律，是賊軍也。汝軍爲國家代表乎？抑爲賊乎？汝等可自擇，即可於三事之允否判之。鹿等初尚欲以女學生代軍隊檢查，及諸人屏退，但照一相片。又謂出宫不强迫，但須示以約期。予皆嚴拒。彼等不得已，均允從。於是兩太妃遂自擇日出宫。鹿等亦不敢逾前約。至端康太妃金棺移出前，與約典禮必照舊制。彼等亦堅拒。及金棺外出時，方大雪，盡廢舊制，僅舊臣數十人隨從道旁，耆老觀者多泣下。自太妃移出，予等遂拒絶鹿等，不復入議席。

鹿軍圍守行朝，與商代以警察。彼堅持不可。予夙夜祗懼，私意萬一變出非常，予有死無貳，乃夜起作遺屬諭諸兒，部署未了各事。書成，封固寄津沽升相國長嗣叔炳兵部際彪，語以俟有變故，即授予家人。兵部，予之門生也。予以鹿不肯撤兵，乃商之段祺瑞侍從武官長衛興武，請由段飭鹿撤兵。衛以語段，段允飭。乃一日午後撤兵，中夜又來。明晨更與衛商，兵再撤。予念彼等允撤兵必有他陰謀。乃於撤兵第一日商之陳太傅，請於上，令警察隨從往謁太妃。又越日，予與陳傅密商謂撤兵亦至危，非速移使館不可。議定由陳傅借英文師傅莊士敦汽車赴北府迎上微行赴使館界。先至德醫院小憩，後至日本使館。日本芳澤公使謙吉乃通電其國政府，並以電話報駐京各國使館。公使夫人親灑掃館樓，並命書記官池部君政次常川照料。翌日，公使復遣池部君往迓皇后。鹿鍾麟抗不放行。公使復親往，乃不敢再阻。當皇上出北府時，風霾大作，官道中不辨行人。故沿路軍警皆無知者，遂得安穩出險。

當上未蒞日館之前，予與膠州柯學士劭忞憂北府危地不可久居，乃同訪日本公使，商假館事。公使謂由使館往迓，種種未便。若諸君能衛上蒞此，當竭誠保衛。及上蒞使館界，莊傅先至英使館，商稅駕，英使以未便辭。乃仍至日使館。

上蒞使館之翌晨，予奏國民軍以暴力逼改優待條件，當時處危地，不可以理喻，今既出險，若仍不言，是默認也。宜向各邦宣告，當日以暴力迫脅，由片面擅改優待條件情形，並預擬一諭旨納袖中。上曰：「連日廷議，各執極端，有主張自消尊號辭優待，謂帝號優待實爲厲階者；有稱與段祺瑞厚善，必能使其恢復舊約、取消新約者；且有謂出宫須卜新居，宜向民國追索歷年積欠優待費者。其説均不可行，今向各國宣布，將何以爲辭乎？」予啓：「但言暴力迫脅，由片面擅改條約，于法律不能生效力，矢不承認可矣。」并出袖中擬旨上呈。上以爲然。乃飭由内務府先傳達段祺瑞，尋函告駐京各國公使，俾轉報政府。于是，持自消尊號者始結舌，而自謂能令段祺瑞恢復優待者，以不能實其言，亦不告而南歸矣。

車駕幸日使館後，王公師傅及内務府、南書房諸人分班入侍。既月餘，上與諸老臣謀他徙，皆不可。與公使商之，公使礙於邦交，亦有難色，謂兹事體大，容詳圖。最後上乃派柯學士偕池部君往商之段祺瑞。段言上意既願他徙，不敢違，然須伺相當時機，妥爲保護乃可，幸勿造次。蓋段意實不欲上他徙，姑以此塞責也。於是移蹕之事乃益梗矣。

予自隨侍入使館後，見池部君爲人有風力，能斷事，乃推誠結納。池部君亦推誠相接，因密與商上行止。池部君謂，異日中國之亂非上不能定，宜早他去，以就宏圖。于是兩人契益深。乙丑二月朔，上密招予，商去使館赴日本，令予隨從。以公使礙於邦交，欲自動出京，不復商之。予謂現國民黨方注意宫中寶物，並日侍孫文病，雖于報章肆惡駡，然乃虚聲恫喝，防備實疏。且臣有門生在某銀行，能得國民軍消息，凡京津駐兵更替，令密報。現國民軍方换防，僅豐臺廊坊駐奉軍少許，出京正值其時。然出京後即須由日本保衛，仍非得公使同意不可，請招池部君謀之。池部至，極贊同，亦謂非得公使同意不可，但非解除邦交困難，不能得同意，知必有以處此。予謂但有以權辭告公使，謂上自動出京事已密商段，段默認，亦請公使默認。如是公使或不至爲難。池部君稱善，乃由渠商之公使，公使諾焉。遂以晚八時由池部君衛上出前門登車，予與兒子福葆隨從。乙夜遂安抵津站。日本總領事已密在站迎迓，爲備大和旅館駐蹕。詰晨，池部君夫婦亦侍皇后由京至津，乃移寓前湖北提督張彪别墅。

方予隨蹕前二日，柯蓼園學士密戒予，謂「有譖公于上前，言公與民黨交厚，恐且謀危聖躬，宜斥逐，勿與近。公宜善自爲地」。予訝其言離奇，然不能恝置。時津寓有病者，乃乞假一二日，以覘上意。上温諭曰：「卿之請假，殆託故求退耶？知卿忠悃，必未忍出此。」予因以所聞對，謂：「既有此謗，分宜遠嫌。」上笑曰：「謗人不類至此，朕何能信！一二日有要事相商，卿必不可去。」予遂不敢復言。越日，乃商移蹕事。議既定，予啓上是否密告左右重臣，上曰：「烏可告。」又啓：「是否密告皇后？」上亦曰：「否。」予曰：「事固宜至密，然左氏所謂『六逆』，臣已蹈其五，異日讒謗之來，弗可免矣。」上諭以勉膺艱鉅，勿避嫌怨。予感激知遇，遂冒險不辭。幸賴九廟之靈，屬車不驚。予至是雖爲叢怨之府，亦非所恤也。

聖駕駐蹕張園。初擬小憩數日即東渡，已由池部君部署船位。而京津諸臣乃謂東渡不如在津之安。又有飛語中池部君者，謂池部有腦疾，隨從殊不妥。南中諸遺臣又有以函電阻行者。因是乘輿遂滯津不去。是年池部君調宜昌總領事，未幾以疾卒。上厚恤其遺孤，予亦爲位哭之。每念往日患難中竭誠相助，雖骨肉不能逾，感謝之忱畢吾生不能忘，即吾子孫，亦當世世尸祝者也。

車駕莅津之次日，都中諸臣至。又數日，滬上諸臣亦至。留津議既定，奉諭命予幫辦留京善後事宜，兼辦天津臨時交派事件。尋與升允、袁大化、鐵良同拜顧問。予與升公均以名位太崇，辭不敢就。奉諭不許辭，然實無所報。且乙丑以後，連年值内戰，津沽甚危。予與升文忠公、王忠慤公憂之甚，然均無從致力。予拜疏求退。上命陳傅就予家勉留，乃不敢復請。至丁卯，時局益危，忠慤遂以五月三日自沉于頤和園昆明湖。上聞之悼甚，所以飾終者至厚。予傷忠慤雖致命，仍不能遂志，既醵金恤其孤嫠，復以一歲之力，訂其遺著之未刊及屬草未竟者，編爲《海寧王忠慤公遺書》，由公同學爲集資印行。念予與忠慤交垂三十年，其學行卓然爲海内大師。一旦完大節，在公爲無憾，而予則草間忍死，仍不得解脱世綱，至此萬念皆灰，乃部署未了各事，以俟命盡。顧匆匆又五年。公平日夙以宏濟期予，不知異日將何以慰公于九原也。

予既不得乞退，閉門思過，無補涓埃。且數年不理家事，致多逋負。乃於戊辰冬鬻津沽寓居，别卜地于旅順。以賣宅之資從事建築，餘以償負。以孟冬再求退。上手諭數百言，慰留甚至。乃復面陳在津無以報稱，移居後仍當勉竭駑駘，謀補萬一。上乃許行。遂以歲暮攜孥赴新居。爾後每年正月，必赴津恭祝聖壽。辛未秋，蒙古升文忠公允没于津門，往哭之。予平日交游至少，忠愨既逝，文忠亦騎箕天上，海内同好益寥落如晨星矣。

予往在海東，築小樓敬儲列聖宸翰，番禺梁文忠公爲署樓榜曰「宸翰」。及寓遼東，復以是榜揭寓樓。庚午歲，予敬檢列聖宸翰及列聖御集進呈。承賜「研精綈帙」額。憶往歲大婚禮成，蒙賞「貞心古松」額；乙丑，六十，荷親灑宸翰，錫「歲寒松柏」額；及山陵之變，予進呈修復銀兩，復荷賜「言泉文律」額。先後凡四拜賜。歷年並蒙賜「大吉」、「日健」、「延年」春條。三荷御容之賜，復歷賞花瓶、福壽字、紗縠、如意、湯圓、暑藥、月餅、臘八粥、野雞、江魚、餑餑、蜜橘、蘋果、炒麵、西洋茶點。自惟以諸生濫竽郎署，以大禮恩賞三代正三品。海桑以後，復入侍南書房，殊恩異數，叨竊至此，世世子孫當銜結圖報，寧止没齒不敢忘已哉！

予在津沽以前，曾編平生著書，得百種二百四十一卷。居遼以後，閉門不通人事，仍以著書遣日，三年間復成書十四種，四十餘卷。辛未夏，東北文化會請予講考古學，予意有清一代學術昌明，義理訓詁兼漢宋之長，中葉以後偏重訓詁名物，不能無失。至於今日，人倫攸斁，聖學垂絶，非講求三千年精神文明不能救人心之陷溺。乃爲講本朝學術源流派别。金州士紳又邀予講學於孔廟明倫堂，復爲講《論語》義，惜以滿洲兵事輟講。安得禹甸復清，俾得竟此志耶？

予自卜居遼東，寓居頗隘，别賃二宅庋所藏書，閲覽殊不便。乃以辛未夏，别賃宅後地二畝，爲書樓三楹，旁附二小室。仲秋經始，逾年春乃訖工。初擬晚年盡屏百家之學，歲温經一二遍，並課子孫於此。乃兵事起，録録道途，憂患餘生，恐無復讀書之樂。而回天事業亦百不稱意。七尺之軀且付諸大造，於斯樓又奚戀耶？

予自辛亥避地海東，意中日唇齒，彼邦人士必有明輔車之相依，燎原之將及者，乃歷八年之久，竟無所遇。于是浩然有歸志。遂以己未返國，寓天津者又十年。目擊軍人私鬭連年不已，邪説横行，人紀掃地，不忍見聞，乃復避地遼東。又三年，衰年望治之心日迫，私意關内麻亂，無從下手，惟東三省尚未甚糜爛，莫如籲懇我皇上，先拯救滿蒙三千萬有衆，然後再以三省之力戡定關内。惟此事非得東三省當道有勢力、明大義者，不能相與有成。乃以辛未春赴吉林，與熙君格民洽密商之。熙君夙具匡復之志，一見相契合，勉以珍重待時。又以東三省與日本關係甚深，非得友邦諒解不克有成。故居遼以後，頗與日本關東司令官相往還。力陳欲謀東亞之和平，非中日協力從東三省下手不可。欲維持東三省，非請我皇上臨御，不能洽民望。友邦當道聞之頗動聽。及是年秋，奉天兵事起，乃六次渡遼與熙君及友邦軍部協商，遂決迎駕蒞東之計。復詣天津行在面奏，請旨得俞允。是年冬，聖駕遂由天津至營口，暫駐蹕湯崗子而至旅順。

中國廿年來，民生塗炭，皆由改帝政爲共和，導天下人以嚮利忘義，寖成不奪不饜之局，三尺童子亦知其害，故欲挽横流非恢復舊制不可。及予既與熙君定策，乃爲擬通告中外電稿，並商之友邦軍部，亦表示同意。乃恭迓聖駕涖遼後，不意于政體忽生枝節。事機不順，内咎寸衷。冬春間遂病呃逆，先後兼旬，欲謝絶醫藥以待命盡，乃臘月廿八夕聖駕臨視，勉慰周摯。予感激非常知遇，乃不敢復萌死志。予當時紀恩詩有「敢言捧日心無貳，妄冀回天事轉歧」語，蓋紀實也。然自是年以後，畢生皆負咎之日矣。原電録後。

古者建國立君，所以爲民也。故民爲邦本，經有明訓。自辛亥革命，改君主爲共和，定民爲主體，宜若可得國利民福矣。乃二十年來，爭奪相仍，内戰不已，死亡枕籍，不可數計。復刮民脂膏以充兵費。哀哉，吾民何以堪此！民既無以自存，國將何以爲國？復提倡排外，搆禍鄰邦，勢必將我黄農子孫殄無遺育而後已。今我東北四省同僚，爲兵事善後，遍徵父老子弟意見，僉謂「撫我則后，虐我則仇」，今推求禍始，稽之古訓，惟天生民有欲，無主乃亂。自君位改爲民主，人人皆有總統之望，於是競存不奪不饜之心。名份不存，人欲日肆，於是總統制復變爲委員制矣。委員制不能人人得權利，於是共産之邪説興矣。乃知暴民專制之害，遠過於君主獨裁。今欲挽此狂瀾，仍非恢復帝政不可。但遍求全國，德望資格無堪膺大位者。我宣統皇帝，處龍潛之地，聰睿愛民，夙聞内外。且大清二百餘年，聖賢之君六七作，德澤深入人心。在昔光宣之間，雖政治衰弱，然有苛税百出不恤民命如今者否？有徵繕不已，千里暴骨如今者否？有倫紀頹廢，人禽不别如今者否？有官吏黷貨，積資千萬如今者否？有盗賊横行，道路不通如今者否？凡是之類，三尺童子亦能知之。東三省爲大清龍興之地，蒙古爲列帝綏撫之邦，用是原本民意，合滿蒙官民恭迓我大清皇帝臨御舊都，匡復大業，一切政治制度，一秉睿裁。以復我三千年赫奕之文化，以活我四百兆垂絶之民生，切望我全國軍民同心翊贊。並謹告我友邦羣辟，重敦信睦。我國民實利賴之。

自分此身甘九死，天心特許保餘年。篝燈細數平生事，寫入烏絲百幅箋。百歲駸駸歎逝川，不成一事已華顛。淒涼家國無窮感，一度思量一泫然。已從有盡悟無生，安問人間利與名。一任藩籬鷽鳩笑，此心早訂白鷗盟。膝前喜有讀書孫，清白家風望汝存。一語書紳牢記取，莫忘祖德與君恩。自叙此編，付長孫繼祖書之。題四絶句。貞松老人又記。

附録

五十生日諭兒輩

我今年五十，雖幸存至今，固無樂生之心也。我爲天下至痛至苦之人，我之生辰爲我尤苦尤痛之日，汝曹亦知之乎？我生四十而失慈蔭，並非早孤，而回溯平生，有苦痛甚于早孤者。先大夫年四十，避債外出，二十餘年未得一日安居里衖； 先太淑人遭罹艱苦，盡瘁以興衰宗，六十之年，食僅蔬糲，冬夏不具裘葛。我年三十而餬口四方，雖曾相助兩親，共濟危苦，而晨昏温清，不獲躬親者十年。及官中朝，違先壟者又四五年，中間曾一歸祭掃，城南老屋如故，而慈容已遠。悵悵如居逆旅，不忍久滯而復出。始知詩人「出則銜卹，入則靡至」之言爲沉痛確切也。及辛亥國變，浮海東來，松楸益遠。歲時家祭，禮數多缺，每臨祭奠，輒疚于心。故我平生衣敝不忍易，甘旨不忍御，力雖能致者亦不忍致，然即此已逾先人矣。辛亥以後，益抱生人之至痛，孝定景皇后國喪既闋，我持服不忍釋，將以終我之身。此數年中，每得温飽，則念先人之蔬食；每獲安居，則念九重之危臬。一息尚存，此痛不泯。

嘗橫覽吾國，由辛亥逮于今茲，凡在四民，及曾膺朝禄者，於國家之存否，如秦越人之不相關。夫以三百年天下之共主，我高曾祖禰以來，賴國家之庇蔭，得守田園、長子孫。一旦天崩地坼，漠然如不相聞，此無肝腸無天良之國民，直心死而具體者耳。彼蒼之所不佑，名教之所不容，可恥可悲，孰甚於是。汝輩自思，果能大異於此等人否？

我曩自東渡以來，歲朝令節，令汝等停賀。癸丑元旦，汝等復依舊禮，我以長幼之節亦不可廢，故許汝等。乃此禁一開，事事援例，周歲之兒亦有賀祝，我雖默不汝禁，而心滋痛矣。我此後生辰，仍永停賀祝。我生之辰，我於祖宗前行禮後，汝曹亦於祖宗前行禮，逆計親友之必以賀祝至者，先期通知我意，婉言謝絶。若仍違我之意，是以違親爲孝，我家不欲有此子弟也。汝等凛之。二月十二日，刖翁諭成、萇、葆、頤四兒。

再汝輩處境雖較我爲順，然我躬逢門祚之艱厄，受兩親之福庇，汝曹雖未親歷，而受祖宗之庇佑則一也。我身食朝禄，汝輩在京師所飽者，亦何嘗非太倉之粟？故汝曹之處今日，當體我之心以爲心，須知此世之爲何世，今日之爲何日，三餐得飽，不當過求，謹身節用，讀書求志，以慰我之痛苦。如是者是謂能養志，乃孝子也。便當恭録此諭，揭之卧室，昕夕省覽，並講解與汝婦等，終身守之。若觀此忍痛執筆之言，仍漠然無所警動，則我更何所望于汝曹，今日之言，亦爲多事，汝曹自審之。刖翁又諭。

處理淮安家務諭福成

諭福成覽：去冬汝諸父以家事待商，原約三月間汝季弟婚娶，我親送至淮，並祭掃先壟，與汝諸父等面談。今一病四個月，食減體瘠，不能返淮，而汝諸父等望信孔亟，兹將家事由汝傳達我意，就近交割。所有各語，條記如後，照此遵行。

一、我年十六歲，先大夫避債出門，時汝父勤修舉業，汝二叔父隨侍先大夫，汝四叔、六叔均幼，七、八叔未生。我一時承乏，遂佐先太淑人理家事，至今三十餘年，幸託祖宗庇佑，未至隕越。我雖備嘗艱苦，非人所堪，此亦爲人子孫者所應盡，不敢言勞。今值辛亥之亂，餘生況瘁，久思息肩。汝諸父等，均年過四十，汝八叔雖幼小，有老姨太太主持，我不于此時交代，更于何時。此次汝傳我意，將歷年賬目送諸父核閱，由諸父公議，如何接管，公推何人管理（抑由諸父同管理），此項賬目，即交付何人收執。

一、家中所有田產房屋，乃兩世先太淑人辛苦所留遺。我雖承乏家事，除公產歲入未敢動用外，逐年以我之歲入償還債務，並力任先大夫及先太淑人喪事，勉力貯蓄越莊租稻，將西黄祭田回贖，以免先大夫九原之痛，此亦爲人子應爲之事。但方太淑人遺令，西黄作爲祭田，此事汝諸父等自能凛遵，當不待我言。至越莊租稻，淮上戚友酬應等費，於此取給，此亦先大夫所定辦法，汝諸父等所悉也。今汝諸父等，每年由越莊撥取租稻，以充用度，時有匱乏。爲今之計，應除將祭田開除外，歲入租石，公平攤付汝諸父。除我應得租數仍舊充公外，汝所應得由汝自己酌量，是否應體我之意推與汝諸父撥用，在汝自酌之。我所以不逕諭汝推讓者，因汝係承嗣長房，宗祧所繫，汝年已逾三十，應自主。然我方太淑人讓産事，汝所知悉，我平生以讓爲得，亦汝所悉。汝倘有人心者，當能自推讓，無待我命。汝意如何，汝自面陳諸父。

一、我平生極惡人分家析産，故「分家」二字，我耳不思聞，目不忍見。此次辦理，仍是公共維持，並非析産，俾汝諸父免於飢寒而已。若照析産辦法，兄弟六房，一人所得幾何，除去祭日應酬之費，所餘無幾，我即將應得之田推歸大衆，汝亦承我意推讓，恐汝諸父仍未能贍生有餘。今議我不開支租石，汝亦勉承我志，將此二分歲入加入汝諸父名下，庶可略裕。惟家中舊欠雖清，而房屋兩處典出，此項回贖之款，亦應逐年籌備。又汝二叔去歲書來，言尚有欠款五百千，應當償還，兩次來書，望呈汝諸父閲之。此等應償還籌備之款，如何籌備，及汝諸父等將歲入租數若何分撥，悉由汝諸父酌之。

一、子孫之對先人，權利義務應雙方交盡。食遺産，權利也；守家風、勉祭掃、保産業，義務也。權利以推讓爲美，義務以交盡爲上。我與汝雖將應有之租數讓與汝諸父，而應盡之義務，仍義不容辭。我老矣，對家門負責任三十餘年，今日弛肩，此責任即歸汝諸弟承任之。汝承長房宗祧，責任尤重，應如何兢兢業業，勉力圖維，汝勉之勉之。至汝弟等除盡家門義務外，有以權利爲言者，非我子孫，我當以我家法處治之。

一、我自十六佐家事，卅外出，雖將債務了清，而對先大夫、太淑人劬勞之恩，未報萬一，故雖顛沛餘年，欲推方太淑人讓産之意而益深之。欲將祖産改爲義田，汝諸父應得之租數，由我籌款還償。而將祖産改爲義田，乃不能如志，旅人之力，亦不能贍，故仍望汝兄弟異日能自食其力，無論歲入如何，有百元之歲入，即歲省一元，十年得十元，三五十年亦可得三五十元，推兄弟四人，人人遵我此諭，計三五十年，總計得二三百元矣。即買地數畝，增入祭田，亦汝等對門祚盡萬一人子之心也。況汝等生子生孫，子孫世守，終可觀成。若有自食其力，光景略裕，則更推此志，此我所望於汝等，較甘旨之養尤切者也。此事即自我始，汝諸父有同此志者更佳。我以前在外二十年，負債萬元。辛亥以後，斥鬻平生所愛之物，幸得清償。今又欠債二千兩，雖借之知好，原約冬間償訖。然我病體如此，現百計設法，早還一日好一日，斷不遺債累汝等，亦不至爲汝諸父之累。汝等天生耳目手足與我相同，我能自食其力，至於老大，汝等平生未能如我飽嘗艱苦，未能動心忍性，即才力遜於我百倍，自食其力，執一百工之業，亦不至餓死。汝等善承我志，我死亦瞑目矣。

一、我對家事尚無未完之心願。惟有一事，即汝小姑年已長大，未嘗擇配，曾託二老太太、何老姑太太，爲之擇親，訖未得消息。今二老已逝，我在海外，汝諸父等宜就近擇敦實清白子弟，早爲遣嫁，以安先大夫九原之心。遣嫁之資，在我努力任之。萬一不幸，當在家中租石中開支。此事亦望告汝諸父，當亦與我同意。

一、我此次因不能返淮，故將辦法由汝傳達汝諸父。汝年逾三十，初次任事，應和平謙遜，傳達我意。人欲善，誰不如我，汝諸父應能知我對家庭之苦心，日後接管，必能敦睦推讓。汝諸父不至因此有所爭執，則我之所至盼也。閱此次汝鳳叔來賬，去歲租稻尚存，全數在倉未動，足免汝諸父飢寒矣。我之言盡於此，汝善遵此旨。

一、我病胃不能伏案作書，此諭，歇息十餘次乃能書就。故汝諸父不能一一致書，汝善將我命或即以此諭傳送汝諸父觀之。本生父雪堂翁。

甲子歲諭兒輩

自遭奇變，忍辱奔走，智窮力盡，有死無二。然聖躬一日無恙，臣子有一日之責，萬一不幸，家事應部署。兹以夜深書此數紙，汝等一一當遵辦。我年垂耳順，自問平生不愧不怍，得正而斃，豈不賢於老死牖下，惟聖恩高厚，未酬百一耳。屆時再示汝等以死所，此刻不能預言也。汝母處我尚有遺囑，臨時書之。甲子十月二十三日夜五鼓，松翁示成、葆、頤等知之。

一、我自三十歲將家中負債略清，乃得出門謀食，一肩行李，他無長物。今所有書籍、字畫、古器物、金石墨本及津沽居宅，皆我三十年所經營。平生未嘗苟取一錢，可矢天日。現囊無一錢，且有宿累，約四萬元。所蓄之物，除抵宿累外，尚有餘裕，我所藏書籍善本（普通書籍不在内）、金石拓本，古器物、書畫，廉價估計，約值八九十萬圓，即再加貶損，亦值五六十萬圓，兹折中定價爲五十萬圓。最好有好義之士悉數買去，若不得售主，即闢一「雪堂藏品展覽即賣會」。儲資備下列各用：

一、諸欠款中，以金息侯老伯手一萬元爲最要，此係京旗生計維持會公款，借以購大庫史料者。次則借周作民之五千圓，借東華銀行與興業銀行之款，約共本息二萬元。又北京廠肆尚有另賬，亦須償清。又劉翰怡京卿贈素相之五百圓，因兩月以來，暫行挪用，亦須速償。我所墊京旗會建築維持費約數千圓，即作捐款，不取回。

一、各物售價，若一次售了固好，若零售即先將借款了清。所餘之款，以四萬元爲限，萬圓爲汝母養膳之資，餘三萬圓爲汝兄弟三人産業。俟汝母身後，養膳金萬圓作四分分攤，汝三人各得一分，長次孫共得一分。

一、各物售餘之價一萬圓，維持京旗生計維持會印刷科，其餘悉充善舉之用，並建家廟以奉祀先人，以答方太淑人、范太淑人兩世劬勞之恩。我家得有今日，皆兩世苦節艱辛所致，子孫當永久不忘也。

一、汝等手足當和睦，遺産仍宜共同儲蓄，津沽房屋，仍舊同居，以後堅苦度日，當守身以禮，接物以仁，治生以勤、以儉，不得徇俗妄爲，稍染社會惡習。兩孫宜教以讀書知恥。

一、我身後殯殮，以五百圓爲限，不得過先人，不出訃文，不邀人作誄墓之文並傳狀，即印我遺書贈至親至友，出殯時，棺車前一銘旌足矣，不許妄費。

一、目下囊無一錢，可託劉姊丈向周作民代借三千圓。以我藏書畫聽渠選擇作抵，當不致我却。除支喪費外，餘暫充家用。

一、我身後各事，並託章式之老伯、王君九老伯、萬公雨老伯、方藥雨老伯、陳貽重老伯、商姻伯、何姑丈、王姻伯助汝等，京中各事託金老伯。

一、我同母兄弟，僅汝四叔一人，姊妹僅九姑母一人，汝等事之，必加謹盡禮。

一、汝母爲我辛苦持家，今身老多病，汝等宜代操家政，汝等媳婦宜分操井臼，不得更勞汝母。

一、京旗生計維持會有善舉款五萬圓存東華銀行。汝等可將我遺命，務請金老伯保護生息，俾得永久維持，則我九泉之下亦感良朋之惠。京沽工廠，可託章、王兩老伯主持。

跋

孟夏偕内子赴旅順，省先外舅羅雪堂先生疾。歸甫抵家，兒輩即以本刊主者索寫軼聞稿告。其後復再三挽人相促。初衷雖未嘗堅以不勝任遜，顧因旋家之翌日，内子即驟病，吐血盈盈，諸孫復相繼感染時疾，雖無大害，而醫藥蜩螗，乃不能寧歇握管。未久復得旅順急電，訃告先外舅遽歸道山。中懷愴痛！回溯從先外舅杖履受業，迄今垂五十年，今一旦頓判人天，師恩永無報日。而先外舅一生學問文章，知者固多，若其有關史事者，不獨知者尠，即偶有人知，亦語焉不詳。爰取先外舅《集蓼編》手稿，先録副寄本刊，公之當世。

此稿雖先外舅自述往跡，以詒家人，然其中頗有清末民初黨國中日之舊事，爲人所未識，較自寫軼聞，其價值固不啻天壤。録成將寄，或有沮者曰：「世事不可知，何必爲羅氏後人多致紛擾？」然私意則以爲是非功罪若由親疏好惡辯之，雖奕禩不能窮；若由處境主觀快心爲之，將報復循環無已日；若付之異代史家，則亦不過研史資料耳。且往歲在旅，嘗請先外舅公刊此類手稿，先外舅笑曰：「此何可者？待我身後，由汝輩爲之耳。」不料一言成讖，是則今即刊佈，亦奉先外舅詔命而行，非私爲也。因識緣始于此。願世之讀者，亦但以史料視之可矣。其他先外舅手稿，有關近年史事密切者，倘遇因緣，或續再校録副本發表，亦未可決也。

劉大紳謹記

繼祖附案： 此季英姑丈於雪堂公見背後以《集蓼編》付某雜誌刊印時所寫跋文也。止於「予自卜居遼東……」一則，易名《雪堂自傳》。臺灣文華、大通兩公司滙刊《全集》時既據《貞松老人遺集》印《集蓼編》，又印《雪堂自傳》，殆誤一爲兩書，實則二而一也。今時殊世異，當日姑丈所顧慮「是非功罪」將「奕禩不能窮」，或「報復循環無已」者，今可不復鰓鰓有此顧慮，然作爲研究資料，則固不妨公之後世。

扶桑兩月記

附張紹文記

光緒辛丑，奉新寧、南皮兩宫保命，至日本視察學務。仲冬啟行，新歲遄歸，在東僅僅兩月耳。此兩月中，凡與彼都人士所考究，歸寓輒篝燈記之。至此次調查宗旨，於教育外兼及財政，因財政爲百務根元，財政不修，百爲都廢，教育亦無由而興也。顧舟車所至，時日苦短，又語言不通，致多閡隔。其所敘述，詞在達意，隨得隨記，亦無倫脊，草草付刊，自知弇陋，欲求詳盡，尚俟續游。壬寅二月下澣，上虞羅振玉書於清溪傅氏水閣。

辛丑冬十一月初四日 渡日本視察教育事務，奉南皮、新寧兩宫保命也。九時攜劉生秩庭大猷登神户丸，同行者爲劉君聘之洪烈、陳君士可毅、胡君千之鈞、田君小蓴吴炤、左君立達全孝、陳君次方問咸六人。劉君爲湖北兩湖書院監院，陳君等五人則自强學堂漢教習也。此行亦爲視察學務，被南皮宫保之命同予前往者。

初五日 風略大，船頗顛簸，與同人至艙面稍坐。

初六日 晨抵長崎，入市閑覽，山水清絶，仿佛山陰道上。午正歸舟。晚間舟大顛簸，夜寢不安。蓋東行海程，以由上海至長崎爲顛簸最多之處，次則過長崎不遠，將近馬關之處也。此行幸未遇風，尚不甚苦。

初七日 晨抵馬關。睡中因醫士驗病，促之起。郵船每抵一埠，即有醫士上船驗病。此時病者甚少，故檢查頗草草，若值疫期，則必詳密檢查云。是日風靜舟穩，眠食俱適，舟中浴海水，身體甚快。

初八日　晨抵神户。至領事署，拜黄伯雨太守以霖。伯雨邀至改良亭午餐，饌中牛肉頗肥嫩，惜太生。案日本牛以神户爲最，屠殺之前一月，必飼以精料，故甚美。午後六點七分鐘，至三之宫火車棧，乘汽車發東京。夜間見大野有雪痕，知此間久見雪矣。

初九日　上午十一時到東京。范君子文、路君壬甫、王君惕齋在新橋車棧相待，因導至京橋區西紺屋町五番清淨軒旅館。午後至神田區購新書數種歸。清淨軒對古城址，老松羅列，風景頗佳。案日本之松，皆幹短而枝長，其種植之法，於根下布石子，則直根不加長而横根四出，凡樹木直根長者幹亦長，横根長則枝亦長也。旅館亦極潔淨，楹几楚楚有致，絶無纖塵，世界萬國中，居宅極潔淨者，不得不推日本矣。

初十日　午前至神田區購書。午後至上野公園博物館，人出三錢，買游券，乃得入。館中列品甚多，以古化石及古陶器、古刀劍爲最多，中有盲人西島中丹以紙撚所製《道德經》，洵精絶。其餘品物繁夥，目不暇給，中有予所贈之漢畫石刻、晉塼、古盞、古陶尊在焉。公園左側，有西鄉南洲銅象，在彰義隊義士墓前。彰義隊者，忠於德川氏，以孤忠抗南洲而死事者也。歸途過文行堂書坊，得《續高僧傳》寫本殘卷一軸，白麻紙兩面書，宋以前物也。並購舊書十餘種歸。

十一日　拜蔡和甫公使。購書過芝區，長松夾道，景色秀絶，古人所謂十洲三島，仙人所居，洵不誣也。

十二日　作致滬上戚友書。

日本文明之機關最顯著者有三，曰鐵路也，郵政也，電綫電話也。此三事爲交通最大機關，而文明由是啟焉。故開民智以便交通爲第一義，我國若三十年前即開鐵路，何至今日尚否塞如是乎！在旅館中數日，每日必見郵便車絡繹不絶，而電話則處處安置，數十里數百里如覿面，便何如乎！電報價值極賤，此亦助文明開世運之一端，我國將來亦必仿行乃可也。

考日本貨幣之制分四種：曰金貨，黄金九百分，和銅百分；銀貨，銀八百分，和銅二百分；白銅貨，銅七百五十分，和鎳格爾二百五十分；青銅貨，銅九百五十分，和亞鉛五十分。紙幣則政府流通者二百一十九萬九千圓，國立銀行者五十九萬四千圓。明治三十三年數。

日本議院之制，貴族議員分四等：曰皇族，曰五爵，曰勑選，即有功於國天皇特旨用之者。曰納税多者。其納税額最多者，歲至一萬二千餘圓。至衆議院之議員，則不拘職業，凡官員、醫師、新聞記者、辯護士、銀行及會社員、農工商業暨礦山業、雜業與無職業者均有之。其年歲在三十以上、六十以下者居多。

日本財政，於地税外更徵所得税。蓋就國民每歲入款徵之，歲入三百圓以下者不徵，閲其統計表，明治三十二年所得税總額爲六百零八萬七千九百一十二圓。今中國財政困難，丁税已併入正税，既不能更出，則所得税可行也。但必須警察既立以後，乃能無弊耳。

十三日　至神田區購書。午後移寓麴町區永田町二丁目二十八番地，屋三楹，在山顛，頗淨爽。

十四日　東友古城貞吉來談久許。午後拜蔡和甫公使。

十五日　購中小學用教科書，兼購日本古泉幣數十枚。是日晚間東京市火，風甚烈，然不久即息。從前東京火患甚多，及消防局立，而火災大減。消防局隸於警察部，司其職者有消防士、消防機關士、機關手，其規模甚精密。

十六日　書林送各種教育書來，選留百餘册。

十七日　體中大不適，骽軟而酸，擬明日至箱根浴温泉以療之。

十八日　午後至箱根，寓塔之澤福住樓，地極僻靜，在山之腹，泉聲如驟雨，令人心脾俱爽。是晚浴温泉，體略佳。

途次遇中島農學士正四郎，現爲農桑務省專賣局審查官，言日本全國煙草歸國家專賣，每年平均之數羸一千萬圓，爲日本國用歲入之一大宗。今中國方苦度支不給，此可仿行者也。

十九日　早起。見四山環裹，林木森鬱，雖山骨壁立之處，亦有蒼松翠篠，可見東人之不棄地利。若中國能仿行，其利顧不大哉！且查箱根之山，表土甚淺，往往見山骨，若中國之山，表土多豐厚，然濯濯如髡首，豈不可惜哉！午刻至玉簾之隴觀瀑布，並至發電場。該場以瀑布發電，箱根至東京電車即用此電也。聞西京用水電者甚多，中國則可興此利之處不少，惜無起而圖之以爲民倡者，觀覽之餘，爲之浩然興歎。

二十日 中島君與其友真山總三郎、澤村真、大林雄也三學士及其師佐佐木忠二郎來避寒，同寓福住樓，來拜。佐佐木博士爲日本昆蟲學山斗，現爲大學教授。大林君現爲西原講習所長，精於製茶，與談製茶事，渠允贈製茶報告，訂於下月間在西原講習所相見，意甚摯。早餐後入市閑步，購寄木小器及漆器數事歸，皆箱根名産也。

二十一日 返麴町寓。晚至新橋博品館購物。是日爲陽曆歲除，市上人家門首多插青竹三枚，斜削如馬蹄狀，而外面間以松梅，更以稻藁爲繩，横繫門楣，而懸藁紙累累於繩上，其歲景如此也。

二十二日 爲陽曆元旦。整理所購教育書籍。午間至左近日枝神社，見彼邦人來拜神者甚多。其禮式鞠躬鼓掌，口中喃喃默祝，祝已施錢於神櫃而去。宗教之力，能移人如此，五洲所同也。

二十三日 到此正值彼邦停學之時，學校不能往看，甚悶悶。午後至神田區購青淵先生《六十年史》而歸。青淵先生，澀澤榮一號也。澀澤氏爲東邦實業大家，凡銀行、鐵路、刷印、電車、郵船、電綫、電話等，一切實業之發達，皆先生爲之啟發，經營三十餘年間而國家致今日之隆盛，洵偉人也。異日當摘譯爲小册，以勸我邦之實業家。

二十四日　聞客言日本去歲商船學校諸生畢業，學駕駛，舟行不遠而沉没，學生數十人，皆無蹤跡，此成績大不良。然後來投考入校乃較多於前，此可見彼邦人之勇猛勵學，遭失敗而不懼，可敬可畏也。

二十五日　讀日本政書，載其開礦定章。凡礦物未經采掘者屬國家，不許外人采掘。本邦人采掘者，須呈請農商務省核准礦區，每區面積，煤在一萬坪每坪六方尺。以上，他礦物在三千坪以上，均不得逾六十萬坪云云。今我政府不能預定開礦章程，致外人之索開者紛至，動至指一省一府之地爲限，吁可異也。爲今日計，何不下令聽民間開采，以敵外來之勢力乎！是所望於當道者。

二十六日　至下谷區池之端仲町琳琅閣書肆看書。該店專售古書籍，然中土古籍不甚多，非若昔者往往有秘籍矣。購得梁李暹注《千字文》一册，燈下觀之，實係僞書。其注中言宋帝劉裕取鍾繇所書《千字文》，命王羲之次均云云。注中又有貞觀年代，其文鄙拙可笑。曩於日本圖經中見此書名，頗意爲秘籍，今乃知是僞作，可發一噱。又購得《史記·河渠書》卷子本半卷，《歐陽文忠集》一部，歐集爲三十六卷本，前有蘇文忠序，熙寧五年七月公之子發所編定，中土所無也。

二十七日　選教育書中切要者五册，送陳君士可等分譯之。是日脚病大作，晚間至不能步。

二十八日　讀東籍，知彼邦制度，地方參事會員、市町村役場員等任地方之事者，或不給定俸，以名譽職遇之。曩讀《周禮》，前人以爲設官太多，禄不足以養之。今參之東制，疑《周官》所設之官，必有如東邦今日之制，所謂名譽員，不給俸者，著之俟考。

二十九日　讀日本統計書，載明治三十四年度歲入豫計，印紙一項收入計一千三百六十九萬九千零六十九圓，以中國地方面積計之，不啻十餘倍，若停釐金而代以印税，極少之數亦不下三四千萬，當道亦何所遲疑而鄭重於裁釐金一事，不顧民生之凋弊如此哉？今日言理財者，尚膠執商爲末富之言，謂與其加農税無寧取商税，此大謬也。農工商三者，同爲國家財政之樞要，譬之人身，農猶咽喉也，工猶胃腑，商則大腸也。若咽喉無病，飲食入胃，而大腸窒塞不通，則胃不消化，而咽喉亦不能獨奏養生之功矣。此理淺近易知，而顧多昧昧者，不可解也。

三十日　因足病甚，至横濱乞醫。醫者湯君言是脚氣，爲處方。兼至露清銀行貸金三百圓，因旅費已告罄也。

十(一)〔二〕月初一日　貴族院議員伊澤修二君託公使蔡京卿介紹，欲訂期相見，與定初三日。伊澤君爲彼邦教育大家，初游學歐美，歸任文部省編輯官，手訂教科各書，已而爲高等師範學校校長。今聞予來，故欲一談教育事云。

初二日，連日服藥大不效，舉步皆艱。

日本東京之土質甚鬆軟，稍凍則膨脹，連日庭土墳起，而草木無瘁色，屋角茶花含苞欲吐，與江浙氣候大異。街道甚寬廣，然滿布砂礫，其廣狹有定制，從東京達鎮守府，從鎮守府達師團所在地爲國道，廣二十四尺至二十八尺，接續各縣，及從各師團達分營，或從各府縣本廳達支廳及開港場，爲縣道，廣十六尺至二十尺；貫通村落及從村落達田野、河流、礦山、工廠、神社、佛閣之道，爲里道，廣狹無定制。此中國所當仿行者。又市間道旁有塵芥容器，貯積塵芥，以木製之，此亦與衛生有益，亟當仿行者也。

初三日　使署譯員馮君同伊澤君來拜，與談良久。伊澤君言彼邦初亦不知教育爲何事，至福澤諭吉君著西洋事情，於是國内始知「教育」二字。初創文部省，僱外國人爲顧問員，並招集至歐美游學歸之生徒充辦事人，以舊開成學校改大學校，而聘美國人之留日本者爲師範教習，初授師範生三十人，徐而散布國中，漸次普及，合其上下三十年之經營，乃有今日云云。又詳詢此次來辦教科書及視察學務之實況，並言彼邦教育家甚願助我國編定教科書，渠於新歲亦欲至中國調查學務，意甚周摯。午後小村俊三郎君來談，言近日各學堂已開校，可以閲看，然以脚病不能行步，大悶悶。

初四日　勉送客至新橋火車棧。晤津田農學士仙，與談農學久許，並同至偕樂園晚餐。前日季直有信來，屬探詢日本造閘之式，有用兩扉一人能啟閉者，質之津田君，津田君言仙臺左近之北上川閘形如此，乃荷蘭工師所監造，允於内務省爲覓圖樣云。

初五日　以足病日劇，小村君爲介紹至小西醫學士宅診視。小西君言非脚氣，乃水蟲病，屬靜養，並給油膏。初疑是脚氣，此刻心乃稍安。

初六日　以脚疾仍未稍瘥，延漢醫淺田君恭悦治之。淺田君爲名醫淺田宗伯之子，乃東邦漢醫世家。今舉國皆西醫，漢醫僅淺田君，可謂晨星碩果矣。淺田君言予脚非脚氣，如小西君言，爲處方調劑，淺田君言此症宜浴温泉，但必須十四五日乃可，三四日無效也。箱根有七温泉，有蘆湯者，與此症最宜云云。

燈下讀日本史，載今皇初紀，率公卿諸侯誓於天地神祇：曰廣興會議，萬機決之公論；曰上下一心，盛行經綸；曰文武一途，至庶民各遂其志，使人心不倦；曰破舊來之陋習，基天地之公道；曰求智識於世界，大振起皇基。案此五誓，字字警切，大哉王言！三十年來遽臻隆盛，有以也。予嘗與友人論人禽之界，在用外界之力與用一己之力之分而已。禽獸之力，僅恃爪牙之利，羽翼之豐，蹄足之捷耳。人則能以絲布爲衣被，鑄金鐵爲戈矛，服牛馬以奔走，求知識於世界。蓋取之於一身，其力有盡；借助於外界，其力無窮。世之欲成事業、成學問者，皆非借助於外界之力不可，況於宰治天下者乎！兹因日本誓諭而觸及之，以質之留心當世之故者。

初七日　與馮君回拜伊澤君。伊澤君復詳論譯書事，意欲合中日之力譯印教科書，而定板權之法制。並出教科書十餘種見贈。爲言中國習外國語，東文較簡易，日本近來要書略備，取逕尤捷，西文則非數年内所能精通。並言今日不可遽忘忽道德教育，將來中學校以上，必講《孝經》、《論語》、《孟子》，然後及羣經，其言極有理致。

初八日　近衛公爵長岡子爵以書來，言後日同文書院移居，行開院式，請往觀禮。以足疾辭，不克往。至小西君處就診。

讀日本史，載明治初年，擇功臣及大藩參政，命視察歐美，又遣嘉彰親王、博經親王留學歐洲，此舉極得教育樞要。近閱日本報，稱暹羅太子現留學於英國牛津書院，蕞爾小邦，尚知自奮，我政府其留意於斯乎！

初九日　考日本强盛之機關，首在便交通，繼在興工業，三在改軍制。明治五年，始修鐵道，初起於東京、横濱，已而推之神户，至京都，馴至遍及全國。又創馬車鐵道、電氣鐵道，又通海綫，通電話，立郵船會社，設郵政，而道途於是無阻滯。明治六年，奥國開萬國博覽會，乃攜品物及工商數人往，傳習西國工藝。九年，美國開博覽會，政府又率諸工商赴會。明年，開内國勸農博覽會於東京，賞以四種賞牌。其後蒐集茶、絲、繭、棉、麥、稻、糖、陶、漆等物及海産等輸出要品，開共進會，内務省大臣臨涖獎之，於是輸出之品超出輸入。廢藩以後，定天子親爲大元帥，改徵兵之制。全國之民，不問士庶貴賤，以滿二十歲爲及歲，徵合格者服常備三年，後備三年之役，餘服國民軍。又創憲兵，立警視部，於是軍政修明，而又加之以興教育，國力乃日臻强盛。此固我國先路之導也。

初十日　脚病稍減，至宮城左近略散步，見御河之旁雜植松柳，柳樹悉以人工修翦，枝幹如拳，仿佛吾浙拳桑，不復知爲柳矣。

都市招牌多用古字古義，如賣牛皮者曰「革商」，賣假髮者曰「髢商」，又多用「商廛」字，如「某某商廛」之類甚夥。

十一日　拜外務大臣小村君、總務長珍田君及文部大臣菊池君。午後拜近衛公爵、長岡子爵。

日本實業多師法各國，如製茶哺雞則皆聘中國人爲教習，鉛字刷印機器亦薩摩藩遣人就上海所購者，今則其技並精，出中國之上矣。又聞醫術中之按摩法，西洋初無之，後自荷蘭人得其法於日本，始傳入歐洲。今西人按摩術，乃遠過東邦，冰寒青勝，前事可師，我邦人其勉旃，勿恥學步也。

十二日　外部來知照，從十五日起看各處學校，送排日單來。午後至上野動物園游覽，物品不甚多，有西鄉隆盛狗一，甚獰猛。又有福島少將安正馬二，乃游西比里亞時所乘者。園中新到獅子二，故游人如織。歸途過上野博物館，路側安置體量計，投銅幣一，則指針自動，予就檢體量得十六貫五十目。

十三日　作譯書章程。午後至神田區購理化器具及學校用標本。燈下讀日本文部省弟二十七年報告，載明治三十二年全國學校數凡二萬八千七百十七所，教員凡十萬零一千零零六人，學生及生徒四百五十一萬三千三百三十四人，卒業生六十四萬四千七百六十七人。比之前一年，學校增二百零六所，教員增七千一百四十三人，學生生徒增二十六萬五千九百九十三人，卒業生增五萬八千六百二十四人。一年之内，其進步之速如此。又考全國至就學年歲兒童中就學之數，因地方而異，其最多者爲島根，居百分中之八十五以上，次之者爲福岡，百人中至八十人以上，其教育之進步，洵可驚矣。

十四日　午後往高等師範學校，見校長嘉納治五郎君，詢教育下手方案，外務省譯官小林君爲通譯。嘉納君爲講普通教育之大概，言極詳明。嘉納君爲日本教育家之山斗，近擔任中國留學生事務，於東方教育極留意，可敬也。

考日本教育，分隸各省。文部省所屬，曰東京大學，曰農業教員養成所，曰京都大學，曰高等師範學校，曰女子高等師範學校，曰扎幌農學校，曰高等商業學校，曰商業教員養成所，曰高等學校凡六所；曰東京工業學校，曰工業教員養成所，曰東京外國語學校，曰東京美術學校，曰東京音樂學校，曰大阪工業學校，曰東京盲啞學校，曰小學校。宫内省所屬，曰學習院，曰華族女學校。陸軍省所屬，曰大學校，曰砲工學校，曰士官學校，曰中央幼年學校，曰地方幼年學校，曰户山學校，曰騎兵實施學校，曰野戰砲兵射擊學校，曰要塞砲兵射擊學校，曰軍醫學校，曰獸醫學校，曰經理學校，曰教導團，曰砲兵工科學校，曰軍樂學校，曰陸地測量部修技所。海軍省所屬，曰大學校，曰兵學校，曰機關學校，曰軍醫學校，曰主計官練習所，曰造船工練習所。遞信省所屬，曰東京商船學校，曰商船學校分校，大阪一所，函館一所。曰東京郵便電信學校。

日本圖書館，明治三十二年設立之數，官立者一所，公立者十二所，私立者二百五十所。

十五日 外務省譯員堺君與三吉導觀高等師範學校附屬之小學校。該校創於明治五年，初就舊昌平校遺址造之，名師範學校，翌年設附屬小學校，供師範生實習下等小學課程，已而增設上等小學課程。今校長爲嘉納治五郎君，主事爲森本清藏君。導閲各教室及講堂與體操場等處，觀諸教習講授時極和藹周至，生徒禮貌亦極整肅。校中分二部，皆爲多級編制之高等小學及尋常小學。教室十有一，曰第一部尋常科一年生教室，曰二年生教室，曰三年生教室；曰第二部尋常一年生教室，曰二年生教室，曰三四年生教室；曰高等第一二年生教室，曰第三年生教室。又别有裁縫教室、器械標本室、應接所、職員室、會議室、體操器械置場、雨中體操場，布置井井。日本義務教育定爲四年，高等小學年數則不一，此校第一部高等科爲二年，第二部則爲四年。學生定數第一部尋常科一百六十名，高等科八十名，其編制以四十人爲一學級。第二部尋常高等兩科各百二十人，其編制尋常一二學年均三十人爲一級，第三四年合六十人爲一級，高等科第一二年第三四年均合六十人爲一級。第一部之教科目，在尋常科爲修身、國語、算術、歷史、地理、理科、圖畫、唱歌、體操九項，高等科則增入英語，爲十項。第二部之教科目，在尋常科爲修身、國語、算術、體操、圖畫、唱歌、手工七項，高等科則增入日本歷史、地理、理科、英語、裁縫男兒則無此科。五項。第一部之授業費，尋常高等皆每月二元五角，第二部則尋常科不收授業費，高等科每月五角云。

十六日，至女子高等師範學校。此校明治七年創設，初爲女子師範學校。八年，皇后贈帑金五千圓，並臨幸。九年，設附屬幼稚園。此爲日本幼稚園之嚆矢。十一年，設附屬小學科。十六年，置高等女學校。二十年，始改本校爲高等師範女學校。今此校直轄文部省，校長爲高嶺秀夫君。先至幼稚園，此園爲本校生徒練習幼兒保育之所，凡幼兒滿三歲至六歲者得就學，定額百二十名。其保育課目爲游戲、即體操之預備科。唱歌、談話、手技四者。其保育時數每週二十五點鐘，保育費每月一圓。更有幼稚園分室，則無保育費，皆貧民子弟，於前項四科中增入灑埽等事。其幼兒皆秩然有序。考日全國幼稚園，官立者一所，即本校所附屬。公立者百七十二所，私立者五十六所，共計二百二十九所云。旋看附屬小學校，校中分第一、第二、第三三部。第一、二兩部爲多級編制之尋常高等小學校，第三部爲單級編制之尋常小學校。第一部尋常科之課目曰修身，曰國語，曰算術，曰體操，曰圖畫，曰唱歌，曰裁縫，高等科之課目則增入日本歷史及地理與理科三項。第二部尋常科與第一部同，而省圖畫一項，高等科則全與第一部同。第三部之課目與第一部尋常科同而增入手工。生徒定額第一部二百四十人，第二部三百二十人，第三部六十人。其學級編制，第一部以一學年爲一學級，第二部編制第一、二學年合爲一級，其他男女分各二學年爲一學級，第三部爲一學級。每週教授時數，尋常小學科爲二十一點鐘至二十八點鐘，高等科爲二十八點鐘。三部修業年限，尋常科均四年，高等科則第一部二年，第二部四年云。繼至高等女學校，該校以資研究女子高等教育，爲本校生徒練習女子教育方法之處。生徒定員三百人，修業年限爲五年。其學科目爲修身、國語、外國語、英。歷史、地理、數學、理科、圖畫、家事、裁縫、音樂、體操十二科。授業金每月二圓。更置專攻科，分第一、第二兩部。第一部之學科目爲修身、家事、教育、國語、外國語、英。數學、理科、體操八科。外國語亦可不習。於前項科目中，得隨志願增裁縫、手藝、習字、音樂、割烹三科目以内。第二部則於第一部諸學科中省數學、理科而增歷史、地理二科，其隨意科同第一部。凡選修前二部中各科内六科目以上者，爲選科生，但修身則爲必修科。其修業年限凡三年。其生徒定額爲百人。其授業費每月二圓五角云。繼至高等師範本科。此科所以養成師範學校及高等女學校教員，兼研究女子普通教育及幼兒保育方法。學科分文、理、技藝三科。文科之學科目爲倫理、教育學，國語、漢文、外國語、歷史、地理、家事、體操九項；理科之學科目爲倫理、教育學、國語、外國語、地學、數學、化學、物理、博物、家事、圖畫、體操十二項；於前項科目中得隨意增習字、音樂科。技藝科之學科目爲倫理、教育學、國語、外國語、家事、習字、圖畫、體操八項。其修業年限爲四年，生徒定額三百人，以卒師範學業及官立公立之高等女學校業，年十七以上二十二以内者爲合格。又有專修科，分官費、私費二種。凡師範學校女子部及高等女學校教員缺乏時，特別立之。其學科目與修業年限、募集等事，由文部大臣臨時定之。官費生須由地方官薦舉，私費生由己上願書求請。又有選科，係於文科中選國語、漢文、歷史、地理，於理科中選地學、數學、物理、化學、博物，於技藝科中選家事、習字、圖畫，諸項中習一科目或數科目者，爲選科生。但倫理、教育學則爲必修科。在學期爲二年以上四年以下。又有保姆練習科，以研究養成保姆爲宗旨。其學科爲修身、教育學、理科、圖畫、音樂。其修業年限爲四年，以卒高等女學校業，年十七以上、三十以内者充之。其定額二十人云。

午後，長岡子爵邀飲於華族會館。爲言宗教有害於教育，西人中耶蘇教士及東人中之本願寺僧，在中國設立學堂，均不宜優待云云。

十七日　因日曜日停校，故不能閱看學堂。至琳琅閣購得《梵唐千字文》，僧義淨撰。《景宋本三因方》、《祖庭事院》、《食醫心鏡》，唐昝殷撰。《景元本儒門事親》、《景宋本本事方後集》、《濟生續方》、《唐六典》數種，並爲中國難得之書。午後河井君仙郎、日下部君東作來拜。兩君爲東邦雅士，研究漢學。日下部君書名久震，鬚眉甚偉。河井君贈《穗積新王碑拓本》，甚嘉。日下部君贈精楮。共談金石學，久許而去。河井君即赴西京，聞予將往，因訂於西京再見之約。

十八日　至高等師範學校。該校校長爲嘉納君治五郎。此校以明治五年，就舊昌平學校遺址創設，稱師範學校。十九年，改稱高等師範學校。附屬多級小學校二部，單級小學校一部，二十年所設。尋常中學校一所。先至單級小學校觀覽，此校用單級編制。生徒定員尋常科七十人，高等科六十人。修業年限，兩科均四年。每週授業時數，在尋常科二十二點鐘至二十八點鐘，高等科男兒二十八點鐘，女兒三十點鐘。附屬之小學校，雖供師範生習練教授之用，然必既授師範三年，至第四年乃從事教授，至平時則另有正教員云。尋常小學科之教科目爲修身、國語、算術、體操、圖畫、唱歌、裁縫專屬女兒。七項，高等科增入日本歷史、地理、理科三項。此校合四年級生徒在一教室教之，聞德國間有合尋常高等級並教者，日本尚無之。繼至中學校。該校生徒定員三百五十人，編制十學級，修業年限爲五年。其教科目爲倫理、國語及漢文、英語、歷史、地理、數學、博物、物理及化學、法制及經濟、圖畫、唱歌、體操。授業費每月二圓云。午後三時，乃看高等師範本科。此校學科分文、理二部，文科又分教育及國語、漢文、英語、地理、歷史四部，理科分理科、數學、博物學三部。其修業年限各部四年。又有研究科、專修科、選科，其年限研究科一年以下，選科二年以上、四年以下，專修科則臨時定之。本校所以養成師範學校、中學校及高等女學校教員。此科因時晏，不及細觀。本校内又附設教育博物館，陳列教育用品，以供參考。其陳列分三部：第一部爲家庭教育及幼稚園、小學校用具與其成績品，第二部爲物理學、數學、星學、地學、化學、動物學、生理學及植物學之教授用具、器械、標本、挂圖等，第三部爲實業教育用具及成績品，圖畫、音樂、教員參考書、雜誌之類，設几案以供來觀者閱看。聞每歲來觀者，及中學校、實業學校、專門學校生徒攜書籍來對照實物者，至六七萬人。其有裨於教育界甚巨云。

十九日 至東京府立師範學校。此校明治八年立，校長爲隴澤菊太郎君。現在之校乃三十二年改造，三年乃竣功，建築閎大，布置極精密。建築之費二十八萬六千餘圓，常年經費約五萬四千圓，生徒四百餘人，分本科、豫備科、講習科三部。講習科、豫備科修學年數均二年，本科爲四年。豫備科所以預爲入本科地步，其學科目爲修身、教育、國語、漢文、歷史、地理、算術、理科、習字、圖畫、音樂、體操、英語十三項。本科不出學費，豫備科則本生自出學貲，而每月以官費補助三圓，若中途退學，則追還之云。

二十日　至高等工業學校。此校明治十四年文部省所創，初爲東京職工學校，以後幾經更改。二十三年，改東京工業學校。三十四年，改今名。中分二部，一本科，一工業教員養成所。校長手島工學博士精一親導觀各處。先至本科，學術分六科：曰染織，曰窯業，曰應用化學，曰機械，曰電氣，曰圖案，學期爲三年，每科皆有實修工場。本校内又附職工徒弟學校，授金工、木工兩科，生徒學期亦三年。繼至工業教員養成所。此校所以養成工業學校、徒弟學校及工業補習學校之校長及教員。教科分本科及速成科二者，本科分金工、木工、染織、窯業、應用化學、工業圖案六科，速成科則分金工、木工、染色、機織、陶器、漆工六科。生徒每人補助學費六圓。本科學期凡三年，速成科則一年。本校有附屬工業補習學校，乃三十二年所創設，分金工、木工二科，卒業年限二年，依學力得增減之。此校爲工業教員養成所練習實際授業之處，兼以謀工業之進步。合觀全校，規模閎大，全國工業導源於此，其教習皆工業家之著名者。手島君爲言，工業關繫國力之增長，貴國極宜振興此事，若政府或疆臣願創立學校時，本校願選最高等之老師送往貴國，意甚殷摯。是日，文部省飭屬官中村君爲導，即校中卒業生也。

二十一日　回候日下部君東作，出示所藏宋拓《書譜序》。刻本極精，後有「元祐二年河東薛氏模刻」十字。校之停雲館安氏諸刻，迴不相侔，洵至寶也。君之友三井氏擬刻之木，以廣其傳。又出示所藏唐人寫經及神代古器、金鐶、石鏃等，並言其内府藏宋拓《東坡宸奎閣碑》一，後附《高宗御碑》一、《參寥碑》一、《范石湖詩碑》一，乃聖一國師至宋齎來者，亦宇内有數之名迹也。日下部君又言，日本收藏漢籍處以足利文庫爲最，勸往觀，且言該地去東京不遠，由上野乘汽車，二三時可達。以事冗不果往，甚以爲憾。晚至嘉納君處，談教科書編輯事，至十一點鐘乃歸。

考日本全國，每歲國用出入之款，以明治三十四年分考之，歲入二億七千七百四十九萬七千零零三圓，歲出二億七千五百八十八萬七千四百二十三圓。核之中國國用，據劉KEY卿主政光緒會計表所載，光緒二十年歲入之數僅八千一百零三萬三千五百餘兩，歲出之數僅八千零二十七萬五千七百餘兩者，其數大相逕庭，即加入洋債賠款及各省用費，亦不及日本甚遠。然則中國今日欲振興一切，非講求財政，從何下手乎？

日本地租，田地税百分之三三，街市宅地税百分之五，礦區每千坪歲税三角，千坪以下不徵税，賣藥印紙税就藥價徵十分之一，造麥酒税每石七圓，造他酒清酒、濁酒之類，案含酒精之多寡爲税之重輕。則每石自十五圓清酒、濁酒含酒精二十度以下者。至十六圓。含酒精四十五度以下之燒酎。

日本遞信省每歲出航海業奬勵費，由國家助金以誘航海業之發達。明治三十一年，所費至二百五十八萬零八百零二圓，其奬誘航業，可謂至矣。商力日益開拓，有以也。

考中國度量衡，與日本對照之數，中國一尺當日本一尺一分一毛，中國一里當日本五町六間，中國一斗當日本四升二合五勺二秒，此疑有誤，因中國斗制各處小異，恐比較偶差也。中國一錢當日本一匁八毛，一斤當日本一百六十一匁二分八厘。

二十二日　中村君導觀私立女子職業學校。此校乃明治十九年服部一三等合同志者所創，至今卒業生至一千一百七十六人。明治二十一年，文部大臣森有禮以學生製品呈皇后御覽，蒙賚金奬勵之。其學科分裁縫、刺繡、編物、造花、圖畫、割烹六科。每習一科，二年而卒業；兼習二科，則三年卒業。有成績品陳列處，皆精妙絶倫，其翦綵爲花尤精極，與天然者驟不能别。此校製品輸出海外者日增，大爲西人所重，其得價半以酬製品者，半充本校之經費，今日見進步云。

考日本農産之大宗，曰米，曰麥，曰大小豆，曰稗，曰黍，曰蕎麥，曰甘薯，曰馬鈴薯，曰棉，曰大麻，曰藍，曰煙草，曰桑，曰茶，曰蔬。其米麥産額以明治三十三年考之，計米四千一百四十六萬五千石，麥二千零三十八萬六千石，日量。其價值米每石約十圓餘，大麥每石四圓餘，小麥每石七圓餘。明治三十二年價。

日本蠶絲業年盛一年，爲其輸出品一大宗。三十二年所産之絲一百七十五萬四千二百四十二貫，其織物之進步尤速，三十二年一年中，織物所得價值至一億七千四百九十六萬七千八百五十五圓。

日本森林分國有、民有二者。明治三十三年一年中，國有林野收入之數爲一百三十五萬七千八百八十四圓。若中國官山悉種植，數十年之後，其利可勝計哉！

二十三日 回候小村君俊三郎，談久許。

於書肆中購得宋聞人耆年《備急灸法》，内載婦人難生，宜灸右脚小指尖三炷，如婦人扎脚，則先以鹽湯洗脚令温，氣脉通疏，然後灸之云云。據此則宋代婦人尚非人人纏足可知。

考日本婚姻之制，大約男子三十而娶，女子二十而嫁，但離婚者多，故夫婦之道頗苦。核其統計報告，明治三十二年間，結婚之數凡男女二十九萬七千一百一十七偶，而是年中離婚者，男女六萬六千四百一十七偶。又其國苟合生子之數亦不少，就明治三十一年考之，其公生男女各六十餘萬人，而私生之數男女各五萬餘人，此皆其風俗缺陷之處。

日本人家及客邸多用女奴，中國人多以爲詫，竊謂是中國古制也。漢王君公以通官婢去官，唐人詩「春風侍女護朝衣」，知唐以前官寺亦用女奴，不知何時此制乃廢耳。

二十四日 日下部君贈所書《論書絶句》刻本一册，寫作俱精。

考日本監獄之制，在監人作業每年收入六十萬内外，以三分之一給作力者，其二分則充公費。其作業之種類，曰舂米，曰瓦工，曰木工，曰煉化石工，曰石工，曰碎石，曰鍛冶，曰絞油，曰耕耘，曰鋸木，曰造紙，曰桶工，曰藁工，曰炊事，曰埽除，曰開墾，曰采礦，曰搬運，曰紡績，曰機織，曰裁縫，曰洗濯，此事頗與中國古者鬼薪城旦之制有合，既以懲罪，亦以興利，此最宜效法者也。

二十五日　回候古城君貞吉於日日新聞社，不值。晚至嘉納君處談教育行政事，至亥初乃歸。

今日聞客言，日人某君爲盲啞學校教習，其生子一盲一啞，觀念之感應如此，亦異聞也。

讀教育史，考教育學爲獨立之學科，蓋始於德國之心理學大家海爾巴脱及貝廼楷，德國大學本之而專教此學。繼而英格蘭大學仿之，此歐洲教育學爲專門之權輿。教育普及之説，始發明於瑞士教育家柏析他羅其氏，其言曰：「教育者，非爲某一階級之人而設，爲一切人民而施者也。」專著書明此意，於是普魯士仿之，諸教育家僉謂圖自强，維國粹，非教育一切人民，增長其智不可，此教育普及説之始基。今則真理日明，其説遍世界矣。

盲人教育，始於德國一千七百八十三年，至一千八百零八年，遂遍及全國。啞人教育始於諸尾開，至一千八百十八年以後乃大盛。廢人教育，謂身體不全及有癡疾者。始於瑞士人顧孔必由。於一千八百四十一年頃始專立學校，翌年柏林啞人學校長冉愛格特仿行之，以後遂日普及矣。貧人及罪人學校，爲反連拜耳璽所創，時在一千八百零四年之頃，設學校於威耳阿甫，收養貧兒及罪人，課以耕作及手工，兼教宗教、讀書、習字、算術等，此爲貧兒、罪人教育之嚆矢。幼稚園之濫觴，實啟於保兒院。保兒院者，一千七百八十年頃奥柏霧氏創之，代保農工傭力者之嬰孩。已而英法仿之。一千八百二十八年之頃，德又仿之。一千八百四十一年，有腓立哀白者，本此義以立幼稚園。其宗旨在健小兒之身體，練其官能，厲其精神，導其性情，以立他日生計之始基，以補家庭教育之不足。後惑於他説，禁之，至一千八百六十年，乃弛禁。嗣政府於國民學校亦附設之，於是日漸推廣，英法諸國爭效法，世界各國靡弗設之矣。

二十六日　至書肆購書。得林希逸《列子鬳齋口義》此書中土甚少。等數種，森氏立之藏書也。

考日本海軍，立鎮守府五所：横須賀第一，吴第二，佐世保第三，舞鶴第四，室蘭第五。軍艦之數計百有三，甲午以前東洋兵艦僅三十艘，排水噸數五千七百七十噸，今艦數遽增數倍，排水噸數今亦增至二萬六千二百八十五噸矣。海軍現役軍人二萬八千三百零八人，豫備軍人二千九百九十五人，後備軍人一千六百七十八人。其職有事時防海攻敵、護送陸軍，無事時保護海外商民及國内漁獵人等，並測量海灣，警衛沿海。凡海崖及島地，悉管理之。陸軍則分近衛兵、戍兵二種，近衛兵拱衛皇室，戍兵保衛全國，近衛師團分駐東京，戍兵立十二師團，分駐内國要地。全國男子悉服兵役，分常備、後備、補充、國民四種。更分常備爲現役、豫備二種，現役三年，豫備役四年零四月，後備役五年。陸軍兵人分五類：曰步兵，曰砲兵，曰騎兵，曰工兵，曰輜重兵。

日本赤十字社規模甚宏大，近年社員已至五十七萬，此其國家文明之一大徵證也。案之中國古代，似已有此制，《司馬法》曰：「敵者傷之，醫藥歸之。」又宋襄公言：「君子不重傷，不擒二毛，不鼓不成列。」此必《司馬法》中語，襄公引之耳。古人引書多不明著出典，襄公非仁者，觀其平生，至以人爲犧牲，安能爲爾許語乎。此均古代亦有救護軍人一視同仁之據。彼執俘獻馘之制，殆出之三代末季也。著之以質之歷史家。

二十七日　至文部省，拜普通學部局長澤柳君，談教育事。澤柳君言：「中國小學教育以讀書爲最難，緣漢文太多，小兒識字頗苦，必創爲切音字，以謀教育之普及乃便。但切音字用之初等教育較易行；若高等，則仍用漢字可也。」予叩以近日東人多倡廢漢字之説，能實行乎？澤柳君言「國人因識漢字頗苦，故爲此説，然頗不易。從前文部省訂初等教育須用漢字三千，後省至二千，今省至一千二百，然若全廢，實未易易，因廢去漢字而以假名代之，則一切法令著作，皆須全行改用假名乃可，殊未易易。且漢字已經用千餘年，決難一旦廢去也」云云。澤柳君又贈文部省年報及明治五年所訂學制各一册。

考日本銀行之最大者曰日本銀行，貲本三千萬圓。次之者正金銀行，貲本一千二百萬圓。又全國中農工銀行凡四十五所，貲本共一千五百九十八萬圓。普通銀行一千五百二十六所，貲本共二億零七百五十六萬五千圓。貯蓄銀行五百三十一所，貲本共一千九百九十七萬九千圓。明治三十二年數。案銀行爲國家財政及實業發達之根本，中國欲整財政、興實業，非從銀行下手不可，但欲使富户各出貲財，流通市面，又非國家先出内帑金以爲民倡，並妥訂銀行規則不可。此事關係甚大，政府亟宜起而圖之，不能再緩矣。

二十八日 與堺君看農科大學。學分四部：曰農學科，曰農藝化學科，曰獸醫科，曰林學科。先至獸醫科標本室，羅列種種標本，中有毛毬，乃得之牛胃中者。又有圓石，云得自馬腸中者。此疑中國所謂「馬寳」矣。繼至林學科標本林，列植各國樹木，松之種類最多，美國之松毛最長，至一尺許。已而至農藝化學科，有德國教師，出示玻璃瓶水中試植之麥數種，各瓶水中養分不一，故麥之肥瘠有差。已至農學實習場，觀諸生實習。閲畢，至校長室午餐。校中規模閎大，本科之外，有教員養成所，以養成農業補習學校教員，修業爲一年，以諸生之卒師範學校中學校業者充之，不徵收授業費，每月且補助金六圓，凡師範各科皆然也。晚飲日本教育家嘉納治五郎、長岡護美、伊澤修二諸君於帝國旅館。

日本從事農作者之工價日漸加增，就現在之數考之，耕作傭男子每日工價二角七分五厘，養蠶男工價每日二角九分五厘，女工價較減。繅絲女工每日工價一角九分七厘，製茶男工每日三角九分六厘，漁夫每日工價三角三分七厘，工廠人夫之工值則倍於農，或再倍之。今中國傭力之值甚賤，若處處興農工業，其利更薄於日本矣。

二十九日　同小村君俊三郎拜杉浦君重綱於日本中學校。杉浦君爲日本民間教育大家。以前日本民間教育家爲福澤、杉浦二派。福澤主實用，杉浦主道德。杉浦君氣象温厚，望而知爲有德之士。現爲日本中學校校長。本校初爲東京英語學校，明治二十五年改稱今名。修業年限五年，本文部省令尋常中學校學科程度，入校金一圓，授業費每月一圓二角至一圓五角。其布置井井，爲私立學校中最整善者。坐有湯原君，任某縣視學官，出所著教育書見贈。杉浦君並爲置饌，殷勤可感，以有他事謝之，坐談甚匆匆。聞杉浦君行將至上海爲同文書院校長，異日當與暢談教育各務，以彌今日之憾。晚與嘉納君談教育事，至十一點鐘。

壬寅元旦　詣公使及同人處賀歲。午後看伊澤君，談久許。

初二日　伊澤君介東京刷印株式會社社員齋藤木户兩氏來拜，導觀刷印工廠。先至深川支廠，規模甚闊大。計鉛印部、石印部、造字模部、造鉛字部、銅板製圖部、寫真製圖部。周覽一過，工作四五百人。此社尚有本廠在京市。當社員導予等至寫真室，特留予一影相，以爲異日紀念。又贈寫真畫數幀，並約至日本橋偕樂園晚飲，意甚殷拳。案印刷一事，與國家之文明有大關係，觀日本印刷之精妙，即日本文明進步之明徵矣。齋藤君爲言，初日本人得活版術於上海之美國商人，既歸長崎，於學堂教業之暇，兼課排字刷印之事。此事在明治初紀，今則技術日精，幾不讓歐美矣。予考中國活字原用木刻，毛子晉刻《津逮秘書》，實是用活字。兒時讀《毛詩陸疏廣要》，見其中有横植之字，始悟毛氏刻書原是活版，特排印精工，與刻板驟不能别耳。又近日歐美工業家，以石膏爲一切雕刻等物模型，中國亦自古已然。予嘗得漢高祖榆莢半兩錢範，似石非石，細考之，知確爲石膏。而中國古泉學家有藏齊貨石範者，知亦是石膏所爲，是三代時已然，即此可見中國文明開化之早矣。以語二君，二君亦謂然。飲畢已八點鐘，冒風雪而歸。

是日蔡公使飲中國留學生於富士見飯館，籍之得二百七十餘人。考日本統計表，我邦在東人數凡二千四百餘人，前年之數。是學生居十分之一有奇矣。

初三日　檢點行裝，至公使館辭行。午後，中東諸友相送至新橋火車棧，六點十分鐘，乘急行車赴西京，並預發電至西京友人河井君仙郎。前者與河井君别時，相期於京都車棧相迓，爲照料一切也。

初四日　午前九點十分鐘，抵京都。河井君已在火車棧相迓，至柊家客寓。小村君俊三郎奉外部之命，同行爲介，看京都、奈良等處學堂。早膳後，拜視學官田中君。田中君謂本日爲國祭日，不能看學校，因由河井君導看疏水。疏水者，導琵琶湖水洞三山，逾高地而溉田，凡長十餘里。其高地兩水斷絶處，用電力引鐵索曳舟遵陸而上，由此水達彼水，如中國之過壩然，往來不絶。聞初倡此議者，爲西京府知事某君，當時嘲謗交騰，及渠成，而利大興。今農民擬鑄金爲某君像，以爲紀念。凡民可與樂成，難與圖始，中外古今一轍矣。歸途過神社，見神官行祝祭禮，衣冠奇異。東人好神佛，通國人家門首多有木札，上書「臨濟宗」、「曹洞宗」、「真宗」等字樣，而男子之老者，多取名某某居士；女子之老者，多取名某某尼，古俗之難廢如此。晚間藤田君源之助來，吾友劍峰學士之兄，現爲第三高等小學校教習，前次火車過西京時，即在西京相迓。兹再來見，與暢談一切，並以風景寫真爲贈，情殊可感。

西京博物院有西魏陶仵虎寫《菩薩處胎經》，爲世界奇迹，因是日爲其國祭日，不得往觀爲悵。

初五日　九點鐘，田中君遣郡視學鹽崎君來導觀各學校。先至高等女學校。校中置四科：曰本科，曰補習，曰專攻，曰裁縫。本科修業年限爲五年，補習科一年，專攻科二年，裁縫科三年。本科學科目爲修身、國語、英語、歷史、地理、數學、理科、圖畫、家事、裁縫、音樂、體操十二項。補習科則省歷史、地理、理科，而增手藝、教育，專攻科限國語、漢文及家事、裁縫二項，其國語、漢文之學科爲修身、教育、歷史、國語、漢文、體操六項，又習字、圖畫、音樂三者，爲隨意科。其家事、裁縫科之學科爲修身、裁縫、國語、數學、家事、音樂、體操七項，又圖畫一項爲隨意科。其授業費，本科及補習科管内生每年十五圓，管外生十八圓，本科生有願習手工者，則授業費每月增銀三角。專攻科每年二十圓，裁縫科管内生每年十二圓，管外生十五圓。此學校甚整齊，更優於東京。閱畢，至第一高等小學校。該校生徒千人，計教室二十又五，有書籍室，有標本室，有理科室，有植物園，有習禮室，規模甚完備。午後至染織學校。此校專教染色及機織，從事於實驗。分本科、豫科，豫科所以爲本科之豫備。本科三年卒業，豫科二年卒業。本科之學科目十有五：曰修身，曰讀書作文，曰數學，曰物理，曰化學，曰分析，曰圖畫，曰機械製圖，曰染色配色法，曰機織法，曰花樣，曰英語，曰簿記及理財，曰實習，曰體操。豫備之學科目十有一：曰修身，曰讀書，曰算術，曰作文，曰習字，曰地理，曰歷史，曰圖畫，曰理科，曰英語，曰體操。更有別科，以教已從事染色機業一年以上之子弟，其卒業期爲一年。其學科目凡七項：曰讀書，曰算術，曰理科，曰染色法，曰機織法，曰花樣，曰實習。豫科之學生限年十二歲以上，本科則十四歲以上，别科則爲十五歲以上。各科皆不收授業費，僅收食宿費，每月六圓至七圓，書籍及雜用一圓，衣服等二圓。閲畢，至製品陳列所，購得布三端、絲巾一枚，凡工業諸學校製品，觀者例得購買也。又至美術工藝學校。此校創於明治十三年，初爲畫學校。二十四年，改稱美術學校，於繪畫科外，增工藝圖業科。二十七年，增雕刻及磁器繪畫科，而改稱美術工藝學校。翌年，增漆工科。分蒔繪、髹漆二部。今計學科四：曰繪畫，曰圖案，曰雕刻，曰描金。每科修業年限爲四年。本科生卒業後，得更留學三年，專攻實技，爲專攻科。校中計校長一人，正教員九人，助教五人，書記二人，助手五人，技師一人，技手二人。午後三時歸寓。藤田君約至祇園中村樓小飲，地頗精雅，坐客爲第三高等小學校長的場君，及劉生大猷與予，三人而已。

初六日 至第三高等小學校。校長的場君導觀各教室，縱覽一周。該校略同第一高等學校。生徒凡八百人。看畢，的場君送予等至車站，鄭重而别。河井、藤田兩君送予同至奈良，意殷拳可感。到奈良，主對山樓旅館。本日縣知事他出，且時已稍遲，不得觀學校，因與小村、河井、藤田諸君入市游覽，風景幽絶，不〔數〕〔輸〕吾鄉西子湖矣。先至博物館，其中古佛像最多，有唐招提寺榜，字勁挺似二王書，乃其國孝謙天皇筆也。又有篳篥，爲長六七寸之管，上髹以漆，上有七孔，狀略如簫，狹上而修下。此物中國久無有，乃於此見之。其他古物甚多，又有古寫經數本，並精絶。既出院，至春日神社，沿途馴鹿極夥，買餅餌飼之，則相隨不去。相傳此鹿自唐代孳生，至今多至七八百頭，人不之害，故亦不畏人。道傍石燈臺多至千餘。至神社前，東人皆脱帽爲敬。出社過小市，購唐招提寺殘瓦一枚，千年物也，文字頗清勁。

初七日　縣視學清水君篤太郎來，導觀各學校。先至師範學校。該校本科生徒一百六十人，其規制略與東京府立師範學校同。別有簡易科，生徒八十人，學期爲三年。校中校長一人，教員九人，助教三人。又有小學校教員講習科，分甲、乙二種，甲種習小學校教科全部，其講習期爲六月以上、一年以下。乙種習小學校教科之一科或數科，其講習期爲二閲月以内。甲種講習員畢業後，於管内修師範職五年。乙種則於町村内修職五年，其講習之學科程度及人員貲格等，於一月前宣示。案師範講習科，爲速成師範起見，此與中國今日頗宜，當師其意先創立之，以濟目前之急，特該科無詳細學科條目，爲可惜耳。既至高等女學校。校中分爲本科、技藝專修科及補習科三者。其修業年限本科四年，技藝專修科三年，補習科一年。本科之教科目曰修身、國語、歷史、地理、數學、理科、家事、裁縫、習字、圖畫、音樂、體操十二項，更加外國語、教育、漢文三項爲隨意科。但有願充小學教員者，則教育、漢文爲必修科。技藝專修科則爲修身、國語、裁縫、算術、家事、習字、圖畫、音樂、體操九科。補習科則選習前列學科中修身、國語、裁縫等之一科或數科。本校生徒四百人。授業費在管内者每月七角五分，在管外者每月一圓。已至濟美尋常小學校，校長森澤孝行君導觀各處。此校乃私立，規模略小，而管理尤整齊，不異官立者，令人贊嘆不置。閲畢，返寓午飯。飯畢乘火車至大阪，寓北川旅館。

初八日 晨由大阪發神户，河井、小村兩君送予登博愛丸而別。是日風靜，波平如砥，身體大適。

初九日 讀《女子教育論》竟。此書載美國女子教育爲世界第一，師範生大半爲女子。又言女子者，國民之母，其語尤精切。今日中國教育初造基，女子教育人多忽視，然實不可緩，是宜亟圖也。是日風雨大作，舟極顛簸，夜抵長崎。

初十日 晨興登岸，持吉田農學士永二郎介紹書至長崎農事試驗場，場長適他出，由事務員導觀各處。時正試植大小麥，分畦列表，部署井井，並觀柑橘園及暖房、分析室等處。贈試驗成績報告及養蠶講話、昆蟲講話筆記數種。返舟風大，體甚不適，卧半日。

十一日 舟中遇日本陸軍大尉小島君米三郎。此君就鄂督之聘至湖北者。與之接談，叩以陸軍留學生學業。小島君言：「貴國諸生，因未修普通學而留學只三年，驟歸可惜，若期滿再留學一二年，當可用。」其言甚確，歸國後當爲南皮、新寧兩宮保言之。

十二日　午刻抵上海。藤田學士豐八及田宮教習已在船埠相待，兒子福成、福萇亦來接。飭僕輩檢點行李，一點鐘乃抵滬寓。

附張紹文記

紹文得與羅君叔言交將十年矣，顧以客授四方，不得數數遇。去年冬，君奉江、楚兩帥命，至日本調查教育事宜。昨來白下，亟就君話離悰，且叩教育事。君爲口講指畫，條理秩然，並出所作日記見示，而草稿旁午，猝不可讀。爰竭三五日之力，爲之繕寫。記中於東邦教育鈎玄提要，如指諸掌，且於財政、治體、風俗稽考尤詳，披覽一過，不啻置身十洲三島間也。君少時鋭志撰述，著書等身，壯而留心當世之故，每慷慨身世，輒劇談抗論，流俗多逐避之。頻年乃專意農學與教育二者，以爲教養兩事，實爲政治根本，瘏口焦脣，日聒之於當世，以冀一輓今日之厄運，言論滿天下，此記其一斑也。

紹文聞之日本教育家有福澤諭吉者，於尊攘時代以布衣倡教育，卒以開東邦今日之郅隆。今君於滄海橫流之日，慨然以斯道自任，異日就其所素蓄而展布之，將與福澤君東西並峙，爲亞洲生色。此非君一人之幸，實我中國之大幸也。繕寫既完，識語卷末，以告世之讀是記者。

光緒壬寅二月，山陽張紹文。

扶桑再遊記

端午後一日（星期三） 由京乘八點三十分鐘火車赴津。十二點抵津，寓長發二十五號。未刻拜藥雨，見渠案頭有鉛錢三：一次布，一半兩，一得壹，甚精。下午拜傅沅叔。晚餐後返寓。作家書。金誦清來。

初七日（星期四） 早訪藥雨，託買船票，由津抵神户，頭等八十圓五角二分，二等四十三圓八角二分。至德盛樓同緯君吃麪，食後訪詩伯叔，同至督署訪慶臣，不值，晤王燕來、胡楚卿、邱季良。下午返寓。沅叔來答拜。晚與緯君至旭街（日本兵署隔壁）延古齋看古玩。金君擕《金石萃編補略》，仁和王言撰，道光三十年著、光緒八年刻本。書二卷，其書首載蒼公墓記，乃僞託，以石暎爲仁壽四年皆誤。王君官嚴州壽昌訓導，所著有《壽秋推日編》、《綱鑑推日編》。

初八日（星期五） 上午會客。午間沅叔邀飲。看書肆。藥雨送家書來。晚與緯赴詩伯叔及慶臣之招，飲於聚豐園。餐後訪藥雨。歸途至延古齋，歸寓已一點鐘矣。

初九日（星期六） 午前在寓檢點行李。緯君出拜客並至詩叔處借五十圓，行資已罄也。午後一時三十五分鐘乘汽車往塘沽，比至已三點三十分矣。寓谷村旅館。作致藥雨、沅叔信及家書。晚間邀緯君飲。然僅有牛肉麵包而已。

初十日（星期） 八點鐘上小輪，風仍未息。十二點鐘到大沽，上營口丸，即開行。晚間大雨。

十一日（星期一） 早間六點鐘抵芝罘。作致靜安信。晚間六時抵大連。

十二日（星期二）　早間六時舟抵碼頭，與緯君入市閑覽，憩一小茶肆，問以地方土産，但有海鮮。問以日人在本埠情形如何？對以頗安靜，然受侮亦不少。並云其肆月捐三圓，税之重可知。問以地方裁判，對以小事在本埠判之，大事則由日官判決云云。午刻歸舟午飯。午後四時開行。晚間見月。

十三日（星期三）　是日舟向南行。午後略有顛簸。夜間二時半霧，汽笛鳴不已，侵晨乃散。

十四日（星期四）　風頗正，舟平，見小山無數，彷彿温州與福州洋面然，皆高麗山也。連日氣候頗涼，仍御重袷。舟中遇英國人某，乃其公使館員至日本遊歷者，能中語，極頌攝政王之善政，言戒除鴉片，除數百年之大害，外人皆服其除弊之勇，並言攝政王曾招各國公使飲，酬酢如友朋，無尊大之習，外人亦甚欽佩云。晚間風大作，舟極顛簸。

十五日（星期五）　早間風漸息。十時入門司港卸貨。約四時許開行，舟中讀昨日《東京日日新聞》，知北洋大臣楊已逝，繼任者爲匋齋尚書，南洋繼任者則張安圃制軍云。作家書及致季纓、伯斧、静安書。以便明日抵神户付郵，恐抵東事冗也。下午浴，至爽。晚作致伏侯書。

十六日（星期六）　晨起作致叔海書。午後二時抵神户。周君作民遣田中旅館人至船相迓。因同作民、緯乘四點卅六分火車赴西京，六點半抵埠，寓麩屋町澤文旅館。晚至書肆看書。

十七日（星期）　九時半與作民訪内藤湖南於岡崎町，坐中有富岡謙三（號桃花庵）、桑原鷺藏、狩野直喜三君。午間諸君約至瓢亭午餐。午後詣富岡君（室町通中立賣），諸君同在座。途次遇劍公自德島至，同至書肆略覽。返寓，内藤、富岡兩君來談。晚與劍公暢談至一時，乃就寢。

在内藤處見《左傳集解》二卷，唐寫本，本朝《三朝實録》，明末高麗質子在北京時日記，並希世物也。在富岡君處見唐寫本《毛詩正義》殘卷，約二尺許。富岡君言與今本異同甚多。又有《二李唱和集》，較陳氏刻本前後多十頁，因借抄。又《周易單疏》古鈔本，北宋本《史記》一册。田中言東京神田金澤町龜谷省軒藏宋本《史記集解》單刊本七十卷至佳。

十八日（星期一） 午前拜文科大學長松本博士（文三郎），大學總長菊池文相（大麓），圖書館長島學士（文次郎）。至圖書館閲覽，出示精本書數十種，最佳者爲卷子本《白氏文集》殘帙、宋本《春秋左氏傳》。諸君留午餐。午後看東京府立圖書館，館長湯淺君（吉郎）曾至美國調查圖書館，故建築極合法。出示元本《韻府羣玉》等書。後至園藝會看盆栽，有至佳者，可謂絶藝。下午返寓。至中島孝治郎之泉貨堂（京都三條通麩屋町西入），購古泉十餘。桑原學士來拜。送至車站，八時廿九分開車。

十九日（星期二） 九時抵東京，映卿已在車站相迓。即至公使館拜田伏翁，伏翁出示部中致予電，並謁公使。伏翁爲予賃金地院僧寺小室，甚精潔（芝公園廿一號八番），與渠比鄰，至便適。午後松山堂、琳瑯閣購書數種歸。晚與伏侯剪燭夜談，至快。

廿日（星期三）　晨起病目。作致作民（還渠十五圓）、劍峰書及家書，又作致本部丞參書。午後詣神田看古泉，無所得。後至文行堂，得舊書數種。薄暮，映卿來，送家書至。知乙兒又患病，雖已就痊，然遠人不無懸懸。就寢後，蚊與蚤大肆虐，連日不得甘寢，體中爲之不適。

廿一日（星期四）　作致劉總監督書。使館參贊張杏生（元節）、書記官馮錫之（冕）、二等書記官林鐵錚（鵾翔）、通譯官吕星如（烈煌）來拜。午後拜胡仲巽及李公使，談頗久，歸已六時矣。接何益三書，當作復。

廿二日（星期五）　午前，田中君來談（住本鄉區湯島四丁目八番地），言照古字畫以青色乾版照之則明朗。又言東京寫真家以京橋區日吉町小川真一爲最佳。又言彼國近有説文會、文字研究會，會員輪講許書，參以古金兩文云云。接家書及鳳洲書。午後至神田書肆及駕田古泉舍及新橋博品館一覽，冒雨歸已六時矣。晚伏侯招飲。

廿三日（星期六）　早間作家書。十二時出上野赴青森，車中甚安適。

廿四日（星期）　十一時到青森。十二時登比羅夫丸渡輕津海峽。舟行平穩，青山如畫，旅懷爲之暢適。中流風作，舟頗顛簸。午後四時抵函館，寓藤屋旅館，與緯君閲市，於村田氏書肆（舟見町百。八番萬隆舍）購日本古泉數枚，詣肆主人，名留太郎，乃彼邦古泉家也。村田氏介紹横濱市松影町一丁目廿四番地村松養明，東京神田猿樂町二番地和田商店，謂並有古錢。又神田區錦町三丁目横井仲定。

廿五日（星期一） 六時上車，午後七時至札幌。俊人在車站相迓，導至山形屋。俊人言此處留學生多自愛，惟山東周姓者兄弟二人，長姘一東婦□琴，似幼者生梅毒云云。

夜寢甚適。是日自函館而北，所見農田多荒蕪未開闢者，而自余市以東數十里，則農田極整，所造新林尤蒼翠可愛。斯時蘋果方實，每實以紙袋盛之，累累滿樹，以防蟲蝕鳥啄。

廿六日（星期二） 早間八時同緯君、俊人赴農科大學拜佐藤校長（昌介），座中遇南教授（鷹次郎），乃佐藤君囑其導予等參觀者也。問佐藤君以該校設備費，佐藤君言初二三十萬圓，今用至六十萬圓矣。問以經常費，對以歲二十萬圓，由文部省支出者半，由農塲收入者半，至臨時費則不能定準，今年約計二萬圓云云，並出該校及農塲與演習林一覽見贈。南君因導觀農學教室，計普通教室一、化學實驗室二、林學教室一。其建築頗便易，每一種教室，其旁即附以器械室、教員室，藏書室，此可法也。樓下設植物標本室，皆出宮部博士手集。多至五萬種。出該室後，即至植物學教室及動物學教室，此二室特別築之，其制略如普通教室，蓋農學中二學頗占重要也。參觀時，林學教授小出博士（房吉）、理學博士宮部（金吾）並出爲說明，殷殷可感。該校演習林凡三所，地位懸絶，宮部博士爲説明其理頗精。午間返寓。午後看植物園、博物館。薄暮入市觀小書舖，得《伊犂紀行》歸。晚餐後又入市編髮。是日發電問田伏翁原口博士任建築技師事。晚間得復，已電都中矣。農科大學實科生貴州萬勖忠來談。

廿七日（星期三）　至農科大學遍觀養蠶昆蟲教室、寄宿舍、第一第二農場、製乳室、農具室、水産教室及標本室。大雨，衣履盡濕。薄暮八田博士（三郎）來拜，狩野博士友也，爲彼邦動物學大家。又山東留學生牛獻周（字正甫）在農科大學專攻蠶病。牛君攜有山東沂州府沂水縣古化石（出縣城北約一百九十里馬家河西燕子崖），地質學家考爲三葉蟲化石，甚罕見。牛君允贈一枚。晚餐後入市閑覽，就寢後不得睡，夜間四點鐘始略睡。

廿八日（星期四）　原約看北海道牧場，以第三部事務長不在，比有電話至，已不及矣，遂謝不往。許士泰君來言津浦鐵道分局長楊太守（慶鋆）囑渠購枕木十五萬枚，每枚連運至天津費一圓五角。許君有二子三女，談及宗國尚有拳拳之意。許君又言山東昌平于樹楨者，前在札幌大學農藝科留學生也，其戚高密劉鴻綱於東京設振華書局，託于借其款五百圓。現書局已閉歇而款終不歸，託向公使館言之云云。許君又言，日本農租日增，彼於明治四十年納所有税一千零四十餘圓，至十年則增至一千七百餘圓矣。又言近來食鹽歸政府專賣，鹽價幾與糖等。又言日本開拓北海道廿年乃納税，又言每畝開荒費約三四圓。午間至農科大學辭行，謝其招待並回看八田博士，博士勸同往真駒種畜場。乃回寓午餐，午後與八田君同乘馬車往。馬奔而瘏，圉人仍鞭之不已，虐畜之風不僅我中國爲然也。行一時許，乃抵種畜場，該場技師仁木信雄出該場《要録》見示，知經始於明治九年，今規模日擴，所有種畜爲牛、馬、羊、鷄。牽馬數匹出示，乘用者至神駿，荷用者亦極壯健。仁木君言：乘用之馬每日必令圉人乘行一點鐘，任用者每日必令荷重物，蓋不使習鍊，則本能日失，必成弱種云云。牛種亦佳，其尤者母牛產犢已七閲月，日猶出乳一斗二升，此等良種在歐洲亦少，故已登之雜誌，此牛世界皆知名矣。其餘則日出一斗或七八升，民間之種則日出數升耳。並出乳汁相餉，即場中所出也。日暮歸寓，牛君以三葉蟲化石二來贈。晚餐後至俊人寓所，爲東人作書。

廿九日（星期五） 八時乘汽車返箱館。許君、牛君及俊人皆至車站相送。風日炎燥，午間尤熱。晚一時乃抵箱館。伏侯有電至札幌，時我等已行，電局乃寄至箱館，想是部電也，但爲中國號碼，行篋無《電報新編》，不能翻出也。夜中多蚤，竟夜不眠。

六月一日（星期六） 四時即興，十一時乘比羅夫丸渡海，三時至青森。六時乘汽車行，車中頗熱，夜卧不安。途次遇三井洋行理事山本氏，言日本鹽業歸政府專賣以後，於今五年，歲得税八千餘萬圓。

初二日（星期） 車中熱甚。午後二時許抵上野。返寓，田伏翁言都中近事，並云部電仍囑向文部省覓技師。又言經科許舉貢生充學生事已出奏。又言國報有詆我語，聞所詆爲「好古多藏」，可發一笑！晚餐後，映卿來，交到子敬（二通）、靜安、阿莨、季纓信，又得作民兩書。

初三日（星期一） 作致子敬、阿莨、作民、振炎弟信。十一時黄君滌青來，同至牛込區市个谷加賀町二丁目十八番地松井校長處，午刻回寓午餐。黄君潤書（藝錫，住中澀谷六八九江夏方）、袁君希濂、蔣君道南（均住牛込區矢來町廿六番地松隱廬）來談。接部電，言技師事照前函辦理，並允滙旅費。午後遊公園。晚餐後與伏侯、緯君至琳瑯閣，購《楊升庵集》，並至上野博品館，歸已十一時矣。

初四日（星期二） 八時半與緯君同訪駒場大學，晤書記官武部君（直松），贈《帝國大學一覽》一册。叩以該校每年經費，言計十五萬圓，臨時費則每年文部省發出六科大學公共費三十萬圓，各校多寡不等，不能劃一。由武部君導觀農學、林學二教室及林産物試驗所，養蠶時見方爲種種之試驗，並以塗絲色顔料之葉飼蠶，蓋新發明之法也。桑葉塗以何色即吐何色之絲。叩以其顔料用何種，對以即顯微鏡所用者，此以前所未聞也。諸室參觀後又觀温室及作物園。午間至青山午餐，乃返寓。前次在農化教室見德人某方充教習，今詢之，則已歸矣。詢以月俸，武部君對以每月五百五十圓。

午後訪横井仲定於神田區三河町一丁目四番地伊藤指物店。購寛永錢百餘枚。歸途觀芝區商品館，購數物以歸。今日涼風如秋，連日溽暑爲滌。吴下學生汪果來（中澀谷區七百十番大學右側）。

初五日（星期三） 晨至駒場參觀農藝化學及獸醫兩講堂並圖書閲覽室，該校以歷年學術研究報告見贈，前向松井校長面請也。獸醫教室庭中有德國名譽教師養松銅像，蓋在日本教授二十年，勳三等，今食退位俸，可見日人之待外國教師之有恩禮也。

午後一時返寓午餐。王銘遠（邁常）、丁仲祜（福保）、楊葉侯（壽桐）、薛劍峰（老鍔）、沙頌宣（曾詒）來，皆曩日東文學堂學生也。發致劉總監督書。伏侯交到學部滙款四百圓。得藤田學士及陶俊人信，俊人言試驗塲每三千坪須傭農夫二人，但常傭日傭不能預定，大約常傭日傭相半。今日在農化教室晤教授澤村君（真），乃前次在東時所識也。

初六日（星期四） 晨與黄滌青赴文部省拜岡田次官，未得晤。至農科大學晤松井君，託其介紹農藝化學教習。午間在西洋料理館飯。午後河井君（仙郎，寓麴町富士見町一，廿七）、《朝日新聞》記者樋口君（勇夫，寓康橋區瀧山町《朝日新聞社》）約初八日與彼邦吉金文字會員見於上野公園鶯亭。晚間胡公使招飲。

初七日（星期五） 晨起作致喬茂老、伯斧、劍峰書。午間至文部省晤岡田次官。午後訪田中君，坐上見平子君（尚），出其所著《補斠上宮德皇帝説證注》囑署題。平子君質《且渠安周造像》爲何年，當爲太平真君七年。且云獨人佛蘭基有《安周碑考證》一卷，係柏林亞細亞學校出版，卷内附寫真版製碑文甚明晰，其釋文則多談《兜率經》誤作《真率經》。予叩以日本所藏《玉篇》等卷子本凡幾卷。平子君言：一、西京福井氏藏數十行，二、奈良橋本氏藏卷八之前半，三、丹波某寺藏魚部十數行，四、田中光顯伯藏一卷，通國所藏，如是而已。又言彼邦所藏古本有《淮南鴻烈解》（《兵略間詁》一篇）、唐寫本《兩京新記》古鈔零本（金澤文庫），《漢書·揚雄傳》一卷（唐寫本）、陸氏《經典釋文》、唐寫本《禮記》數十紙，《文館詞林》約二十卷。又言其國所藏《因果經》殘卷，計醍醐報恩院一卷，上品蓮臺寺一卷，美術學校一卷，又數卷散在各家，以久邇宮所藏爲最長。又言西京知恩院藏古寫經最夥，乃明治初年增上寺僧徹定所購，徹定好藏古寫經，顏所居曰「古經堂」，著《古經題跋》一卷，考古者以爲標準云云。並出日本金文拓本一紙爲贈。

初八日（星期六）　晨赴淺草廣小路町北東仲町淺倉書店購書數種。午餐後，田中君來約至上野鶯亭晚飲，彼國吉金文字會員所邀也。因與田中、緯君、伏侯同至上野表慶館，藏物僅漆器、書畫、佛像三類，佛像中有至精者。漆器中多中國漆器。有東大寺招提寺經笥二，花紋古拙，洵千餘年物也。書畫中有宋僧某書及元中峰大師書真迹，甚佳。又至博物館觀藏書部，有宋本《廣韻》，乃澤存堂所據之原本也。復至圖書館一觀，因館長不在，未得縱觀。出館後至鶯亭，則會員已先在。日下部君年已七十有二，强健如昔。高田君（忠周）出所著《説文段注疏證》稿本見示，甫成三篇，已二百册，其著書之勇，我國無其比，可愧也。酒半，後藤學士舉酒演説，予囑田中君傳譯以答，賓主盡歡，比席散，歸已十一時又半矣。作家書及致作民書。

初九日（星期）　晨起，服部博士、余君達夫、許叔璣、沙誦宣、馬裕藻來談。午後，同伏侯訪日下部君，筆談一時許，東作翁出宋仲温書册見示，至佳。晚赴李欽使之召，赴其旅舍晚飲，席中談日本政治具有首尾，歸已十一時矣。

初十日（星期一） 河井君來約午後至三井聽泉家看《文館詞林》，並同至表神町村口書店看書。村口書店有高麗本《東國通鑑》至佳，索百五十圓，力不能得，爲之太息。午間赴叔璣、仲祜諸君之約，至牛込區早稻田鶴卷町太和館午飲。午後返寓，同伏侯、緯君赴三井家（源右衛門）看《文館詞林》第一百五十八卷目（詩），五百〇七卷，六百六十二、六百六十四、六百六十八卷（詔），末題「弘仁十四年」，爲冷然院書。精絶。又觀所藏古寫經，有唐永徽六年中大夫内侍護軍佛弟子觀自在寫經及古寫經《阿毗達摩大毗婆沙論》卷第一百四十四，寫經紙背有「大唐蘇内侍寫真定本」九字，朱記正書。又古寫經木籤，並出一籤及寫經一卷以贈。又出德人《大且渠安周碑考釋》見示，末□平□年字甚清晰。七時半赴吴子期參贊之召晚飲。歸寓補記近三日日記。

十一日（星期二） 晨《國民新聞》記者野上豐一郎君來訪，筆談久許。《國民新聞》社長德富蘇峰（猪一郎），彼國文豪也。野上君曾留學英國。

作致陶俊人信及田岡學士書，田岡君爲十年前舊交，今卧病不能來談，故以書問至，意殊拳拳可感也。

午後至神田區佐久間町一丁目一番地金屬版印刷合資會社，晤其社長七條愷君，觀其刷印樣本，精絶。七條君囑予作字，頃刻已印成，並留餐，贈《印譜》一册。便道過村口書肆，見有蓮温詩，上鈐「井井居士」印，詢之店主，知竹添君老年售其書於松方伯，得價六千圓，其尤精之本，則尚未售也。

十二日（星期三）　晨儀聲、頌宣、范□□來。十時與滌青赴日文部省晤岡田次官。歸發電本部。晚間與伏侯詣文求堂，見西京某氏所藏《日本書紀》一卷，唐代物也。書甚精。又見平子君所藏獨人某所著《新疆古物記》，中載新疆古刻佛像人物，乃一千九百零二年至三年與《且渠安周碑》同出者，又前見德人印本《安周碑》，始悟末行所署年號乃泰平三年，即太平真君也，此大快事。田中君言傅氏所刻《陶集》殘篇乃中村某所造，其字樣則集之於宋本藏經。

十三日（星期四）　日下部君來，贈鶴毛筆二枚，鶴豪詩碑拓本一紙，談久許。（鶴豪詩碑上刻二詩：一、「瀟灑風神塵不侵，披霜唳月乃臯禽。修翎一片裁爲筆，寫出閑雲萬里心。」二、「宣城毛穎昔曾聞，翰墨霜翎新策勛。喚起坡公揮健腕，應言野鶴出雞羣。」鳴鶴）

作致斧公、子敬、次女、蓑兒書，兼寄相片。午後公使及陳伯平、七條栗村、河井仙郎來。晚間島田翰、小林新六來談。

十四日（星期五）　晨田中君來談。午後訪河井君，出示黃椒升《續古印式》二卷，甚精。又出田中内相所藏《禮記義疏》卷子本殘字見贈。同至神田區佐柄木町齋藤醫院補齒，又至好古堂看書。晚島田翰（住荏原郡下大崎三百六番地）來，言願介紹至宫内省看書。

十五日（星期六） 晨林君泰輔、許叔璣、薛劍峰來。十時與黄滌青同至文部省晤岡田次官，兼至日本橋區菊池博士病院治喉。午後詣齋藤處治齒。晚書扇。

十六日（星期） 晨至菊池醫院及齋藤齒科醫院。午後校《且渠安周碑》，知德人所釋誤字甚多，且録於此： 文第一行，「原始興於六度，考終著乎慈悲」，「原」誤「廉」，「考」誤「孝」。第二行，「帝夷之韻」，「帝」誤「齊」。第三行，「軺日月於方寸」，「軺」誤「軸」。第四行，「遏梟正遍以洞照」，「遏」誤「通」。第五行，「懼化功之不建」，「懼」誤「擢」。第六行，「□□左右」，誤「□□在若」；「大士運四攝以護持」，「攝」誤「撮」。第六行，「斷起滅以離盡」，「斷」誤「逝」。第七行，「慢者所以自惕」，「慢」誤「悔」； 「雖統天理物」，「雖」誤「惟」。第九行，「雖抗轡於天衢」； 「雖」誤「惟」；「終頓駕於無擇」，「頓」誤「傾」。第十一行，「思不臯類」，「臯」誤「集」。第十四行，「扣之者尠」，「扣」誤「擬」。第十五行，「我見不斷」，「斷」誤「逝」。第十六行，「自匿而臻」，「臻」誤「鋒」； 「補處之覺」，「處」誤「虚」； 「雖曰法王」，「雖」誤「惟」。第十七行，「道與世與」，「與」誤「興」； 「藹藹龍華」，「龍」誤「職」； 「寢斤俟聘」，「斤俟」誤「介俟」。第十八行，「空天攸讚」，「攸」誤「終」。第十九行，「稽式兜率」，「率」誤「真」； 「須達□□」，「須」誤「順」。第二十行，「應供虚衿」，「衿」誤「矜」。末行，「御史索寧」，「寧」誤「字」。 此碑連題及款共二十行，行四十七字，共誤三十字。德人所撰考證乃一千九百零七年出版。晚映卿來談。

十七日（星期一）　晨與伏侯詣宮内省圖書寮看書，島田君介紹也。館員福井緐（字學圃，住四谷坂九番地）出接待，出示古卷子本四種，宋本十一種，宋拓碑三種（一、東坡書宸奎閣碑，二、宋高宗書佛頂光明塔碑，三、范石湖詩碑），皆日人淺野氏舊藏（淺野梅堂名光祚，漱芳閣乃其藏書處，五六十年前日本藏書家也），尚有宋拓《書譜》，今歸德富蘇峰。觀其書目，古本甚多，惜匆匆不及觀。福井君出示《蘇沈良方》，乃明本，然乃中國久佚之書。十一時答服部博士拜，服部言其國人欲開《論語》會，聚《論語》各古本，以供衆覽。

午後作致本部丞參書、劉總監督書及岡田次官書。下午詣齋藤醫院醫齒。薄暮島田君來談，言田中光顯伯家藏書至富，卷子本最多，《玉篇》一卷、《禮記世本古義》亦其所藏，今捐至早稻田大學，又言其國有卷子本《世説新書》四卷，今分藏三處，一卷藏田中伯家，一卷藏西京山田氏（永年），二卷藏神田氏（香岩），又言彼藏書家有岩崎文庫、南葵文庫（麻布區）、德川子爵（名賴倫）、金澤文庫、足利文庫。又言老儒某藏《史記集解》單行本七十卷，乃宋本也。晚李君命三（滋然）來談。

十八日（星期二）　晨爲胡星使作書跋。作家書及作民書。薄暮同伏侯訪河井君。至文光堂、磯部屋書肆看書。

十九日（星期三）　晨中島、島田、田中三君來談。青柳君（篤恒）來。余達夫來，爲作詩序。午後爲高田等作書。河井君來談並贈拓本二種，殷拳可感，因與之同訪德富蘇峰（猪一郎），蘇峰贈書二種、扇一。復同訪藏泉家龜田氏，不遇。途中遇雨，衣履皆濕。燈下爲仲桓書扇。得家書及淮寓信。蘇峰藏魏神麢磚，三井家藏苻秦白雀瓦葩。

二十日（星期四） 晨五時即興，檢行李。作致劍公信。島田君來，出郎曄注《東坡經進文》六十卷宋本，及宋慶元本《史記》見示，並精絶，言宫内省四碑已與高允照。九時詣早稻田大學校，晤青柳及市島君，並出本校《紀事》等書見贈。縱觀校中圖書館，有田中宫相所捐《喪服小記疏義》卷子，精絶。又見佛經及元至元間高麗三書。午刻返寓。申刻赴新橋車站，伏侯、映卿、滌青、田中、島田、河井諸君相送至升車，德富蘇峰遣其友代送，六時三十分開行。

二十一日（星期五） 晨七時十分至西京。作民已在車站相迓，同至其寓晨餐，乃往拜狩野君，同至博物館，見《因果經》精絶，陶亻乍兒書經不及也。又見本願寺僧大谷伯爵從新疆攜歸之壁畫佛像，有「大唐」字。出院已午後一時。作民邀飲於東洋亭。餐畢至若林書肆看書，中島貨泉購古錢數枚。五時，霞飛來見。六時乘火車至神户。九時抵田中旅館。夜地震。

二十二日（星期六） 以行李不至，初擬乘弘濟丸行，不果。午間行李來已不及上船，乃改乘阿波丸行。午後三時上船，作致葉映卿書。九時開行。

二十三日（星期） 晨興風浪平靜。作致公使、李星使、作民、俊人、命三、子期、滌青、田中、河井、平子、島田、福井諸君信。午後三時抵門司，計行十八點鐘。

二十四日(星期一)　讀《唐絶句選》及《寒山集》。午間十二時開行，風浪平靜如昨。十時就寢。

二十五日(星期二)　五時即興。舟行略有簸動，然此丸載重六千餘噸，故尚不甚覺，若在弘濟丸，則恐難免船醉矣。今日甚熱，滬上想更不堪矣。夜不成睡。

二十六日(星期三)　四點鐘起觀日出，爲雲脚所遮，不能縱觀。作謝德富蘇峰信。八時抵吴淞，啓行李入泰安棧。飯畢至廣□，知子敬弟及章君庸夫在此，亟往二馬路永利棧與相見，知王氏妹喪，腸痛如割。晚與庸夫、子敬、緯君、彭君心如(純恕)、許君演同飲於九華樓。飲罷移寓永利棧。晚訪秋枚，得元本《爾雅注疏》。

二十七日(星期四)　至泰安與緯君料理行李，託其攜至燕中。午間少甫來，招飲。午後訪穰卿。與庸夫等同至張園。薄暮訪麗芝閣，看其金石書。晚子敬約予同飲於九華樓。作家書交緯君攜都。奇熱，頭爲涔涔作痛。

二十八日(星期五)　微雨。壽丈來送行。秋枚、雪廬來。十一時赴車站，壽丈、庸夫相送，敬弟與予同行。晚間八點鐘到寧，寓大觀樓。晤李氏妹。邀鳳弟來談，至夜分。

二十九日(星期六)　晨至裕成公司。同鳳弟入城遊書肆，在□新園午餐。午後至狀元境購書數種，内有《萬柘坡遺著》抄本數種，甚佳。

三十日（星期） 午前九時三刻乘小輪往太平看程氏女。午後五時抵太平，入署晤從周姻丈，九年不見，矍鑠如昔，今年已七十有六矣。次女孕已五月，相見甚歡。

七月初一日（星期一） 發家書。午後從周丈設筵以待。與次女談。

初二日（星期二） 詣從周丈辭行。巳正遣船送至金柱關。午刻登小輪。午後四時抵金陵，仍寓大觀樓。舟中見黄者滿，昔日巨匪也，今爲守備，已罷職，年七十一，尚有精悍之色。

初三日（星期三） 作致楊子琴太守書，爲子衡事也。午後看程斌如。晚與鳳洲作夜談。

初四日（星期四） 返滬。十二點登火車，晚抵滬，寓永利棧。在車中惡寒，到寓發熱，服藥而卧。

初五日（星期五） 卧病一日。王雷夏、王壽蘐姻丈來談。

初六日（星期六） 熱漸退。作家書及鳳洲信。日晡又漸熱。

初七日（星期） 整理行裝，熱漸退。

初八日（星期一） 晨入市購物。作致庸夫、子敬信。晚穰卿來談，壽丈來送行。晚餐後，與彭君入市購物。十一時登新濟船。

初九日（星期二） 晨七時開行，過佘山時，舟微振動。

初十日（星期三） 晚十時許舟過煙臺，未入港，風漸平。

十一日（星期四）　天氣漸爽，風浪平靜。附致劉總監督書：

幼雲先生大人鑒：　二十一日寄奉一函，想達尊鑒。到東京後，連日淫霖，兼之各大學畢業，農科校長約定陽曆七月十五以後乃能參觀。以時日可惜，遂冒雨赴札幌，在途中往返六日，札幌亦雨。在札幌調查數日，所有條目之大者，略陳如下。又聘技師等事，亦縷陳一一。肅此敬申，虔請道安。振玉謹呈。

一、札幌大學至今均用美國教育法制。然自改大學後，精進無已。其科目，今已改與駒場一律，惟獸醫改爲畜産，因獸醫爲畜産一部分，偏而不全也。此札幌勝於駒場處。

一、札幌基本金至富，有農場八，約地積十七億五百七十七萬八千二百三十七坪，價格三十四萬九千四百三十七圓。每年收入農場利益十萬圓，每年經常費共二十萬圓。臨時費則多寡不等，今年則爲二萬圓。其每年所贏餘則積爲公債，現其總額達五萬一千五百七十餘圓，其所收之利，以充推廣之用。

一、建築費初爲三十萬圓，每年增築計六十萬圓。

一、該校農場尚有未墾闢者，該校長言，再三十年農場盡闢，便不須文部省之歲費，此校遂獨立矣。

一、該校演習林凡三所，規模完善且宏大。三所相距頗遠，蓋演習林以寒、温、熱三帶均備爲最善。此校偏北，但有寒、温兩帶耳。然較駒場弘大多矣。

一、該校功課至密，半日實習，半日講演，此亦與駒場不同，駒場重學理，學生實習鐘點不及四分之一。惟實科則第一年講授多於實習，第二年講授實習相等，第三年實習多於講授，此亦兩校不同之處。

一、該校有預科三年，預科畢業乃入本科，蓋亦因各處高等名實不盡相副，學力不能齊等之故。在彼國教育有年，尚不能不於本科之前設預科。我國今日欲廢預科而盡以各省不劃一之高等畢業生入學，其不能直接受學，可預卜矣。

一、該校附設選科與實科，一以養成大學教師之助手，一以養成實用之才，其意因但設本科，經費、教員與增（按：此句内似有脱字），附此兩科，其所費增損有限也。然則我國於本科之外，宜設實科，一以圖經濟之利便，一以寬入學之資格，圖入學之增加，似不可不早計及也。

一、此次在西京晤前文相菊池總長，渠問我國學生定額之多寡，玉對以因合格學生尚寡，故人數不多。菊池君言：大學初立，不可嚴持年格。日本初立大學，實無一合格之學生，學科既不完備，卒業成績遠遜於今日，然當世大人物，多半出於此時，蓋大學修業期僅三四年，教師但示以專門學之門徑，而真正修學則在卒業以後，蓋學生卒業令充教授，則凡有新理新説，皆須參考，教授期内皆修學之時，而又加以社會閲歷，故成就自然遠大。今貴國於學生畢業後，其任用之法多不就其所學而漫授以職務，雖卒業時有至高之成績，亦曰牿亡而已矣。故嚴入學之年格，不如定卒業後之任用。此論至精至確。菊池於教育行政閱歷有年，方能作是語，不知我國能採用否耳。

一、札幌大學長佐藤氏任用以來，於今二十餘年。其教授如南（鷹次郎）、宫部（金吾）諸博士在校亦垂二十年。任期既久，故校長與教授咸視校事如家事。此不僅該校爲然，他學校皆如是也。

一、得部電，知聘技師事可照前函辦理。兹先擬問文部建築科，與約會晤，尚未有定期。西京某博士須與面商。兹因駒塲大學從今日着手調查，俟與文部接洽後，若不能就緒，即親赴西京與該博士見面並面商一切。文科經科建築似不須技師設計，因兩科無特殊之建築，惟心理教室，西京最佳，可仿照。除此一教室外，均無特殊式樣也。

一、教習一事，語文科須與經文兩科或一科共聘一人教心理、論理、社會、教育等學。現爲省減計，聘農藝化學士一人（已託松井學長），理學士一人，矢部已詢之八田博士（矢部乃其弟子），據云學問尚優，擬即遵聘，但月薪恐不能減少，俟復再詳陳。

一、連日調查至忙，目力不足，但陳大略，並祈將各節代達部中爲叩，不及另作函也。

右雪堂公《扶桑再遊記》一卷。公首次東遊調查學務，在光緒二十七年辛丑十一月，翌年正月返國，計淹留兩月零八天，著《扶桑兩月記》，有教育世界社石印本。第二次東遊調查農學，在宣統元年己酉五月初，六月下旬返國，不及兩月，時日更促。著《扶桑再遊記》一卷，乃手稿，歷劫僅存。一九七六年編寫《永豐鄉人行年録》時，據以入録。會湖南人民出版社鍾叔河同志編《走向世界叢書》中列《再遊記》，以此《扶桑再遊記》與《兩月記》爲姊妹篇，一已刊，一未刊，逐手繕清本寄叔河，請與合刊。因原稿字甚潦草，難辨識也。今既數年，書終未出。玆編《學術論著集》，因收入第十一集中。

此行時日短，日記視前更簡，所調查計札幌農科大學、北海道牧場、真駒種畜場、東京駒場大學凡四處，北海道牧場以主者不在未果觀，然已得其大凡矣。惟記中記述過略，與致劉總監督書合觀，可相補充。公每至一地，必遊書肆訪書，在東京，由島田翰介至宮内省圖書寮觀書，多見秘本，其私家所藏，亦頗得觀摩，已記其事於《行年録》，此不贅。

一九八七年歲次丁卯四月校録訖並識　繼祖

五十日夢痕録

予自辛亥冬攜家浮海，瞬逾三歲。朝市既非，松楸日遠，故國之思，時形歸夢。去年春返國，擬展視先人壟舍，比至滬上，以漕渠水淺道阻而止，乃以今春復歸祭掃。又以平生誦習孔子，今髮垂白矣，尚未得一瞻闕里；頻年考究殷墟遺文，而足迹亦未嘗至洹曲。乃於展墓後，至曲阜展謁至聖林廟，復涉洹濟洛，弔殷墟，登龍門，仍遵海而反東山寓廬。此行殊匆促，往返僅僅五十餘日間。比長夏忽已過半，蓋返海外寓廬者又兩月矣。追思此行，山川親故曾歷歷在目中，而倏焉已失，固不異往昔之歸夢也。因述此五十餘日中之聞見，爲《夢痕録》。歲在乙卯，六月十有八日，仇亭老民記。

春二月二十四日　攜兒子福成歸國祭掃先壟。是日下午，乘汽車赴神户，寓西村旅館。

二十五日　辰刻登春日丸，巳刻開行，舟中校補《殷墟書契考釋·卜辭篇》。

二十六日　巳初舟入門司港。午後出港，驟熱且雨。風急，舟甚顛簸，幸眠食尚如常。

二十七日　風雨益甚，舟益不穩。早餐後，乃偃卧。酉刻霧作，起坐二時許，復卧。

二十八日　晴霽。午初入吴淞口，比登岸，已未正矣。主白爾路婦弟范緯君家。

二十九日　晨起訪沈子培方伯曾植，距去年相見時已匝歲矣。予以歲首得方伯手書，言近多食嗜卧，記憶盡失，欲將平生文字作一結束。予深爲憂之，既相見，則健談如昔，爲之差慰。予前請將詩稿先付手民，答書謂當録本見寄，但三年羈旅和韻居多，龐參軍、殷晉安觸目皆是，未免有慚晞髪耳。至是復申前請，且告以此自有泉明先例在。方伯乃笑而許之。方伯學行巍然爲海内大師，長於予十餘年，與予訂交在光緒戊戌，屈指十有八年矣。宣統庚戌，以時事日非，掛冠誓墓。辛亥以來，僑居滬上，冰霜之節，歲寒彌厲。讀書以外，惟與竺典相伴。予避居海外，蹤迹不得合併，今再見無恙，忻慨交集，不覺長談抵暮。予與王靜安徵君國維，交亦十有八年，君博學强識，並世所稀，品行峻潔，如芳蘭貞石，令人久敬不衰。前返里過滬，初與方伯相見，方伯爲予言：君與靜安海外共朝夕賞析之樂，可忘濁亂。指案上靜安所撰《簡牘檢署考》曰：「即此戔戔小册，亦豈今世學者所能爲！」固評騭靜安新著，謂「如《釋幣》及考地理諸作，並可信今傳後，毫無遺憾」。推挹甚至。老輩虚衷樂善，至可欽也。予問方伯，「滬上爲四方人士所輻湊，所識潛學未彰之士幾何？」方伯對以「有吴人孫君名德謙者，爾雅能文章」。予曾於楊子勤太守《雪橋詩話》中讀孫君序，雅馴有法度，灑然異之。今方伯亦云然，與予意正同。惜行程匆迫，不獲與孫君一見也。

三月朔　上午培老來談，並約至古渝軒午餐。座客爲李梅庵方伯瑞清，午餐後，同至李君博生翊煌寓舍，觀所藏宋拓《淳化閣帖》殘本三册，後有宋人王淮跋，並有「中書省」、「門下省」、「尚書省」三官印。又觀王弇州藏本宋拓《大觀帖》三册，均極精。又見所藏文湖州山水卷，後有山谷老人跋，畫法從巨然出，極佳。李君爲春湖先生後人，初以京曹改外秩，國變後，寓滬上，以醫術自給，可謂不愧門第者矣。是日又聞王聘三方伯乃徵、胡樞堂侍御思敬近並在滬上，隱於黄冠，皆予舊識也。予曩歲視學西江，王方伯方守南康，署齋寥寂如僧舍，約予遊匡阜，以雨不果。方伯爲言官時有直聲，樞堂侍御往在諫垣，亦以悻直不容於僉壬。乞養歸，予曾作詩送其行。今均遁迹江湖，恨不得與之握手一話滄桑也。是日遣兒子至蘇，接程氏女及外孫家苐至滬。程氏女早孀，所遇至苦。燈下相對，慘然不歡。

初二日 夜子初乘火車赴京口，車中不得眠。

初三日 晨抵京口，易小輪船赴淮安。輪船左右，小舟麕集，皆山左避青島兵禍及被水災窮民也。皆攜家聚一小舟中，人與以銅幣一，頃刻至千餘，有已與而更强索者，理喻之輒忿罵不已，舟行乃免。京口爲赴淮安所必經，往年在滬，一歲或四五歸，未嘗見此，今民生日益凋弊，民德亦日益喪，釋氏所謂地獄、餓鬼、畜生諸景象，一時乃畢現於吾目中，可哀也！是夜雨甚，停輪數時，昧爽乃復前進。

初四日 夜子正，舟抵淮安西門外，關門下鍵已久，乃呼門入。抵城南老屋，則已丑初矣。

初五日 晨興，則姊夫何益三孝廉福謙，妹夫范湘谷文學雲諸君已在廳事。去歲益三東遊，主予家逾月，今將一歲，湘谷則八年不相見，鬚髮斑矣，年已四十有九，屢喪偶，膝下僅一女，惸惸可念，無以慰之。湘谷爲予外王父詠春先生以煦之孫，詠春先生藏書多善本，甲於一郡。所著《淮壖小記》、《淮流一勺》、《楚州石柱題名考》皆言淮故，均至精密，其他遺著多未就。予生晚不及見，兒時曾見手稿數十册，每册或手書十餘葉，多者二三十葉，皆隨筆疏記者。中一册記崔立事，蠅頭細書至五六葉，其博覽可知。先生受知於祁文端公，嘗見文端與先生手札至多，以先生擬何願船、張石州，今何、張名滿天下，而先生名不出於鄉里，士之遇不遇，相懸有如是哉！當塗馬鶴船壽齡曾爲先生撰墓銘，其稿本先太淑人藏之篋衍者四十年，欲待湘谷長而付之，今尚在予家，因告湘谷，可刻之《淮壖小記》之端。然馬氏所撰墓誌，於先生學術實未能闡發，異日當别作一傳，以章潛德。早謁姑母何宜人及李氏妹。何氏姑今年七十七矣。去歲卧病數月，不能興，因就卧榻見之。姑勤儉有淑德，姑丈竺卿廣文其厚中壽棄世，姑中年得二子，長子子樞文學福辰尤賢且才，乃先後喪。今撫兩孤孫，遭際至酷，歷更百苦，故每見輒汍瀾。今值國變且卧病，念予甚切，相持悲慟不已，予無以相慰，爲之腸痛。其長孫楚侯已授室，彬彬有故家子弟風，此則差可慰者也。李氏妹亦數年不見，有孫男女各一矣，境遇至艱，辛苦支持垂二十年。予同母女兄弟六人，今僅存此妹，所遇又如此，愧無以助之。又見汪氏妹遺男二人，曩别尚幼，今均長大矣。

初六日　雨。至南郊外五里松掃先伯兄及予首妻范淑人墓。墳盤頽塌卸，墓柏亦遭攀折，枝柯不茂。聞是革命時取以紮緑門，故近郭冢樹多被摧折，而予家尤甚。嗚呼！辛亥之變，不止傾危朝社、毒流蒼生，且禍及墟墓矣，豈不痛哉！因戒守墓者重修墳盤，約期往復看。歸途過龍光閣東北，展視幼妹墓。妹幼端孝如成人，以光緒乙未冬卒，年甫十六。先太淑人時患沉疴，妹侍疾三閲月，昕夕不懈，以勞瘁染疫。太淑人幸無恙，而妹竟夭折，今且二十年矣。傷哉！午後謁叔母方宜人。年已七十，視聽不衰。見從姊妹則轉斑白有老態，有不能相識者，則予之鬚髯斑白，固其宜矣。

初七日　掃先王父通議公、王母方太淑人暨先考通議公、先妣范太淑人墓。墓地在西黄莊，距城七十里。黎明乘輿往，抵夜乃入城。壟樹完好，未得省視者八年矣。今海外歸來，世事已非，展拜之餘，曷勝嗚咽。歸途過田家灣，展何氏姊墓。

初八日　雨。弔范弁英先生喪。先生爲先太淑人叔父，今年政八十，無疾而逝。予三十以前，所遇至窮，備承慈庇卵翼之德，没齒不能忘。今歸來則德音已渺，展拜之餘，感痛交集。午後詣朋舊答謁，三十年前舊交，大半不存。其存者，僅仁和姚又巢丈琛及其嗣君鏡芙茂才兆、章邱章君庸夫傑炤等三數人耳。剪燭話舊，有如隔世。

初九日　前歲爲先太淑人十週忌年，今歲爲先大夫十週忌年，去歲爲范淑人五十冥壽。爰延僧於三界寺補誦經一日。是日衣冠肅客至夜分。宋以來儒者每以不延僧誦經爲有家法。甚至謂誦經所以懺悔，是認其先人爲有罪也。此説予不謂然。古者遇祭日致齋致思，今之誦經，亦致齋致思，追遠不忘之意也。且鬼神有無之説，在今日雖尚爲疑問，而聖人則言之已明。一則曰：「祭如在，祭神如神在。」再則曰：「視之而弗見，聽之而弗聞，體物而不可遺。」夫曰「如在」，曰「弗見」、「弗聞」，其非確謂有鬼神可知，而又曰「體物而不可遺」者，「物」者，事也。謂徵之人事而不可忽忘也。蓋鬼神之有無，於人子之心斷之，使人子而有追遠之念者，則無鬼神之説，非所忍言也。禮家言：夏人用鬼器，商人用人器，周人兼用之，所以使民疑也。「疑」也者，「如在」之旨也。今之誦經，必致祭奠，所以用人道也。誦經則鬼道也。與周人兼用之意、聖人追遠之旨未嘗悖也。故予不以禁延僧誦經爲家法。二十年來，吾國人非薄宗教太甚。此亦非人類之福，古聖人所以宰制天下者，道德與刑法二者。以道德立其本，以刑法齊其末，俾相輔而相成。然頑梗不化之徒，出於道德即入於刑法。夫簞食豆羹，「得之則生，弗得則死」，於斯時也，父不能保其子，君不得有其民，必欲使蚩蚩之氓，顧義而懷刑，勢有所甚難矣。予嘗謂人生最悲痛之境，莫過於希望斷絶，爲希望斷絶之人而造出希望，使有所顧忌、有所忻慕者，則舍宗教家之天堂、地獄、輪迴果報之説末由也。故宗教者，實可濟道德、刑法之窮而收互助之益。於中人以下，化導之力爲尤宏。彼世之非薄宗教而必欲摧陷之者，果能知宗教之微旨與其功用否耶？

初十日　晨出東門，至黄土橋，展汪氏妹墓。返城後詣戚友致謝。

十一日　約范湘谷妹丈，出南門，渡漕河，至常莊展范氏舅及范氏妹墓。午後赴河下，答拜王研孫太史鴻翔。前日來拜，予外出未得見也。太史與予有姻好，國變以後，忍饑閉户，擬賣字作畫以贍其生，予爲訂潤格，並作小啟云「研孫太史以木天之俊望，際桑海之餘生，管牀既穿，陶粟屢空。爰乞靈於管城，代采薇於孤竹」云云。太史爲道三年中近事，相對惟有嗟歎。談至薄暮入城，紆道至五里松復看墳盤。

十二日 啟行返滬，親友多留行者。予八年未歸，鄉思至切，此次與姻舊滄桑再見，相聚歡甚。日以酒食相勞，除初九日蔬食齋戒以外，殆無日無飲食之事，情殊可感。但以骨肉凋謝，與夫民生之憔悴，聞見之日非，則又去之惟恐不速，乃婉謝焉。午詣船步，戚友均來送，情緒黯然。至申初小輪船乃發。夜間發熱、咳嗽，喑不能語。

予鄰舊多老壽，有至八九十者。惟貧窶日甚，鶉衣百結，日或不得一飽，至可閔念，因留三萬錢，託李氏妹分給之。

十三日 午間抵京口。乘汽車，暮抵滬。

十四日 翁印若太守綬祺來。印若爲吴愙齋中丞門生。曩予在滬，印若方設寄觀閣古玩鋪於泥城橋，故爲十餘年前舊識。叩以愙齋遺著未成者，云有一種在王勝之同愈許，不能舉其名。問所藏存否，對以遺物尚十餘箱，其嗣孫某尚能世守云。

夕靜安偕樊君抗父炳清來。靜安與予有同遊魯、衛之約，先予返鄉祭掃，約在滬相會。今到此已數日，主抗父寓中。談至夜分乃散。

是日得陳松山給諫田消息於抗父，抗父言：國變後，給諫不能歸其貴陽故里，有弟商於常德，乃往依焉。鬻所藏書，始得成行。給諫博雅如乾嘉朝士，在諫院抗直不阿附，爲權貴所側目，庚辛間，累疏劾慶親王奕劻誤國之罪，誓必得請乃已。而國步潛移，所志未遂。又曩歲議京曹官津貼，時北洋大臣某，欲以某官款爲言官津貼，實欲賄買以杜口，給諫抗議，力持不可而止。其大節凜凜有古人風。予交給諫最晚，每見談必移晷，語及時局，義形於色。貧無以自給，亂後售其所藏明人集數百種，乃其作《明詩記事》時辛苦捜集，都中無購者，乃歸日本文求堂書肆，予亟斥他物購得之。倘給諫聞之，當以得歸故人爲喜矣。給諫介弟衡山大令曾刻影宋小字本《文中子》，其雕板舊在都中，予曾從給諫借印，給諫許之，乃以亂作未果，不知今尚在行篋否。

十五日　避風未出門。靜安來談，云病目已數日，請其加意調攝，俾不至遊轍中阻。燈下校補《殷墟書契·卜辭篇》竟。

十六日　命兒子先返東寓，乘春日丸行。

滬上近年盜賊橫行，白晝殺人劫奪，日有所聞。前月靜安命僕赴市以鈔易錢，爲人力車夫所劫，於時則上午，於地則通衢也。抗父赴越中返滬，晨顧人力車，亦遭探囊奪金。予往居滬上且十年，未嘗有此。聞革命之際，某紳主滬南製造局，凡有肘繫白布者，皆得到局領銃，於是浦東匪徒人人有利器。又某國小商於商埠密售短銃，於是租界宵小亦人人有殺人之具。滬上僑民乃不得安枕矣。

十七日　外感漸退。往看靜安，則目疾又加劇，已至西醫處診視。予乃擬隻身爲訪古之遊，屬靜安加意將息。俟予由豫返滬，再連襟東渡。西醫言病勢甚猛，予不能放懷，爰緩行期數日以待之。午間梅庵來，談一時許，爲予言辛亥之亂南京王統領有宏死難事。云革命軍初攻圍督署時，高揭革命旗，聲勢洶洶，王君時領衛隊，聞變，徒手出，奪亂黨銃，先仆革命旗，又連發，斃數人，圍立解。後以所部兵士至少，卒以戰死。梅庵謂王君人頗粗率，而忠勇敢戰，口操北方語，惜不得其鄉貫。予屬梅庵訪詢，擬爲一文以表彰之。又聞關中變作時，渭南令楊公調元殉國，鄉紳有武進士韓君有書者，練鄉兵與革軍戰，戮黨首張士原而葬楊公。後革軍麕至，韓力戰死之。又吾浙革軍既焚官寺、囚撫臣，有撫軍衛隊管帶趙君幹階，直隸人，與其猶子衛兵趙錦標忿甚，各懷利刃，謀剸黨魁某，未發謀泄，慷慨就死。嗚呼！時至辛亥，人倫之道盡矣。幸尚有挽兩石弓者，略存綱常於一綫，若王、若韓、若趙諸君子者，予將鑄金瓣香以事之。

午後訪子培方伯，以返嘉禾祭掃，未得見。

十八日　晨詣抗父處，看靜安目疾，勢又稍進，爲之焦灼。午詣繆藝風姻丈荃孫，丈聞予將編《西陲石刻續録》，以葉學使昌熾所藏甘肅及新疆諸碑墨本見假，誼殊可感。午後張君菊生元濟來談，並約觀涵芬樓藏書，期以二十一日午前往。

十九日　看靜安目疾，仍未見減。至梅庵處答拜。

二十日　送程氏女返吴門。得培老手札，言已自嘉禾返棹，因訂以明日下午往談。晚詣劉婿季纓，季纓出其尊人所藏殷墟龜骨相示，選得一「義」字，因弆之行篋，以補囊藏之闕。

二十一日　晨看靜安目疾，雖未減，然勢不至增進。乃定以二十三日啟行。午間至涵芬樓看書，佳本不少，而宋槧《通鑑考異》尤佳。又有洪武本譯回回《星命書》，藏書家所未有也。下午詣培老處談至暮。

予欲撰段茂堂、程易疇、汪容甫、王懷祖、王伯申諸先生年譜。從藝風丈借得汪孟慈所撰《容甫先生年譜》、《年表》，雜亂無法，不得綱要。因移録一册，以供采擇。又從培老假得《王文簡行狀》，乃桐城蕭君敬孚穆所藏。敬老身後遺書，多歸子培方伯，此其一也。回憶十六年前敬老寓滬上，曾與予約，他日將以所藏各種古地志歸予。及敬老物化，遺書一時星散，前約乃不可復尋，今見所藏書，如見敬老矣。

二十二日　培老約午飲，座客爲楊子勤太守鍾羲、震在廷主政鈞、李君審言詳、趙伯藏太守于密。楊君往守江寧，曾相見於端忠敏公座上，别且數年矣。品學端粹，爲吏廉靜。國變後居滬上，境至艱苦，閉門却聘。近著《石橋詩話》十二卷[二]，載三百年間遺文逸事，至詳博，實外史也。震君曩教授文科大學諸生時頻相見，今亦隱居滬濆，忍飢爲人校刊書籍以自活。李君，興化人，工駢儷之文，所注汪庸甫先生文，至精密。相知已久，去年始相見於滬上。趙君，武林人。邃於金石文字之學，三十年前即耳其名，平生見其手拓金石墨本至夥。相見歡甚，縱談不覺移晷。

在廷言：光緒間漢汾陰后土祠遺址，土人耕地得黄金板，大如簟，上敷朱砂數寸，再上有古禮器十餘，僅一字，筆畫至簡，爲盛伯羲祭酒所得。此言古禮器故事者所未知也。惜在廷不能舉其器名及其文字耳。

薄暮詣抗父處看靜安目疾，似少減，意數日後當鋭減矣。因留抗父處晚餐。乙夜乘滬寧汽車赴浦口。

〔一〕整理者案：由作者楊鍾羲、十二卷，可知「石」字當爲「雪」字。

二十三日 晨興，易津浦車發浦口，天氣燥熱，車中讀《河朔訪古記》竟，抵兗州。下車寓寶元棧，已夜深矣。

由寧至津之途，爲予平昔所未經。車過滁州時，岡阜甚多，然率低平。歐陽廬陵謂「環滁皆山」，是矣。而又云「西南諸峰，林壑尤美」，以予之所經過，實未見一峰也。知文章家賦物多不確，大率類此。

二十四日 晨興，入市閑覽。過九仙橋入城，荒凉如鄉鎮，無可流覽。午間乘汽車發兗州，一時許至曲阜驛，距城尚十八里。乘步輦行八里，臨泗水，鄉人負予而濟。既渡，積沙彌望。人行沙上至艱苦，如踰小磧矣。下門入延恩門，寓連陞棧。晚餐後，訪勞玉初侍郎乃宣，漏三下乃返寓。侍郎與予有戚誼，且與先大夫有舅弟之盟，予丈人行也。同治丙寅，勞丈過淮安至予家，予時生未彌月；後勞丈宰近畿，至辛丑始相見於滬上，則予年三十有六矣。又十年，辛亥冬，任京師大學總監督、學部侍郎，予則已避地海東。此次劫後重逢，不覺悲喜之交集。

勞丈於亂後僑居青島。青島破，移家曲阜。近於世情益灰冷，方爲女公子閱視算草以遣日。但精神甚健，云能行二十里不疲。殷殷詢予海外近況，至可感紉。

勞丈言曲阜民俗樸僿，士夫罕知學術，然數易代而兵燹不及，物價亦廉，此可居也。近來世家日貧，鄉紳多鬻田宅者。孔紅谷先生所居微波榭，今亦懸價待售。又言寓此年餘，罕可與言者，近商雲汀太史衍瀛將來此卜鄰，可稍慰岑寂。雲汀爲予舊識，予監督農科大學時，雲汀亦監督大學附屬高等學堂，國變後，音問遂絶。今見勞丈，始知雲汀初應德人尉禮賢之聘寓青島，青島陷，寓青州。今將由青州徙此。其介弟藻亭太史衍鎏，則在德京教授東方學術，是能不辱科第者也。勞丈又言，國變時陳貽重京卿毅以辛亥冬乞假歸，瀕行，諫止遜讓，言甚切直。今遯世不出。陳君爲舫仙廉訪湜之孫。廉訪領湘軍，有戰迹。今貽重皎然於濁亂之世，可謂能繩武矣。左文襄公之孫子異廉訪孝同，當江蘇倡亂時，挂冠亟去。胡文忠、彭剛直、劉忠誠後人，聞均有清操，能自守。諸勳臣有後，亦我朝待喬木世臣有加禮之報也。

二十五日　辰刻詣勞丈，徒步同謁聖廟。廟就闕里遺址立之，相傳創於魯哀公十七年。初在曲阜城外十里，明正德辛未，盜略山東，縣城燬。詔守臣移縣於闕里，築城並包之。故縣之南門即廟門，城外神道長里許，夾道古柏森然，乃元時植也。

入廟門，詣大成殿，行三跪九叩禮。禮畢，瞻仰聖像，並見案上置犧象山雷四尊，上有「漢元和貳年製」等字，小篆，陽識，書「二」字作「貳」，其雷尊上畫雷神形，又以文字及書體斷之，確爲後世倣造，非真漢物也。案前復有一案，以置乾隆三十六年頒賜之十器者。案上刻十器名，曰周木鼎，曰周伯彝，曰周蟠夔敦，曰周亞尊，曰周冊卣，曰周寶簠，曰周夔鳳豆，曰周犧尊，曰周饕餮甗，曰周四足鬲。陳列時依所刻之名列之，其器則藏於衍聖公府，不得見也。漢四尊之側，有陶尊一，相傳是有虞氏著尊，其制如圓筩，斂口而三足，今齊魯秦豫出土者甚多，乃秦漢間物，亦非有虞氏制也。廟廷屢災，所傳古器多非其朔矣。因遍觀杏壇、詩禮堂、魯壁、金絲堂（金絲堂即魯恭王毁壁聞金石絲竹之聲處，明代修廟已遷徙，非初地）、聖蹟殿（殿上刻《聖蹟圖》百十有二石，乃明代以棗版拓本上石者，今漫滅不可復拓，流傳者又爲棗版本矣）、奎文閣（閣爲歷代藏書之所，今不存一卷）、故宅井（井已漸涸，聖祖謁廟時尚汲水飲之，然觀其井闌，乃數百年物耳）、手植檜（檜色黝黑如古禮器，扣之作金石聲，不朽腐。相傳樹萎於晉，而復生於宋，唐高宗時再萎，宋仁宗時再榮，金貞祐間，兵入曲阜，廟災樹焚，枝幹不存，元時復萌蘖，明弘治間廟焚，樹復被焚，遂不生不死，以至於今）。復至同文門觀諸漢刻，則每石皆加封禁拓。即聖蹟殿吴道子所繪聖像，亦加封於肩項間，駭其無禮，手揭去之。噫世禄之家，鮮克由禮，自古爲然，然不謂遂至於此。爲慨喟不已。他一門廡下有漢畫數十，聞係數年前治地時得之土中，則尚未加封，異日當遣工拓之。

出廟門，詣勞丈處午餐。午後雨大作，薄暮冒雨驅車返寓，過廟門時下車徒步，足脛皆没水中，如徒涉然。

本朝崇尚儒術，尊崇聖教，遠逾前代。自康熙甲子聖祖躬詣闕里祭奠，行三跪九叩禮，禮數之隆，爲前代所未有，並命有司□新廟貌。雍正二年，闕里不戒於火，發帑興修，命大臣專董其役。殿廡規橅，悉準宫闕，備極崇奂。至八年乃告成，即今廟也。乾隆十三年，高宗東巡，躬謁林廟，厥後親詣闕里者凡八次，所以崇先聖者至矣。故能成三百年文明之治。今名教式微，邪説充塞，彼曲學阿世者附會公羊家説，以大同爲孔子教旨，此固不足以損聖教之毫髮；然鄭聲紫色，淆視聽而亂正學，安得有以斯道自任如孟子者辭而闢之，生民之害庶可已乎！

二十六日　晨起偕勞君篤文健同至陋巷謁顔廟，廟中樹木森然，廟貌頗圮。出廟謁孔林，出北門即爲神道，古柏兩行，至林而止。林牆四匝，創於明永樂間。入林過洙水橋，洙水今僅如帶。前爲思堂，聖墓在林之中央，周以短垣。墓前有翁仲石獸，爲宋時製。聖墓南爲伯魚及子思墓，墓側爲子貢廬墓處，今有室以存故迹。林中樹木叢翳，其中楷木至多，其材可爲杖，萌可茹，子可滓油。

伯魚墓東南有古楷一，相傳爲子貢手植。短垣外爲孔氏族葬處。泰山都尉宙、博陵太守彪、郡曹史謙墓皆在焉。三碑則已移至同文門。又有二冢，已傾損，其制甃塼爲墳，如覆釜然。塼外覆以土，中空爲壙，壙内有隧，亦以塼甃之，棺遥在隧以内，隧中必尚有室，不可得而見矣。其一前有小碑，半埋土中，僅露篆文，曰「四十七世池□□」云云，左側楷書小字曰「公諱若初，字公吞，曾祖諱自牧，贈吏□□」云云，右側曰「宗彀公元符三年登進士第，享年□□」云云。乃宋代冢也。他一壙中有誌石及蓋，蓋書「宋故鄉貢明經闕里孔君墓銘」，其誌字細不可辨，聞曾有拓之者，乃元祐ㄙ年也。二冢聞傾損久矣，至今不修整，可異也。出林後至元公廟，廟尤圮廢。殿後斷垣上有漢畫石一，上刻「周公」二字。《山左金石志》曾著録云：「此石初在元公廟廢牆上，今移至四氏學。」故王文敏公《漢石存目》及近人《山東省保存古蹟表》並謂石在四氏學，不知其至今初未嘗遷移也。

入城過魯泮宮遺址，積水清泚，木石幽靜，其地在行宮之側，聞魯靈光殿故址亦在此。車過學宮，至矍相圃，觀二石人，一題「府門之卒」者尚植立完好；其題「樂安太守麃府君亭長」者，則已斷折横卧菜圃中，爲之摩挲太息。聞顔氏樂圃雖荒廢，所藏竹葉碑燼餘殘石尚存。以時即晏，未暇往觀。

與篤文同歸午飯，篤文出古陶登斷截見示，詢爲何物。且云得之郭外某處廢壠中，累積盈數畝，皆斷缺無完整者。予乃悟其地當爲古之廢窑。二十年前，臨淄出三代古陶登及量缶等至多，其有文字者，陳受卿太史介祺簠齋中藏弆不少，予所蓄亦數百。陳氏不言出土之狀，其地殆亦廢窰也。惜不及與篤文同往郭外一觀，必有有文字如臨淄所出者，異日當移書請勞君訪之。

申初與勞丈及篤文別。欲出城乘汽車，則以連日盛雨，泗水漲不可涉，乃賃車返兖州。酉刻抵寶元棧。丑初乘汽車往天津。由兖州乘汽車却行至鄒縣僅一驛，初意謁至聖林廟後，至鄒謁亞聖林廟，復由鄒至泰安登岱，然後赴津門。乃連日盛雨，瀕行時尚時作時止，孟廟在城内，林則距城且二十餘里，道泥濘不可行，遂止。汽車夜過岱嶽時，已入睡鄉，即嶽色亦未得見，至爲憾事。名山之遊，殆亦有定數耶？

二十七日　晨起。於車中晤張君研雲祖廉，學部舊同僚也。三年餘不見，殷殷慰問。研雲自言，今隱於路局餬口以忍死，不忍爲今之士夫所爲也。知予將爲中州之遊，因作書致汴洛鐵路局友，以利行旅，意至可感。中途聞車中客互談北方近事，謂都中賭風大熾，某政客以一夜負萬金，某某以半日負三十萬金，又某某以一時間負二十萬金，聞之駭絶。此外，凡不願聞、不願知之事，則皆聞之知之，方寸爲之作惡。下午車抵津門，與研雲别，寓河北中西旅館。訪同鄉方君藥雨，觀其新得古泉貨，佳品不少。有文在穿左右之隸書「漢興」，及東周、西周半睘等諸圜金。又見一圓足大幣，背文曰「一羊」，與予所藏小圓足幣背文正同（即李竹朋舊藏載入《古泉滙》者）。「牢」字有从羊作，僅見於殷墟遺文，從不見於金文字中，不意曾見於古幣也。又見藥雨新得銅權，文曰「官纍，重一斤十兩」，文字甚精，乃漢人迹也。秦權無言幾斤幾兩者，爲漢物無疑，其形制則與秦同。以前傳世古權量，秦權以外有新莽權，未見漢權，是可珍也。薄暮，閱骨董肆，見鐵權一，文與方君所藏正同，亟購得之。又見漢殘碑墨本三，乃近日中州出土者。其一存字十二行，每行存八字，其首二行存七字，末行存六字。首行有「賢良方正」等字，中有「元初二年六月卯卒」云云。乃安陽學□孫殘石之上截，墨本上鈐「姚氏貴昉藏石」六字印，姚氏不知爲何許人也。安陽殘石初不能曉爲何時立，今知爲元初二年矣。其一存字十六行，末行及第十二行無字，乃碑文下截。行十五字，首行「□朝侯之小子也」云云，上鈐「愛古山房初拓」印，亦不知爲何人。其又一則爲殘碑，陰題名存字五行，第一行存一字，次行存全字一半字，二三行至五行則皆云故吏某某，均漢刻之佳者。又一墓碣文曰「故左郎中鄧里亭侯沛國豐張盛之墓」，分書亦佳。以署「沛國豐」考之，知爲晉石矣。諸墨本索值奇昂，不得已如其價許之。往予在都中，中州出土諸石，均不肯售墨本，予懸高價求之，乃十得二三，今乃自知拓墨雖索值昂，究可稍稍流傳。此近事之差可慰者也。

骨董客某，往在都時舊識也。爲予言：自予出都後，凡發見之古物，無過問者。西人亦不能盡知，購者十二三，存者十嘗七八。請予入都一行，予實不忍重見國門，乃重謝之。

二十八日　藥雨來，約午餐。聞王孝禹觀察瓘以去年卒，往日談金石學舊交也。聞所藏書畫佳者鬻之垂盡。諸墨本中則魏崔敬邕墓誌得之丹徒劉君者，今以千金售之都中，其餘尚存篋衍。予往欲借觀其舊拓昭陵諸碑，孝禹諾之，然未果見示。今墨本雖在津門，而道途匆匆，不能往觀，至爲悵惘。

午後至骨董肆，見老友高君翰生鴻裁所藏六朝墓塼三。一爲武定三年張定女阿蘭，一爲齊天保八年高僧保，一爲大業三年劉茂妻。許存肆中，求墨本不得，因於肆中借氈墨手拓之。翰生，濰縣人。嗜金石之學，老而彌篤。所集《齊魯古印攈》，選擇甚精。辛亥秋，始相見於都門。比來海外書問不絶，時以墨本互通有無。所藏元大字本敖繼公《儀禮集説》，聞至精，未得一見。藏古塼瓦當至富。予輯《唐風樓瓦當文字》，采翰生所藏多至數十品。其藏塼則允贈墨本，至今不能得，安得至翰生家一一手拓之耶？

二十九日　將赴彰德，不欲經都門，乃取道保定以往。卯刻乘慢車，午後至保定。京漢車夜間始至，乃入城閑覽。往歲予視學至此，曾留數日，今則廛市全非舊觀。蓋壬子春亂兵由京來，焚掠殆盡。詢之土人，怨咨之聲盈耳。於骨董肆中得塼誌一，曰「安憙丞劉」，分書至佳。又得塼印一，文曰「博陵郡之印」，陽文，甚工。唐官印也。第以塼爲之，殊不可解，然實奇物矣。又得斷師比一、矢鏃具鋌者一。師比背有楷書「真定」二字，書體似隋人。師比有楷書，亦罕見。矢鏃之鋌多斷折，鋌短者或具，鋌長無完者。《周官·考工》：「冶氏爲殺矢，刃長寸，圍寸，鋌十之。」今予所得全長得建初尺八寸七分，刃之銛長一寸。與《冶氏》文略同。予往欲作《釋鏃》，就傳世古鏃以證《考工》。

今得此具鋌之鏃，爲玩弄不忍釋手。乙夜，京漢車至，附之以行。

三十日 巳刻抵彰德，寓人和昌棧。亟進餐，賃車至小屯。其地在郡城之西北五里，東西北三面，洹水環焉。《彰德府志》以此爲河亶甲城。宋人《考古圖》載古禮器之出於河亶甲城者不少，殆即此處。近十餘年間，龜甲獸骨悉出於此。詢之土人，出甲骨之地約四十餘畝。因往履其地，則甲骨之無字者田中累累皆是。拾得古獸角一、甲骨盈數匊。其地種麥及棉。鄉人每以刈棉後即事發掘，其穴深者二丈許，掘後即填之，復種植焉。所出之物，骨甲以外，蜃殼至多，與骨甲等。往歲所未知也。古獸角亦至多，其角非今世所有，至一鄉人家，見數十具，角之本近額處相距一二寸許，有環節一，隆起如人指之着指環者然，土人謂是龍角。往歲曾於此得石磬三，與《周官・考工》所言形狀頗不同。《爾雅・釋樂》：「大磬謂之毊。」郭注「毊形似犂錧」，今殷墟所出與犂錧狀頗似，意殷周磬制不同，郭注云「似犂錧」者意是舊説，乃殷制，與《考工》所記異。《考工》所記則與犂錧異狀矣。予曩又得彫磬斷片，兩面及側均刻鏤與古禮器同。宋人《博古圖》載古磬二，甚類殷墟彫磬，亦與周磬殊狀，當日定以磬名，殊精確。予嘗與王靜安徵君言宋人考古之學不讓於乾嘉諸老，如定古禮器之名，其誤者固十一二，其確者則十恒七八，靜安亦謂然。石磬其一也。今於小屯更求斷磬不可得。予舊所得，又有骨鏃，有象匕骨匕，有象揥（以骨爲之，即《詩》之「象揥」），有骨簡，有石刀石斧，其天生之物，有象牙，有象齒，今求之亦罕見。然得貝璧一，其材以蜃殼爲之，雕文與古玉蒲璧同，惜已碎矣，爲往昔所未見，獲此奇品，此行爲不虚矣。予久欲撰《殷墟遺物圖録》，今又得此，歸後當努力成之。閲覽竟，以天氣亢燥思飲，亟歸寓。

少選，復入城觀古董肆。得土偶四，乃辛亥年磁州出土，俗所稱曹瞞疑冢中所出，樸而精，遠勝芒洛所出隋唐諸俑。今晨車過磁州，見古墓如陵阜者甚多，皆俗所謂曹瞞疑冢，實皆魏齊王公貴人冢也。曾見一冢，頂已陷；又見一冢，有商人所樹木榜告白，邦人不知護惜古迹至此，念之滋戚。又得古墓塼誌五，曰「萬擊」，曰「武定五年相里才」，曰「武平元年比丘尼道洪」，曰「天保七年魏世俊妻車延暉」，曰「天保八年□息奴子」。聞骨董家言古塼誌多出彰德、洛陽，以南則無有矣。逆旅主人李姓，頗知古器物出土之地，爲言古骨貝、銅貝均出磁州講武城；磁枕出彰德北關外顔家莊左近故窰中；磁人、磁馬、磁狗之小僅寸許者，出彰德西六十里王家窰（二窰皆於土中掘出，爲宋元間故窰）；宋元磁酒罋白地黑花者出山西陽城，亦故窰中物；連布出衛輝以東；垂字幣出彰德。古器物出土之地，於考古至有關係，前人多忽之。良以古物多得之都市，估人展轉販鬻，致售者亦不知所自出。其尤黠者或譸言之，如龜甲獸骨，濰縣范姓估人始得之，亡友劉君鐵雲問所自出，則詭言得之湯陰，予訪之數年，始知實出洹濱，使不知所自出，則殷墟所在末由斷定矣。詳記之以告吾國之考古學者。

逆旅主人又言，彰德南鄉近有人家治舍，得古冢出土物甚多。中有二小碑及甲冑等物，載之盈數車，懼人訟其發冢，仍掩土中。言若往觀者，願爲之介。予以行程匆迫，謝不往，而令購二碑，乃至今無消息，殆已入肆估手矣。

逆旅主人少在軍中，故辛亥殉國總兵謝公寶勝事迹知之甚詳。言謝公勦賊至勤，御軍尤嚴。以前中州盜賊縱横，公皆躬自捕治，翦其渠魁，民賴以安。其軍士平日兢兢奉職，備禦至密。公嘗冬夜私巡部下，見某哨巡兵熟睡，取其銃以去，明旦招失銃者詰質之，惶慄請命，乃嚴戒而遣之。於是巡夜兵不敢稍怠。其他事多類此。亡友汪穰卿舍人康年曾作公傳，在國變前，公尚未授命也。遜國詔下，公北面飲彈以報先帝，可謂慷慨烈丈夫矣。家弟子敬曾訪求公遺事，當會最作傳以昭示來兹。

予之知有殷墟文字，實因丹徒劉君鐵雲。鐵雲，振奇人也，後流新疆以死。鐵雲交予久，其平生事實，不忍没之。附記其略於此。君名鶚，生而敏異，年未逾冠，已能傳其先德子恕觀察成忠之學，精疇人術，尤長於治河。顧放曠不守繩墨，而不廢讀書。予與君同寓淮安，君長予數歲。予少時固已識君，然每於衢路，聞君足音輒逡巡避去，不欲與君接也。是時君所交皆井里少年，君亦薄世所謂規行矩步者不與近。已乃大悔，閉户斂迹者歲餘。以岐黄術遊上海，而門可羅爵，則又棄而習賈，盡傾其資，乃復歸也。光緒戊子，河決鄭州，君慨然欲有以自試，以同知往投效於吴恒軒中丞，中丞與語，奇之，頗用其説。君則短衣匹馬，與徒役雜作，凡同僚所畏憚不能爲之事悉任之。聲譽乃大起。河決既塞，中丞欲表其功績，則讓與其兄渭清觀察夢熊而請歸讀書。中丞益異之。時方測繪三省黄河圖，命君充提調官。河圖成時，河患移山東，吾鄉張勤果公曜方撫岱，方吴公爲揚譽，勤果乃檄君往東河。勤果故好客，幕中多文士，實無一能知河事者。羣議方主賈讓不與河爭地之説，欲盡購濱河民地以益河身。上海善士施少卿善昌和之，將移海内賑災之款助官力購民地。君至則力爭其不可，而主束水刷沙之説，草《治河七説》上之，幕中文士力謀所以阻之，若無以難其説。時予方家居，與君不相聞也。憂當世之所以策治河者如是，乃著論五千餘言，以明其利害。欲投諸施君揭之報紙以警當世，君之兄見而大韙之，録副寄君，君見予文則大喜，乃以所爲《治河七説》者郵君之兄以詒予。且附書曰：「君之説與予合者十八九，羣盲方競，不意當世尚有明目如公者也。但尊論文章淵雅，非肉食者所能解，吾文直率，如老嫗與小兒語，中用王景名，幕僚且不知爲何代人，烏能讀揚、馬之文哉？」時君之玩世不恭尚如此。

歲甲午，中東之役起，君方丁内艱，歸淮安，予始與君相見，與君預測兵事。時諸軍皆扼守山海關以拱京師，予謂東人知我國事至熟，恐陽趨關門，而陰擣旅、大，以覆我海軍，則我全局敗矣。儕輩聞之皆相非難，君之兄且引法越之役法將語，謂旅、大難拔以爲之證，獨君意與予合，憂旅、大且旦夕陷也。乃未久竟驗。於是同儕皆舉予與君齒，謂二人者智相等，狂亦相埒也。君既服闋，勤果卒官。代之者福公潤，以奇才薦，乃徵試於京師，以知府用君。於是慨然欲有所樹立，留都門者二年，謂扶衰振敝，當從興造鐵路始，路成則實業可興；實業興而國富；國富然後庶政可得而理也。上書請築津鎮鐵路，當道頗爲所動，事垂成，適張文襄公請修京鄂綫，乃罷津鎮之議。而君之志不少衰，投予書曰：「蒿目時艱，當世之事，百無一可爲，近欲以開晉鐵，謀於晉撫，俾請於朝，晉鐵開則民得養而國可富也，國無素蓄，不如任歐人開之，我嚴定其制，令三十年而全鑛路歸我，如是則彼之利在一時，而我之利在百世矣。」予答書曰：「君請開晉鐵，所以謀國者則是矣；而自謀則疏。萬一幸成，而萋菲日集，利在國害在君也。」君不之審，於是事成，而君漢奸之名大噪於世。庚子之亂，剛毅奏君通洋，請明正典刑。以在滬上幸免。時君方受廩於歐人，服用豪侈，予亟以危行遠害規君，君雖韙之，不能改也。聯軍入都城，兩宮西幸，都人苦饑，道殣相望，君乃挾資入國門議振卹。適太倉爲俄軍所據，歐人不食米，君請於俄軍，以賤價盡得之，糶諸民，民賴以安。君平生之所以惠於人者，實在此事；而數年後柄臣某乃以私售倉粟罪君，致流新疆死矣。

當君説晉撫胡中丞奏開晉鐵時，君名佐歐人而與訂條約，凡有損我權利者，悉託政府之名以拒之，故久乃定約。及晉撫入奏，言官乃交劾，廷旨罷晉撫，由總署改約，歐人乘機重賄當道，凡求之晉撫不能得者，至是悉得之。而晉礦之開，乃真爲國病矣。嗚呼！賣國以自利，世所詬爲漢奸者且不忍爲，而當道竟悍然爲之。勢不至辛亥之變，舉三百年祖宗之天下而併售之不止，君即受竊鈎之誅，而彼賣祖宗之天下者，且安榮如故也！然則莊生之言，寧爲過乎？至於君既受廩於歐人，雖顧惜國權，卒不能剖心自明於人，在君烏得爲無罪，而其所以致此者，則以豪侈不能自潔之故，亦才爲之累也。

噫！以天生才之難，有才而不能用，執政之過也；懷才而不善自養，致殺身而喪名，吾又焉能不爲君疚哉！書畢爲之長歎。

四月朔　晨束裝將赴洛，鄉人及骨董肆以古物乞售者麕集。得瓦鴞尊一、斝一、土偶一，乃山西出土者，三代物也。予向所見古明器，由隋唐逮宋元而止。今既得磁州所出六朝明器，又得三代土偶及禮器，合以曩所得關中出土之俑，歷代明器備矣。往欲作《古明器圖考》久未就，若隱有所待者，爲之狂喜。又見瑪瑙觿一，許以重價，不肯售。巳正乘慢車，申初抵鄭州。汴洛車已過，乃寓大金臺旅館，寓中挾瑟者比户皆是，徹夜爲之不眠。

初二日　巳初乘汴洛車赴洛，午正至河南府，寓天保棧。棧在邙山之麓，邙山爲一小嶺，遠觀蜿蜒如長蛇，近視皆土阜也。古冢彌望，有大冢與館門正相值者，司馬文宣王陵也。

午餐後入城閱骨董肆，古物寥寥。洛人言：都中某勢家子搜求古物，畜洛陽估人數十輩於邸中，掘丘摸金，禍及枯骨，猶誅求不已。嗚呼！此亦古物之浩劫矣！於會友齋得隋唐人墓誌十一種，皆近年芒洛新出土者。又於骨董肆以厚價得女(年九歲)殘碑一紙，僅存三行，分書極佳，當在魏晉間出金墉城遺址。問石今在何許，秘不以告。洛陽人情頗傾詐。此行所經，保定民俗最良，天津次之，彰德又次之，洛爲下矣。

予以辛亥秋見周臣韓通及夫人李氏墓誌墨本於翰文齋書肆，云石藏一張姓家，今方待價。予驚名賢遺隴之遭發也，欲至汴訪遺址爲封樹之，以國變不果。此次到洛，訪張氏於骨董肆，俾遂夙願。乃僉云不知其人。爲之悵惘無已。

初三日 晨卯刻賃車往遊伊闕，南渡洛水。中途過關帝陵，下車入謁。廟貌尚完整，殿後爲帝陵，周以短垣。壁上有刻石，記庚子兩宮西狩曾於此駐驆，躬親祭奠。寺僧爲言往事，相對慨喟。午初抵龍門。崖壁間徧刻龕像，仰視既久，肩項爲之酸楚。初至賓暘洞，有營兵駐焉，阻客不聽入，與商良久，乃得踰閾，洞中駐兵數十，坐卧於是，飲食於是，並於像側作炊，像黔如墨。數年以來，名山大剎，半駐軍士。予過京口，初擬至焦山遊覽，手拓鶴銘，並至海西庵松寥閣尋舊遊之屐痕，探放翁之遺刻。乃聞諸寺均爲軍士所佔，廢然而止，乃又於龍門遇之，遊興爲之頓阻。出洞後至老君洞，石級高且淺，不能安足，令導者牽曳而登。佛像首多失去，聞是廠估祝續齋等以錢貿乞兒於深夜私鑿以售諸外人。前在彰德逆旅，主人爲言南北響堂諸巨像，皆失其首，亦彼等所爲。令人目不忍睹。此諸洞者，以累朝官私之物力，越世數十而後成就。今爲肆估一旦摧毁，貿錢幾何，乃忍而爲此！欲至九間房，因風烈日炎，路又高危而止。乃隔伊川望香山寺，頹圮殊甚。寺因山爲基，其下像龕不少，是時因目之所睹令腦中種種作惡，乃不復渡。遵前轍濟洛而歸。

歸途便道入城，與會友齋商拓龍門造像全分二十部，予曩以龍門造像墨本多至四五百種而止，而號稱五百品、千品者，皆以復品充數，且無詳目可稽，故欲盡數精拓。今徵之目驗，始知無年代及僅二三字可辨者、文不可屬讀者，幾居其半。因與定約：凡僅存二三字者屏之，其無年月而文字稍可屬讀者則亦拓之。至薄暮乃定議。惟二十分期以三閱月乃能竟。予不能自攜歸耳。返寓已晚餐後，凡遊龍門者，皆以籃輿；予初不知，以車往，道塗傾危，顛簸如舟駛巨浪中。歸寓憊甚，乙夜即就寢。

初四日　晨碑估閻姓來，得隋唐誌墨本九。詢以藏韓通誌之張氏碑估，謂是張十四，亦不能舉其名。但又云張所藏尚有魏石夫人墓誌及隋唐誌，已攜墨本赴都中覓售。其人今既不在洛，則此家仍不可蹤迹，爲之悶損。

午後欲至存古閣，畏塵畏熱而止。乃訪隴海鐵路工程局長徐君端甫世章，硯雲所介紹也。面託以代收龍門造像拓本，兼謀訪韓墓事。端甫言，洛人有林薺原太史東郊，留心鄉土故實，明日當爲介詔相見於局中，乃訂以明午往。

薄暮有持魏宮一品張墓誌墨本至者，云石在白馬寺不遠，近年出土。若欲得此石者，議價定即載以至。書體甚精，乃與議價。白馬寺距城十五里，約乙夜以石至。至丙夜尚無消息，乃就寢。

初五日　昨售石人來。言石主傭力至他處，數日後乃歸，故昨往不得石。洛人多詐，其言不可信，乃一笑而罷。購精拓本數紙。午間見薺原，告以訪韓墓事，始知張固林之戚也。謂此石確已入都乞售，而墓址恐秘不肯言。予告以初非欲究發冢事，乃欲求埋碧之處封樹之耳，費由予籌，不以累地方。且予瀕返國時，東友有富岡君謙藏者，聞予將訪通墓，捐銀幣三十以助封樹之費，遠人好義尚爾，望君與張氏協商，卒有以成之。又告以聞此石即出張氏田中，田中封樹佔地幾許，其地價亦由予任之。林君唯唯，謂當有以報予。及夜膳時，端甫來，言頃又見林君及此間當道，已將韓誌事協商：由當道購二石存之，署壁並刻石述始末，不許移徙，再徐商封樹事云云。於是韓誌事稍有端倪，而全失予之初意。予意首在封樹，購石其後也。今乃先購石，恐封樹仍不可期，予之初衷恐終將付諸泡幻矣，爲之長太息！

洛下私掘古冢約分三類：一曰貧民覬覦古物以貿錢；二曰勢家購人發掘；三曰外人盜掘。端甫言鐵道總醫官歐洲某國人所得古物甚多，得即寄歸，不能知所得爲何物也。聞司馬文宣冢亦爲所盜發，盜發之技，洛人操術至巧，乃於近墓處爲隧道以通墓中，故壙中已空而崇封如故，人不覺也。今文宣墓雖已被掘，乃巋然高峙。恐漢代諸陵，亦不免罹此災矣。噫！

劉估來，出所拓碑版乞售。拓墨尚精。因令拓崇高三闕題字，告以少室題字神菆以前尚有殘字，神菆上一石亦有殘字二處，共約十餘行，予舊藏黄小松拓本有之，著録家皆未知也。又據黄小松《嵩洛訪碑日記》堂谿典請兩銘其言，惟以下一石尚存二字，令並拓之，並令拓諸畫像，與約拓三十份。劉估曾手拓嵩、少諸刻，故與言頗明瞭。此次洛遊最滅興，惟此一事差可慰耳。予所藏黄小松拓本爲端忠敏公乞取，今爲補牢之計，不知能償斯願與否。

近數十年間，士夫藏石之風頗盛，此非古刻之福也。石入人家，禁拓墨，少流傳，一也。子孫不知愛惜，或以鎮肉奠柱，二也。轉相售鬻，移徙無定，易於紛失，三也。然在公地，若關中之碑林、洛下之存古閣，其制善矣，而典守不嚴，仍有紛失。劉估言辛亥之變，存古閣所藏之墓誌失去數石。又聞李超墓誌曾爲某學官攜去，士人爭之，乃得復反。予在學部時，丹馬人何樂模謀竊關中景教流行中國碑，贋刻一石，將以易原石。同鄉方君者，其弟爲何樂模通譯，阻之不可，乃函告方君。方以告予，予亟白學部，電陝撫及學使，由金勝寺移入碑林。歐人乃運贋石以去。然此僅千百中之一二耳，其密輸以出者不知幾許。予近時將我國古刻流入海外者爲《海外貞珉録》，已知者凡數十石，其未知者尚不知何限，可爲發深慨也。

初六日　晨林君以所藏唐誌石拓本二紙見贈，索予所撰《芒洛冢墓遺文》，允到滬寄贈之。乘汴洛車赴開封。端甫來送行，並爲作書致隴海東路工程局長章君文通，且謂由汴至徐路且通矣。予初欲於遊汴後，折回鄭州至鄂，江行抵滬。至是乃擬改由汴徐仍循津浦路以歸。車中見嵩、少諸峰去人不遠，恨不暇往遊。午間抵汴，寓華商旅館。

詣同鄉郭君蓋臣許，蓋臣出示乾隆《平安南戰蹟圖》及《平西域戰蹟圖》銅版二，乃近得之都中者。鏤刻精細，畫皆凹入，與日本所刻銅版同。戰蹟圖人間流傳至少，當時惟近侍大臣得蒙賞賜。往歲在上海徐家滙藏書樓見之，壬子春從恭邸許得乾隆時征小金川及廓爾喀，道光間征回疆三圖，平安南及西域圖則向所未見也。諸戰蹟圖版及乾隆十三排地圖版均藏武英殿。同治初年，值銅荒，工部因諸圖陰刻，不能刷印，請以鼓鑄，相臣某止之，故至今尚存，不知地圖版今在何許。因憶宣統初元内閣大庫書籍奏歸學部時，予曾至内閣閲覽，見地圖盈兩架，欲取閲，某舍人言「此舊地圖，無所用，待摧燒者」。予駭甚，屬姑徐之，亟言於部，輿以歸，後以庋之京師圖書館，又於大庫庭中見題本堆積滿地，亦奏明焚燬者，予隨手拾取，得阿文成公言兵事奏，再閲他本，亦然。依年月類次，頗井井，皆重要史稿也。亦亟告部中，載以數十車，權置國子監，今亦不知所在。此二者雖經予言得暫免劫灰，然終亦且沉薶散失而已，念之滋痛。

初七日 冒雨遊書店街。得康熙《紹興府志》。吾郡之志，乾隆以後即未續修。乾隆本間有傳者，然已至少；康熙志尤少。予所藏有《嘉泰志》、明張元忭志、乾隆志，但少《寶慶續志》耳。十餘年前在上海時，嘗與吾鄉徐仲凡丈樹蘭言修郡志事，卒不易觀成，盍倣四明六志之例，先取宋二志、明一志及康熙、乾隆二志刻之，而附以會稽三賦。乾隆以後，當爲續志。前志有疏失，則爲補志。若至湘中刻之，所費不過四五千緡耳。徐丈欣然，謂君如任校勘者，予將任籌費。予欣然諾之。時徐丈方養疴滬上，乃不久歸道山，事竟不果。至今日更無望矣。姑附前説於此，以俟來者。

午後詣章君文通許，章君在漢陽鐵廠二十餘年。辛亥之亂章君尚在彼，爲言當日情事及流離之狀，有餘痛焉。章君又言，汴徐間僅數里未敷鐵軌，現可乘貨車往。

晚間雨益甚。是日初欲至嶽廟，訪汴學石經《中庸》殘石，以雨不果。汴學石經今僅存《周禮》數石，嶽廟一石，乃近二十年出土者。亡友蔣伯斧諮議黼曾以手拓本見詒，云石在嶽廟，今不知尚在否。又欲往訪明代挑筋教諸碑，蓋臣言今其地已成市廛，碑石已無可蹤迹，恐亦爲歐人載去矣。

曩歲聞柯鳳孫京卿劭忞言磁州高盛碑下截已出土，但未見墨本。予遣廠估求之，數歲不得也。前車過磁州時，不能下車親訪，及至洛，於骨董肆求之，亦不可得。今日在書肆中忽見一本，且有碑陰，爲之差慰。又得隋唐志十餘紙。一骨董肆有唐誌石三，求墨本不得，固託郭君覓工拓之，約拓成寄海外。此行得芒洛新出墓誌凡四十餘種，異日當校録，以爲《芒洛冢墓遺文續編》。

初八日　午間乘貨車赴徐州。蓋臣至寓來送行。章君則至驛路相送。車中風烈，氣候俄變，御三袷衣尚不支，乃易以棉。晚至距歸德府十八里之朱集。路員邵君衡齋導入寨中一小店投止。與邵君閑話，知邵君之尊人與先大夫有舊，故相款至殷。

初九日　昧爽，邵君送予乘小汽車至牛王堌，易羸車行七里，復易東段貨車。車中人言：昨土匪數千人與防營戰於此，互有勝負。匪所持皆新式快銃，其軍械遠勝於防營，故頗難敵。語未畢，見有兵士十餘人來登車，又十餘人送之，皆攜軍械。乃車甫發，送者將歸，則叢樹中銃聲大作。此十餘軍士者亦以銃答之，蓋又挑戰矣。車行稍遠，尚聞銃聲。防營駐紮牛王堌，意此十餘軍士者，殆將殲於匪矣。近日報紙不載汴中土匪尚猖獗至此，惟日日歌誦功德，謂「白狼已就擒，豫省久安謐」，而聞豫人言，白狼固尚在，不過其衆略散，暫伏處耳。嗚呼！自辛亥以來，日以「國利民福」四字欺罔天下，而所謂「國利民福」者，固如是也。

車至碭山，又易客車。下午至徐州，宿招商旅館。遥望雲龍山色，不及攬勝也。

初十日 乘津浦路汽車返浦口。子初由浦口乘滬寧夜車返滬。予自上月下旬發滬後，至是易車已十餘次矣。

十一日 辰初到滬。行李甫憩，亟詣抗父處。則静安目疾十愈七八，起居如常矣。此行日日轉徙，靡有定居，無從通音問，雖逆料疾必日減，而終不能去懷。既相見，乃大慰。返寓解裝，檢點所購諸物，尚無損壞。戚友麕至，談至宵分。

十二日 晨拜趙伯藏太守，太守則已束裝，將送眷歸武林，行篋旁午，然堅留小坐，出所畫花鳥見示，書卷之氣盎然。子培方伯言，太守山水畫爲當今獨步，惜不得見。又出示宋龍泉窰器，云近年龍泉掘地得故窰，一時所出不少，且以瓶一、盞二相贈。云將以一人再來滬，手書通函處，乃握别。

復詣楊子勤太守，坐側積書如崇墉。坐談良久。爲言近滬上諸家刻書事甚悉。予聞南潯劉氏所刊《周易單疏》已竣工，購之肆中，不能得。託楊君爲予求之。

十三日　晨拜藝風丈，爲言《宋會要》徐星伯先生輯本已由王雪澄廉訪秉恩許歸南潯劉氏，將分類校寫付梓，星伯先生所輯乃長編也。又聞廉訪旅滬，境況頗艱。廉訪與予不相見者十餘年矣，劫後聞尚健。春間聞予《殷墟書契考釋》成，乃亟訪予弟子敬購求之。謂予所著書，其行篋中無不備。老而劬學，至可欽佩。廉訪富收藏，近多出以易米。欲往看，以時促不果，乃託知好爲致予意。

午後拜張讓三觀察美翊，亦十餘年不見，鬚髮皤然。觀察爲人慈祥愷弟，肫然如佛。劫後從事慈善事業，並留心鄉里掌故。出《續甬上耆舊詩》及《李景堂先生遺集》寫本，云將醵資付梓，予亟慫恿之。予請代購求《全謝山先生句餘土音》，乃慨然出藏本以贈。此書予求之十餘年矣，一旦得之，歡喜無量。讓老並以《之江濤聲》一册見贈，云是周君夢坡所撰，載辛亥吾鄉事，多爲予所未知，亦今之有心人也。

復往謁培老，時將他出，乃匆匆致數十語。訂再見約，鄭重而別。

十四日　晨與靜安同乘春日丸。憶去年亦乘此船返東。老友楊惺吾舍人守敬攜其孫來送予。予與舍人交至久，舍人水地之學爲本朝之冠。去年至滬，本欲往見，聞其將北上而止。舍人聞予將行，則亟至舟中，以所著《水經注》序爲託。予勸毋北行，舍人言使者已在此，容設法却之，頗有進退維谷之狀。予既至海外。惺老卒入都，殆不能却使者，然尚投書陳此行乃謀刻所著書，非以求仕。仍申前請，屬爲之序，且云：即足下鄙其人，曷垂念所學乎！語至慘切，乃不及一歲而遽歿。因與靜安追談往事，爲之黯然。異日必當爲一傳，以章所學，庶慰此老於九泉。晚間霧作。

十五日 晴。舟行至穩。與靜安談遊事，已恍忽如夢中矣。午後作書致諸戚友。

十六日 晨入門司港，發電致家人。

十七日 晨入神户港。午後乘汽車，下午至京都驛，兒子輩已迎於驛次。及抵家，日將夕矣。

本朝學術源流概略

戊辰冬，由津沽移居遼東，戢影海隅，意且屏絶人事。今年春，海東友人松崎君柔甫邀余講學，請有之上公及蟫廬學部爲之介。自維憂患餘生，學殖荒落，初未敢承。以二君慫恿，乃勉應以講本朝學術概略，而先之以歷代學術變遷。此其講稿也。頑夫之言，未必有當。亦攄其一得之愚而已。諸君子幸裁正之。庚午夏，上虞羅振玉記。

第一章　古今學術之遞變

中國學術越三千年之久，固不能無變遷。論其大要，則由易簡而日趨繁複，因繁複而漸昧本原。又世治平則政教一，政教衰則師儒興。今講本朝學術，當先述歷代之變遷。約分六端，略陳如下。

一、古人之所謂學。古人爲學，不出倫常日用，本易知易行。而上之施敎，亦至簡至易，蓋因物則民彝之所固有而裁成之。孟子稱三代之學，一言以蔽之，曰「明人倫」。非三代爲然，三代以上，莫不皆然。其在《尚書·堯典》所謂「五典」、「五品」者，皆謂「五常」，即父子有親，君臣有義，夫婦有别，長幼有叙，朋友有信，五達道是也。古之所謂學，蓋如是而已。

二、三代政教合一。古之治天下者，作之君，作之師，政教合一，載之《尚書》與《周官》。《舜典》記舜之施教也，曰命伯夷典禮，夔典樂。禮主敬，樂主和。禮以制人身，俾不流于放蕩；樂以和人心，俾不入于邪僻。所施至簡。有周之教，則制定家塾、黨庠、術序。國學、小學之教，由數與方名、書計、幼儀，進而學樂誦詩，舞勺舞象，大學則教以三德六藝。《尚書大傳》言：入小學知父子之道，長幼之叙；入大學知君臣之義，上下之位。是有周之教，亦非繁難，惟其政教合一，故其盛也，「菁莪」賦而人才興；其季也，「青衿」賦而學校壞。于是孔子興而師儒起矣。

三、儒教勃興。孔子生周室東遷以後，于時王室式微，政教陵替，臣弒其君者有之，子弒其父者有之。孔子有德無位，然傷人道之漓，乃祖述堯舜，憲章文武，删《詩》《書》，正禮樂，以待後王之取法。又因魯史而作《春秋》，褒善貶惡，以垂法戒。因褒貶爲天子之事，自嫌於僭，故有「知我罪我」之歎。設教洙泗，從游三千，通六藝者七十二人，俾先聖之大經大法不墜於地。其教人也，以文行忠信而一準之。以《中庸》、《孟子》嗣興，復昌孔子之説，後王法之，乃卒撥亂世而反之正。二千年來，有天下者，循孔孟之道罔不興，背之罔不亡。于是儒教遂爲萬世準則，爲治天下者所莫能廢矣。

四、周秦間諸子學説。春秋以降，逮于七國，世衰道微，學者競起，謀矯社會之弊惡。以時君苛暴擾民，而莊、老清淨之説興；因世風薄、賊民興，而申、韓刑名之説起；憤世人之自私自利，而墨氏唱博愛；憤世人之同流合污，徇人阿世，而楊氏唱貴我。在歐洲之治東方史者，以周秦之際爲中國思想最發達之時期； 而自儒教觀之，則謂之異端，蓋矯枉而過乎正。大《易》所謂「失之毫釐，差以千里」，極其弊害之所至，將大害于人類。故孟子拒楊、墨，至以爲無父無君、近于禽獸，比之洪猛。至儒術則依乎中庸，不偏不易，萬世由之而無弊，四海推之而皆準。是以周秦諸子之學，或言而不能行，或行而不能久，至今僅存留一種之學説。儒者之道，則如日月經天，江河行地，人類一日不滅，聖道一日不亡也。

五、兩漢至隋唐間儒學興廢。自嬴秦併六國，燒詩書，坑術士，重法吏，二世而亡天下。及炎漢興，高祖十二年行過魯，以太牢祀孔子，爲兩漢尊崇儒術之始。于時人民始離湯火，以黄、老爲治，務清淨以息民。然黄、老之治，不可久也。孝文始置五經博士，武帝大合天下之書，表章六經，廢黜百家。孝宣論六經于石渠，儒學一時稱盛。然當世若公孫弘、張禹、孔光諸人，雖以儒學致三公，而脂韋阿世，襲儒之名而亡其實。至于劉歆，遂佐莽篡漢。班固《儒林傳贊》以當時儒術之盛由於禄利，洵知言矣。光武中興，首崇儒學，史臣稱其東西誅戰，不遑啓處，然猶投戈講藝，息馬論道。建武五年，營起太學，車駕臨幸。明帝遊意經藝，每饗射禮畢，正坐自講，諸儒並聽，多召名儒以充禮官。章帝東巡，至魯祀孔子，于是教化昌明，朝野競奮。雖桓、靈之世，朝政昏濁，國是日非，而黨錮之流，獨行之輩，依仁蹈義，舍命不渝。范蔚宗謂是時權强之臣息其闚盜之謀，豪俊之夫屈于鄙生之議，所以傾而未頹、決而未潰者，皆仁人君子心力之爲，其言至允。至魏武重才輕行，其下詔求賢，至欲得盜嫂受金而未遇者，于是風俗丕變。三國鼎立，未遑禮樂，人心日漓。司馬代魏，崇尚老、莊，棄經典而尚清談，卒致五胡之亂。逮乎六朝，南北分立，爭伐不休，民生朝不保暮，乃乞憐于釋、老，儒學再厄。迄隋氏統一南北，而重文學、輕儒術，一傳而亡。隋之末季，文中子講學河、汾，以儒爲教。李唐之興，其弟子多致卿相，遂啓三百年文明之運。太宗御宇，命孔冲遠等爲《五經正義》，儒學再昌，得人稱盛。玄宗中衰，羯胡倡亂，天下土崩，而二顔倡勤王之師，張、許奮死綏之節，卒致恢復兩京，神器不墜，烏得謂非儒術之效哉！

六、宋元明之學術。李唐以後，中更五季之亂，置君等于弈棋，臣節于焉掃地。宋藝祖即位之初，首褒韓通，洎平北漢，復釋衛融，以勵臣節，是爲尊崇名教之漸。至真宗咸平二年，命邢昺、孫奭等校諸經疏義。仁宗慶曆四年，詔天下州郡立學，作太學于京師。于是周敦頤，程顥、頤，胡瑗，張載，大儒輩出，以昌明正學爲己任。故靖康之變，志士投袂勤王，臨難不屈。南渡之初，朱文公復奮起於諸賢之後，講道論學，盛極一時。濂洛之風，上承洙泗。及宋之亡，忠節相望。元世祖起朔漠，及主中夏，景慕儒風，以至元二十四年置國子監，設江南各路儒學提舉司，召許衡爲國子祭酒。成宗加封孔子大成至聖，雖享國不久，而亡國之際，忠義之士如李黼、余闕泰、不花福壽之死，綏察罕帖木兒之義師，擴廓之始終故主，亦儒效所致矣。明太祖崛起草莽，因孟子有「草芥寇讎」之説，至删節《孟子》，欲罷其祀。成祖革除，屠戮忠良至夷十族，而當世士夫則被濂洛遺澤，秉節不回，九死無悔。大儒輩出，若薛瑄、吳與弼、王守仁、吕枏、陳獻章、湛若水、鄒守益、羅洪先等，相承不絕。至于末葉，東林諸賢聚徒講學，雖神宗之世，奄寺横行，流毒天下，誅鋤正人，榜掠朝士，乃臣節愈勵，士氣益張。逮于亡國，東南義師蠭起，延十餘年始定。昔懷宗殉國，自歎有君無臣，而平心論之，有明一代，君德除懷宗死社稷外，他無一可稱。而士夫崇尚節義，先仆後繼，則亘古所無。宋儒講學之功，雖易代而效愈彰，儒術之功，顧不遠且大哉！

以上所述，歷代學術之遞變可得概略。大率兩漢以行取人，若孝弟、力田、賢良、方正、經明、行修、孝廉諸科，尚未失古制。至博士授業，一依家法，由訓詁、名物、典制以求經義，爲學亦未甚繁難。故《漢書・藝文志》所載典籍無多，至隋唐以降，典籍愈多，學愈繁複。士子束髮受書，至于皓首，或尚不能窮一藝。又以文取士，去行益遠，殊失古人爲學之本原。宋儒崛起，一矯漢、唐以後重文輕行之失，由博而及之約，流風所被，下逮元、明，師儒之功，顧不偉哉！

明季大儒顧亭林氏有言：自古有亡國，有亡天下。亡國與亡天下奚以辨？曰易姓改號，謂之亡國，仁義充塞而至於率獸食人、人將相食，謂之亡天下。知保天下，然後知保其國。保國者，其君其臣肉食者謀之；保天下者，匹夫之賤與有責焉。亭林氏所謂匹夫有責者，師儒是也。其界説本自明白，君子素位而行大義，名份不敢稍越，非天子不議禮，不制度，不考文。有德無位不敢作禮樂，以孔子之至聖，亦祖述先王之道以法後王已耳。其因魯史作《春秋》，尚以襃貶有出位之嫌而有

「知我罪我」之歎。後世妄人遂以孔子爲素王改制，其犯上作亂者至引亭林氏「匹夫有責」之言爲口實，皆名教之罪人，大悖師儒之義者也，并附識之。

第二章　本朝學術之淵源

本朝開國之初，世祖章皇帝，以政刑所以齊民，而教化實爲宰治之根源，故干戈甫戢，即發内帑金三萬修葺孔廟，親臨國學。聖祖仁皇帝，既臨雍講學，復臨幸闕里，親祭先師，行三跪九叩禮。世宗憲皇帝，兩臨太學行釋奠禮。曲阜孔廟災，發帑重修，蓋以黄瓦，益崇其制，並修繕孔林。高宗屢幸曲阜，致祭先師，復於國學詔建辟雍，親臨釋奠，置孔廟祭器，送闕里陳設，並飭直省修文廟祭器、樂器，詔國學大成門、大成殿用黄瓦。仁宗、宣宗並再臨太學，一遵祖制。德宗時升孔子爲大祀，崇儒重道，遂成一代文明之治。提倡學術，厥端非一，分述如下。

一、聖學、聖製。世祖入關戡亂，甫墊邦基，且臨御僅十有八年，顧踐阼未幾，即於文華殿開經筵遴選詞臣，充日講官。故聖學緝熙光明，以孝爲百行之本，欽纂《孝經注》，復命儒臣撰次經史、諸子粹言之關政治者，爲《資政要覽》，以資借鏡。撰《人臣儆心録》八篇，以戒百寮。撰《内則・衍義》十六卷、《勸善要言》一卷，以教士民。諸書雖由儒臣纂輯，而躬自裁定刊刻頒行。聖祖嗣位，日御經筵，欽撰《戒士子文》班天下學宮以教士，頒「聖諭」十六條以教齊民。三藩之亂既定，天下無事，大開文館，深宮之中，讀書不輟。御批《通鑑綱目》，論斷精詳，折中至當。御製《數理精蘊》，溝通中西，集數學之大成。蓋聖祖以上聖之資，窮天人之奧，上自經史、六藝，下逮百家衆流，靡不兼綜並貫。作君作師，一人兼之，不僅爲歷代帝王所未有，即本朝儒林、文苑諸大師，莫非分聖學之一體而已。世宗纘統，欽撰《孝經集注》一卷，推衍「聖祖聖諭」十六條爲廣訓，以教天下。命儒臣撰輯《執中成憲》以自鑑，撰「訓飭州縣規條」以戒民牧，復記述聖祖庭訓爲《庭訓格言》。高宗在青宮時，撰《日知薈説》。臨御以後，御批《通鑑輯覽》，於政治窮究得失，萬機之暇日，與儒臣講貫。復命乾清門侍衛阿彌達往青海窮河源，命江蘭探淮源，命秦承恩赴涇、渭發源地，以考二水之清濁，此均前代帝王之所未有。迨仁宗以降，列聖相承，典學不倦。由聖祖逮于宣宗，御製詩文集記載鴻博，大而武功文治，細而一名一物，包併靡遺，裨益國故，亦非歷朝帝王之集所可比擬。聖學如此，故風行草偃，文化覃敷。此本朝學術之淵源一。

二、開著作館。自順治朝始飭儒臣撰述並開明史館，爲本朝命儒臣撰述及開館著作之濫觴。及康熙朝首詔儒臣纂注羣經，復開圖書集成館，造端宏大。乾隆朝開《四庫全書》館、《三通》館，復采輯《永樂大典》中逸書，直至光緒朝增修會典，垂三百年幾未嘗輟業。凡欽定之書至數萬卷，盛德大業爲亘古所無。諸館大率以翰林充撰輯，而以親王及大學士領之，故本朝儒林、文苑諸大師出於翰林院者什七八，在草野者什二三而已。此本朝學術之淵源二。

今將本朝御製、欽定各書，除關於國史若實録、方略，關於政書若各部則例等書外，其關學術者分四部，列表如左：

朝代	經	史	子	集
世祖朝	御製《孝經注》一卷 御製《内則衍義》十六卷 御纂《易經通注》四卷		御製《資政要覽》三卷 御製《勸善要言》一卷 御製《人臣儆心録》 御製《道德經注》二卷	
聖祖朝	御纂《周易折中》二十三卷 御纂《孝經衍義》一百卷	御批《資治通鑑綱目》一百四卷 御纂《月令輯要》二十四卷	御製《庭訓格言》一卷 御纂《性理精義》十二卷 御纂《朱子全書》六十六卷	御製文集四十卷、二集五十卷、三集五十卷、四集三十卷 御製《避暑山莊三十六景詩》

續表

朝代	經	史	子	集
聖祖朝	欽定日講《易經解義》十八卷	御纂《歷代年表》一百卷	欽定《清漢文小學》一卷	御製《耕織圖詩》
	欽定日講《書經解義》十三卷	欽定《皇輿表》十六卷	御纂《曆象考成》四十二卷	欽定《千叟宴詩》四卷
	欽定日講《詩經解義》	欽定《方輿路程考略》	御纂《數理精蘊》五十三卷	御選《古文淵鑑》六十四卷
	欽定日講《禮記解義》六十四卷	欽定《清涼山新志》十卷	御纂《星曆考原》六卷	御纂《歷代賦彙》一百八十二卷
	欽定日講《春秋解義》六十四卷	欽定日講《通鑑解義》	御纂《欽定曆書》上編十六卷、下編十卷	御纂《全唐詩》九百卷
	欽定日講《四書解義》二十六卷	欽定《繹史》一百六十卷	御纂《三元甲子編萬年書》	御選《唐詩》三十三卷
	欽定《書經傳説彙纂》二十四卷		御纂《子史精華》一百六十卷	御選《四朝詩》三百一十二卷
				御纂《全金詩》七十二卷

續表

朝代	經	史	子	集
聖祖朝	欽定《詩經傳説彙纂》二十卷、序二卷 欽定《春秋傳説彙纂》二十八卷 欽定《經筵講章》四卷 欽定篆文六經四書 御纂《律吕正義》五卷 御纂《康熙字典》四十二卷 御纂《音韻闡微》十八卷 御纂《佩文齋詩韻》五卷		御纂《淵鑑類函》四百五十卷 御纂《佩文韻府》一百六卷 御纂《韻府拾遺》一百十二卷 御纂《駢字類編》二百四十卷 御纂《分類字錦》六十四卷 御纂《佩文齋書畫譜》一百卷	御纂《佩文齋詠物詩選》四百八十卷 御纂《歷代題畫詩類》一百二十卷 御選《歷代詩餘》一百十卷 御纂《詞譜》四十卷 御纂《曲譜》十四卷 欽定《全唐詩録》一百卷 欽定《讀書紀數略》五十四卷

續表

朝代	經	史	子	集
聖祖朝	御纂《清文鑑》二十一卷 御纂《清文合蒙古鑑》二十卷、註三十卷		御纂《佩文齋廣群芳譜》一百卷	
世宗朝	御製《孝經集注》一卷 欽定《滿漢文孝經》一卷	御製《聖諭廣訓》 欽定《八旗通志》二百五十卷 欽定「訓飭州縣規條」	御纂《執中成憲》八卷 御纂《古今圖書集成》一萬卷	御製文集三十卷 御製《朋黨論》 御選《悦心集》四卷
高宗朝	御纂《周易述義》十卷 御纂《詩義折中》二十卷 御纂《周官義疏》四十八卷	欽定《明史》三百三十六卷、目録四卷 御纂《通鑑綱目三編》四十卷	御製《日知薈説》四卷 欽定《經史講義》二十八卷	御製《樂善堂全集》定本三十卷 御製文初集三十卷、二集四十四卷、三集十六卷

續表

朝代	經	史	子	集
高宗朝	御纂《儀禮義疏》四十八卷	御批《通鑑輯覽》一百十六卷、附明唐桂《二王本末》四卷	御纂古今儲貳《金鑑》六卷	御製詩初集四十四卷、二集九十卷、三集一百卷、四集一百卷、五集一百卷
	御纂《禮記義疏》八十二卷	欽定《訂正通鑑綱目續編》二十七卷	御纂《儀象考成》五十三卷、《後編》三十卷	御製詩文餘集二十二卷
	御纂《春秋直解》十二卷	欽定《補纂明史本紀》二十四卷	御纂《協紀辦方書》三十六卷	御製《十全集》五十四卷
	欽定《清漢合璧易經》四卷	御纂《評鑑闡要》十二卷	御纂《天文正義》八十卷	御製《全韻詩》五卷
	欽定《翻譯書經》六卷	御纂《遼金元三史國語解》四十六卷	欽定《萬年書》十二卷	御製《圓明園四十景詩》
	欽定《翻譯禮記》三十卷	欽定《滿文通鑑》	御纂《授時通考》七十八卷	御製《盛京賦》
	欽定《翻譯春秋》六十四卷	欽定《續通典》一百五十卷	御纂《醫宗金鑑》九十卷	御製《冰嬉賦》

續表

朝代	經	史	子	集
高宗朝	欽定《翻譯四書》六卷	欽定《續通志》六百五十卷	欽定《四庫全書總目提要》二百卷	御選《唐宋文醇》五十八卷
	御纂《律呂正義》後編一百二十卷	欽定《續文獻通考》二百五十二卷	欽定《四庫全書考證》一百卷	御選《唐宋詩醇》四十七卷
	欽定《詩經樂譜全書》三十卷	欽定《皇朝通典》一百卷	欽定《四庫簡明目録》二十卷	御纂《皇清文穎》一百二十四卷
	御纂《樂律正俗》一卷	欽定《皇朝通志》二百卷	欽定《天禄琳瑯書目》十二卷	欽定《四書文》四十一卷
	御纂《音韻述微》一百六卷	欽定《皇朝文獻通考》三百卷	欽定《校正淳化閣帖釋文》十卷	欽定《千叟宴詩》三十六卷
	御纂《叶韻彙輯》十卷	欽定《大清會典》一百卷、事例一百八十卷	欽定《三希堂法帖釋文》	欽定《重舉千叟宴詩》三十六卷
	御纂《增訂清文鑑》四十八卷			

續表

朝代	經	史	子	集
高宗朝	御纂《滿蒙漢三合切音清文鑑》三十三卷	欽定《大清通禮》五十卷	欽定《聚珍版程式》一卷	欽定《補繪離騷全圖》二卷
	御纂《西域同文志》二十四卷	欽定《皇朝禮器圖式》十八卷	欽定《石渠寶笈》四十一卷續編	
	御纂《同文韻統》六卷	欽定《滿洲祭神祭天典禮》六卷	欽定《西清古鑑》四十卷、《續鑑》甲編二十卷、附録一卷、乙編二十卷	
	欽定《清漢對音字式》一卷	欽定《大清律例》四十七卷	欽定《寧壽鑑古》十六卷	
	欽定《樂律全書》	欽定《國朝宮史》三十六卷	欽定《秘殿珠林》二十四卷	
	欽定《琴譜》	欽定《詞林典故》八卷	欽定《西清硯譜》二十四卷	
		御纂《歷代職官表》七十二卷	欽定《錢録》十六卷	

續表

朝代	經	史	子	集
高宗朝		欽定《皇朝職貢圖》九卷 欽定《明臣奏議》四十卷 欽定《皇清奏議》 欽定《勝朝殉節諸臣録》十二卷 欽定《大清一統志》三百五十六卷 欽定《盛京通志》一百三十卷 欽定《熱河志》一百二十卷		

續表

朝代	經	史	子	集
高宗朝		欽定《八旗滿洲氏族通譜》八十卷 御纂《滿洲源流考》二十卷 欽定《蒙古源流》八卷 欽定《日下舊聞考》一百六十卷 欽定《皇輿西域圖志》四十六卷 欽定《盤山志》十六卷 欽定《清涼山志》二十二卷		

續表

朝代	經	史	子	集
高宗朝		御纂《河源紀略》三十五卷 欽定《國子監志》六十二卷		
仁宗朝		欽定《明鑑》二十四卷 欽定《續修大清會典》八十卷、圖四十六卷、事例九百二十卷 欽定《國朝宮史續編》一百卷 欽定《詞林典故續編》六十四卷	欽定《授時廣訓》二卷 欽定《石渠寶笈》三編	御製《味餘書室全集定本》四十卷、附《隨筆》二卷 御製詩初集四十八卷、二集六十四卷 御製《嗣統述聖詩》 御製《清寧全撰》二卷 御製《全史詩》

續表

朝代	經	史	子	集
仁宗朝		欽定《八旗通志》二集三百五十四卷		欽定《全唐文》一千卷 欽定《皇清續文穎》百二十卷 欽定《熙朝雅頌集》一百三十四卷
宣宗朝		欽定《大清通禮續纂》五十三卷 欽定《新疆識略》十三卷		御製《養正書屋全集定本》四十卷 御製詩初集二十二卷、餘集六卷 御製文初集十卷、餘集二卷 御製《巡幸盛京詩》

續表

朝代	經	史	子	集
文宗朝	欽定《滿漢文大學衍義》			
穆宗朝			欽定《滿蒙漢文聖諭廣訓》 欽定《治平寶鑑》	御製文集十卷、詩集十八卷
德宗朝	欽定《書經圖說》五十卷	欽定《增修大清會典》一百卷、事例一千二百二十卷、圖一百三十二卷		

右表所舉尚有未備或未知其卷數，然已得二百四部、二萬六千六百餘卷，合歷代千餘年官撰之書，亦不能得此數，可謂極亘古所未有矣。

三、搜緝遺書。自乾隆六年正月，詔訪求遺書，凡元、明諸賢及國朝儒學研究六經、闡明性理、潛心正學、醇粹無疵者，雖業在名山、未登天府者，著直省督撫、學政留心采訪，不拘刻本鈔本，隨時進呈。至三十八年二月，安徽學政朱筠條奏搜緝遺書，詔依其請。三月以進書寥寥，諭内閣凡民間所有藏書，無論刻本、寫本，皆官爲借鈔，仍將原本給還，當嚴飭地方官，勿假手吏胥藉名滋擾。著傳諭各督撫，予以半年之限，陸續奏報。是月又諭軍機大臣，令訪之江浙藏書家，並向蘇州山塘書鋪、湖州書船善爲諮詢，詳加物色。五月甲戌，因江浙督撫、兩淮鹽政等奏到購求呈送之書，已不下四五千種，並有藏書家將所有舊書呈獻者，諭内閣：藏書家將珍藏善本應詔彙交，深可嘉尚，俟校辦完竣日，仍行發還原獻之家。三十九年五月丙寅，諭内閣：凡進書百種以上者，擇其中精醇之本進呈，乙覽幾餘，親爲評詠，題識簡端。其已經題詠者，書館先行録副，即將原書發還，俾收藏之人益增榮幸。並因鮑士恭、范懋柱、汪啓淑、馬裕四家，獻書至五六七百種，賞《古今圖書集成》各一部，以爲好古之勸。進書百種以上之周厚堉、蔣曾罃、吳玉墀、孫仰曾、汪汝瑮，及朝紳中黄登賢、紀昀、勵守謙、汪如藻等，每人賞《佩文韻府》一部，以示嘉獎。七月丙子，諭四庫館臣將藏書家姓名附載於各書提要末，於是海内遺書日出。至四十七年七月，遂編成《四庫全書》，計三千四百六十種，七萬五千八百五十卷，三萬六千册，從來圖書之美備無逾是者。此本朝學術之淵源三。

四、校刊經籍。本朝開印書局於武英殿，先後垂三百年，以雕造御製、欽定各書及古籍。康熙朝，復命江蘇運司于揚州開詩局校刊各書，復造銅活字印《圖書集成》。乾隆三十九年，金簡請造木活字二十五萬餘，錫名聚珍版，印叢書二千七百餘卷。乾隆十一年，飭儒臣校勘《十三經注疏》、《二十二史》，各附以考證。又影刊岳刻五經咸淳本《周易本義》、淳祐本《四書集注》。又刻古香齋袖珍本各書，及乾隆五十六年刻石經於太學，出天禄琳瑯宋版各經及流傳舊本，命彭元瑞等校勘，爲考文提要。詔仿唐石經刻《五經文字》、《九經字樣例》刊置經末，並鐫版頒行天下。綜計内府所刊羣籍，合以漢文、滿文、蒙文、藏文四佛藏不下十餘萬卷。同治中興，兵燹以後，鮑源深奏請刊刻書籍，頒發各學，乃詔東南五省督撫開創書局。光緒間，兩廣督臣張之洞立廣雅書局於廣州，合計各局所刊共數萬卷。嘉慶十八年六月，以生員鮑廷博進呈所刻《知不足齋叢書》賞給舉人，以獎勵私家刻書。于是常熟之張、金山之錢、南海之伍，最近錢唐之丁，吳興之陸氏、劉氏、張氏，定州王氏刊書亦至夥。二百餘年來，合官私所刻不下數十百萬卷，得書之易，古所未有，此本朝學術之淵源四。

五、頒布羣書。本朝欽定經籍，頒行天下，嘉惠士林，屢奉明詔。乾隆元年二月丙午，頒《十三經》、《二十一史》於各省會及府州縣學。戊午，頒聖祖仁皇帝御製《周易折中》、《性理精義》、《朱子全書》，欽定《尚書傳説彙纂》、《詩經傳説彙纂》、《春秋傳説彙纂》，儲於太學，刊示諸生。五月己未，頒聖祖仁皇帝御製《律曆淵源》於直省學宫書院。二年九月丁酉，頒聖祖仁皇帝御製文集、世宗憲皇帝硃批上諭御製《樂善堂集》於官學。三年六月，諭内閣：從前世宗憲皇帝諭，將聖祖仁皇帝御刊經史諸書頒發各省布政司，敬謹刊刻，准人刷印，並聽坊間刷賣。近聞書版收貯藩庫，印刷者少，著各撫藩將書版重加修整，俾士民等易於刷印，有願翻刻者，聽其自便。如御纂諸書未經頒發者，著該督撫奏請頒發，刊版流布。至武英殿、翰林院、國子監，皆有存貯書版，並内府所有各書，亦應聽人印刷，以廣教澤。四年十二月，頒聖祖世宗御製文集並御纂諸經於宗學。五年七月，頒日講《四書解義》、御纂《四經性理精義》、御選《古文》、御注《孝經》於奉天各義學。九年，頒《古今圖書集成》於翰林院。十六年，頒武英殿《十三經》、《二十二史》于江寧鍾山、蘇州紫陽、杭州敷文三書院。二十三年八月，詔將武英殿所刻《皇朝通禮》，按照省分各印給一部。四十四年六月，頒書籍於承德府文廟。四十七年，《四庫全書》告成，既繕寫三部，分藏大内文淵閣，及奉天熱河之文津、文溯閣。以江浙爲人文淵藪，復寫三部，於江蘇金山建文宗閣，揚州大觀堂建文滙閣，杭州西湖建文瀾閣以庋之。許士子到閣檢閱，以廣教澤。嘉慶九年二月，復頒高宗聖製《詩文全集》、欽定石刻《十三經》于翰林院，于是臣民咸得窺石渠、天禄之藏。此本朝學術之淵源五。

六、舉行特科。本朝兩舉鴻博，一在康熙十七年，詔凡有學行兼優、文詞卓越之人，無論已未出仕，著在京三品以上及科道官員，在外督、撫、布、按，各舉所知，將親録試用。以十八年三月一日于體仁閣考試，内外薦舉者百八十六人，中選者彭孫遹等五十人，皆以翰林官用，令編修《明史》。一在乾隆元年。先是雍正十一年四月，下詔重修《制科曠典》。十三年二月及十一月，以薦舉寥寥，復諭在内大臣及各省督撫悉心延訪，速行薦舉，定一年内齊集京師。至乾隆元年九月二十六日己未，御試於保和殿，是科被舉者二百六十七人，到京者百八十人，與試者百六十七人，取一等五人，二等十人。十月乙丑，詔一等五人授編修，二等十人内五人以甲科出身授檢討，五人以諸生授庶吉士。二年七月十一日，復行補試，集闕下者二十六人，取一等一人，二等三人，二人授檢討，二人授庶吉士。十四年十一月，詔舉經明行修之士，令内而大學士、九卿，外而督撫公舉所知，不拘進士、舉人、諸生以及退休閑廢人員，能潛心經學者，慎重遴訪。越二年，内外臣工保舉四十九人。十六年閏五月，諭内閣：內外所舉既有四十九人，其間流品自不無混雜，果有篤學碩彦，爲衆所真知灼見，即無庸調試，著大學士、九卿將現舉人員再行虚公覈實，無拘人數，務取名實相孚者確舉以聞。大學士乃奏薦陳祖范、吴鼎、梁錫璵、顧棟高四人，詔呈閲著作。六月丙午，授吴鼎、梁錫璵爲國子監司業。八月丙申，以陳祖范、顧棟高年老不能來京，俱給與國子監司業銜，以勵宿學。乾隆朝，鴻博、經學兩科，取録甚嚴，然天下人士乃爭自琢磨，駸駸然務實學矣。此本朝學術之淵源六。

七、獎勵宿學。列聖相承，獎勵宿學。康熙十八年，山西進士范鎬鼎舉鴻博，不應講濂洛之學，御書「山林雲鶴」四字以旌之。四十一年，大學士李光地進呈梅文鼎所著《曆學》，御書「積學參微」四字賜之。四十四年，聖駕南巡，德清處士胡渭獻《平成頌》。先是，侍講學士查昇進呈渭所著《禹貢錐旨》，至是，賜御書「西湖詩扇」，並賞「耆年篤學」四字額。乾隆十六年，顧棟高以經學薦舉，御製七律二章賜之。二十二年，南巡召見，賜祭酒銜，並賜御書「傳經耆碩」四字。吴鼎進所著《象數》、《集説》、《易問》、《春秋》四傳選義，《易堂問目考律緒言》。梁錫璵進所著《易經揆一》，諭令翰林二十員、中書二十員在武英殿各繕寫一部，著梁詩正、劉統勳董理其事。二十八年十月，諭軍機大臣等：現在修輯韻書，聞安徽婺源縣有已故生員江永，曾著《四聲切韻表》及《音學辨微》二書，稿本已成，未經刊刻，著傳諭該撫即飭該縣，就其家購覓。如因一時鈔録不及竟，將原稿本隨奏摺之便，附封送京，以備采擇，書竣即行發還。三十八年七月，辦理《四庫全書》總裁奏請將進士邵晉涵、周永年、余集，舉人戴震、楊昌霖調取來京，同司校勘。奉諭令該總裁留心視看年餘，如果行走勤慎，其進士出身者，准其與壬辰科庶吉士一體散館，舉人則准其與下科新進士一體殿試，候酌量録用。四十三年四月，《四庫全書》館進朱彝尊《經義考》，御製詩題卷首，諭軍機大臣著録寄浙撫三寶，就便詢問藏版之家，將此詩添冠卷端，使士林咸知闡崇經學之意。咸豐元年，禮部奏進江蘇舉人朱駿聲《説文通訓定聲》，諭賞加國子監博士銜。三年，禮部奏進福建舉人林昌彝《三禮通釋》，諭以教授歸部選用。十年，刑部候補主事何秋濤進呈所著《輿地書籍》八十卷，賜名《朔方備乘》，諭俟補缺後以員外郎即行升補，並著在懋勤殿行走。稽古之榮，下及韋布。此本朝學術之淵源七。

八、振興書院。世宗雍正十一年正月，諭内閣：各省學校之外地方大吏，每有設立書院，聚集生徒，講誦肄業者；朕臨御以來，時時以教育人材爲念。但稔聞書院之設，實有裨益者少，浮慕虚名者多，是以未嘗敕令各省通行。近見各省大吏，漸知崇尚實政，而讀書應舉者，亦頗能屏浮囂奔競之習，則建立書院，亦興賢育材之一道也。督撫駐紮之所，爲省會之地，著該督撫商酌舉行，各賜帑金一千兩，將來士子羣聚讀書，須豫爲籌畫，資其膏火，以垂永久。其不足者，在於存公銀内支用。封疆大臣等，並有化導士子之職，各宜殫心奉行，黜浮崇實，以助國家「菁莪」、「棫樸」之化。至乾隆四年三月己巳，諭浙江敷文書院，每歲帑金租息四百兩，不足以敷餼稟，著加賜帑金一千兩，交與該撫經理，歲取息銀以資諸生膏火。十五年，南巡，九月至河南，幸嵩陽書院。四十年，因畢沅之奏，道光十七年因御史巫宜稧奏，詔各書院延請山長，務訪學行兼優者任之。自雍、乾以降，若陳祖范、錢大昕、段玉裁掌教紫陽，盧文弨掌教鍾山，全祖望掌教蕺山端溪，陳壽祺掌教鼇峰，錢儀吉掌教大梁，李兆洛掌教暨陽，陳澧掌教菊坡，朱一新掌教廣雅，並能化導諸生，儒風丕振。阮元撫浙，創設詁經精舍；督粵，創學海堂，延王昶、孫星衍爲山長，以經、史爲教，得人尤盛。即晚近黃彭年于蘇州創學古堂，黃體芳於江陰創南菁書院，張之洞於廣東創廣雅書院，成效雖不如乾嘉時，而東南士夫尚知研究經、史者，諸書院力也。此本朝學術之淵源八。

九、内府蒐集古器。蒐集三代禮器，始于宋之皇祐。本朝乾隆中，命儒臣將内府所藏古禮器，編爲《西清古鑑》正、續編及《寧壽鑑古》。當時士夫承流嚮風，斯學遂盛。其文字可考證經義，其形象可正禮圖，故程氏瑶田據以釋《考工》，吴大澂據以考古度量權衡。晚近山川之寶日出不窮，禮器以外，若殷墟之甲骨、西陲之簡牘、中州之碑版，均爲前人之所不及見，有資於考古甚巨，其風實自上開之。此本朝學術之淵源九。

第三章　本朝學術流派

本朝垂三百年之學術，由於國家之倡導，前章已言之。至學術流派，略述如下。

一、經學

本朝經學，欽定諸經一承宋儒之舊，而兼采漢儒以下諸家之説，訓詁、義理並重，一掃門户之習。兹分徑述之：

《周易》　《易》之爲書，推天道以明人事。漢儒言象數，去古未遠，乃一變爲京房、焦延壽，遂入於禨祥。再變而爲陳摶、邵康節，專窮造化，不切人事。自王弼則盡黜象數，闌入老莊。宋儒專明儒理，又專求之人事而遠于天道，各得一偏。本朝欽定《周易折中》，主義理而不廢象數，一矯前人之失。今計本朝言《易》者凡四派：（一）漢學派，（二）理象折中派，（三）義理派，（四）闢陳、邵圖書派。

（一）漢學派。毛奇齡作《春秋占筮書》及《易小帖》，依據古訓，糾近代説《易》之失。惠士奇作《易説》，專宗漢學，以象爲主。惠棟作《周易述》，以荀、虞爲主而參以鄭玄、宋咸、干寶，又作《易漢學》，申孟長卿等五家之説。張惠言作《周易虞氏義》，專主虞翻，復爲《鄭氏義》、《荀九家易》、《易義別録》(集孟喜、姚信以下十九家之説)，以存古説。孫星衍作《周易集解》，均祖述漢人。

(二)理象折中派。胡煦《周易函書》、朱軾《周易傳義合訂》、王心敬《豐川易説》、任啓運《周易洗心》、趙繼序《周易圖質疑》屬之。

(三)義理派。張爾岐《周易説略》、張烈《讀易日鈔》、李光地《周易通論》、楊名時《周易劄記》、程廷祚《大易擇言》，均明白篤實，不同空虚。至焦循《周易補疏》，則取王弼注之訓詁近古者而爲之疏，亦義理派也。

(四)闢陳、邵圖書派。排斥圖書始于元之吴澄、明之歸有光，本朝則有黄宗羲之《易經象數論》、黄宗炎之《圖書辨惑》。至胡渭《易圖明辨》、張惠言《易圖條辨》，則窮溯本原，鈎稽益密。

《尚書》 自宋吴棫、朱子、陳振孫，元吴澄，明梅鷟、歸有光等疑《古文尚書》爲僞，至閻若璩撰《古文尚書疏證》，益暢諸家之説，於是治《尚書》者分三派：(一)今文派，(二)不分今古文派，(三)古文派。

(一)今文派。 閻若璩撰《古文尚書疏證》後，若惠棟《尚書古文考》、段玉裁《古文尚書撰異》、孫星衍《尚書古今文注疏》、王鳴盛《尚書後案》、宋鑒《尚書考辨》、江聲《尚書集注音疏》，皆以古文爲僞而治今文。

(二)不分今古文派。自諸家考古文爲僞，當世學者若黄宗羲、錢大昕、沈彤、姚鼐多從其説。

然古文久班學官，朱彝尊謂其言多綴輯逸經成文，無悖於理，舉而删之，非可行之道。陳祖范經咫持論亦同。若李光地之《尚書解義》、張英之《書經衷論》，均不斷斷於今古文之爭，是爲不分今古文派。又諸家既攻僞古文、僞孔注，將並孔注而廢之。焦循謂古文增多之二十五篇爲僞，《堯典》至《秦誓》二十八篇固不僞，今之孔傳認爲魏、晉間人之傳，亦何不可存，因歷舉其注之「七善」作《尚書補疏》。此雖非不分古今文派，而持説甚允，故附於此派之後。

（三）古文派。閻若璩撰《古文尚書疏證》，毛西河爲《古文尚書寃辭》以反之。當時朱鶴齡《尚書埤疏》亦不以古文爲僞，厥後張崇蘭《古文尚書私議》亦反僞古文之説。欽定《四庫全書》既載閻氏《古文尚書疏證》，毛氏《寃辭》亦並載入，則廢古文之説，亦館臣所不盡贊同者也。

《毛詩》《詩》有四家，惟《毛詩》僅存。毛公作《傳》，鄭氏作《箋》，皆依據《詩序》。雖唐以前考作《序》之人言人人殊，要無攻其僞者。自宋鄭樵、王質，始詆爲村野妄人所爲，朱子作《詩集傳》，遂廢《序》説。于是本朝治《詩》者，遂分三派：（一）漢學派，（二）無專主派，（三）齊、魯、韓遺説派。

（一）漢學派。皆祖述毛、鄭，然亦分三派。甲兼主毛、鄭派；乙主毛派；丙主毛佐鄭派。若馬瑞辰《毛詩鄭箋通釋》、胡承珙《毛詩後箋》屬甲派，陳奂《毛詩傳疏》屬乙派，陳啓源《毛詩稽古編》、焦循《詩經補疏》屬丙派。

（二）無專主派。若李光地《詩所》、惠周惕《詩説》、楊名時《詩經劄記》、嚴虞惇《讀詩質疑》、顧鎮《詩瀋》，均漢、宋兼采而不廢《詩序》。

（三）齊、魯、韓遺説派。采輯三家遺説者始於宋之王伯厚，至本朝諸家又爲之增輯，有范家相之《三家詩拾遺》、馬國翰之《齊魯韓詩詁》、林伯桐之《詩考補注》、周邵蓮之《詩考異字箋餘》、馮登府《三家詩異文疏證》、陳壽祺《三家詩遺説考》、陳喬樅《四家詩異文考》，凡與《毛詩》異文者，就師承授受以定屬何家，雖不能毫無疏失，然亦可得概略矣。

三《禮》 三《禮》之學至宋而微，至明而絶。《周禮》晚出，真僞之説紛如聚訟，至詆爲劉歆僞造，鄭樵已駁正之。大抵《周官》「六典」，其源確出周公，而流傳既久，不免有所竄亂。鄭康成東漢大師親爲之注，不以爲疑而後人疑之，詎足以成信讞。至《儀禮》，宋、元以來傳習至少，至有明則三《禮》之中公令惟習《禮記》，故顧氏炎武有廢經習傳之歎。本朝乾隆中，欽定《三禮義疏》，《儀禮》之學微而復興。今將習三《禮》流派分疏於下：

（一）《周禮》。鄭注《周禮》，賈、孔作疏，於名物、度數特詳。本朝治《周禮》者，或標舉要義以闡制作之故，而略於名物、度數，若李光坡《周禮述注》、李鍾倫《周禮訓纂》之類皆是。至惠士奇《禮説》、江永《周禮疑義舉要》，則一遵漢儒之舊。近孫詒讓作《周禮正義》，裒集衆説，於名物、度數考證極詳，遂駕賈、孔而上之矣。

(二)《儀禮》。本朝治《儀禮》者始於張爾歧《儀禮鄭注句讀》，厥後作者林立，蔡德《儀禮本義》、沈彤《儀禮小疏》、江永《儀禮釋例》、凌廷堪《禮經釋例》，並考證精核。至胡培翬《儀禮正義》，乃集大成，於《儀禮》之學可謂毫髮無遺憾矣。

(三)《禮記》。鄭注以後，宋衛湜采康成以下百四十四家爲《禮記雜説》，舊注皆賴以存。本朝杭世駿著《續衛氏禮記集説》，蒐集益備。又江永《禮記訓義擇言》、朱彬《禮記訓纂》、焦循《禮記補疏》，于訓詁、名物考證尤詳，足以羽翼鄭學。

《春秋》三《傳》　《春秋》三《傳》：左丘明受經於孔子；《公羊傳》傳於公羊高，至景帝時其玄孫壽始著竹帛；《穀梁傳》傳於穀梁赤，其著于竹帛亦出於後之傳其學者。其書均晚，故左氏紀事爲詳，公、穀二家多曲説。至唐趙匡倡爲左氏非丘明，宋、元諸家因之，故中唐以前推尊左氏，晚唐以後則推尊公、穀。孫復、劉敞輩創爲棄傳從經之説，夫舍事實而言是非，何異舍案證而決獄？及宋南渡之初，胡安國作《春秋傳》，多感激時事，往往借《春秋》以寓意，不必悉合經旨。而元延祐中復科舉法，以胡《傳》懸爲功令，而明因之，于是合三傳爲四。兹叙《春秋》流派，分爲四端述之。

(一)統治三《傳》。宋孫復以後説《春秋》者，務以攻擊三《傳》相高，求駕乎先儒之上，穿鑿破碎之弊日生。本朝統治三《傳》者，有俞汝言《春秋平義》及《春秋四傳糾正》，焦袁熹《春秋闕如編》，惠士奇《半農春秋説》，顧棟高《春秋大事表》，均持論正大，考證精密，一矯前人穿鑿肊斷之失。

（二）《左傳》。本朝治《左氏傳》者，有杜注有古注。其補正杜注者，有顧炎武《左傳杜解補正》、朱鶴齡《讀左日鈔》、沈彤《春秋左氏傳小疏》、焦循《左傳補疏》、沈欽韓《春秋左傳補注》。治古注者有惠棟《春秋補注》、馬宗槤《左傳補注》、李貽德《左傳賈服注輯述》、臧壽恭《春秋左氏傳古義》。

（三）《公羊傳》。公羊之學，魏、晉以後治者甚稀，僅存何劭公注而穿鑿傅會，妄誕不經。其尤甚者若黜周王魯，爲漢立制，例日、例月，如是之類，不違縷指。既不能執經以匡傳，又加之助傳以誣經。本朝治斯學者，有孔廣森《春秋公羊通義》，莊存與《春秋正辭》，劉逢禄《公羊何氏釋例》、《何氏解詁》，凌曙《公羊禮説》、《公羊禮疏》、《公羊問答》，陳立《公羊義疏》，大半守漢人治經之法，於何注訂正甚少。惟齊召南《公羊傳注疏考證》、何若瑶《春秋公羊傳注質疑》，能匡正何氏之失。

（四）《穀梁傳》。本朝經師治《穀梁》者無多，乾嘉以來有姚鼐《穀梁補注》、許桂林《穀梁釋例》、侯康《穀梁禮證》、鍾文烝《穀梁補注》、柳興恩《穀梁大義述》，近人柯紹忞《穀梁傳注》尤得體要。

《孝經》　《孝經》有今古文，朱子作刊誤用古文，分爲經一章、傳十四章，删舊文二百二十三字。

吴澄作定本，依今文十二章而改其次序。本朝治《孝經》皆依今文不改定本，其輯鄭注佚文者，有臧庸《孝經鄭氏解輯》、嚴可均《孝經鄭氏注》、孔廣(林)〔森〕及袁鈞《孝經鄭注》。其補舊疏者，有阮福《孝經義疏補》。

《論語》 本朝治《論語》者，有程廷祚《魯論説》、徐養原《論語魯讀考》、劉臺拱《論語駢枝》、焦循《論語補疏》、劉寶楠《論語正義》。其輯古注者，有宋翔鳳《論語鄭注》、陳鱣《論語古訓》。

《孟子》 本朝治《孟子》者，有焦循《孟子正義》、宋翔鳳《孟子趙注補正》。其輯古注者，有宋翔鳳《孟子劉熙注》。

四書 自南宋以後，始合《大學》、《中庸》、《論語》、《孟子》爲四書，今依《十三經》之目，《論語》、《孟子》別出，《大學》、《中庸》歸入《禮記》，其合考四書者，分三類述之。

(一)考典制、名物。有周炳中《四書典故辨正》、凌曙《四書典故覈》、閻若璩《四書釋地》是書釋地理而兼及物類典制、王瑬《四書地理考》。

(二)考義理。有陸隴其《四書講義困勉録》、楊名時《四書劄記》、焦袁熹《此木軒四書説》。

(三)考訂文字。有翟灝《四書考異》。

《爾雅》 本朝治《爾雅》者，有翟灝《爾雅補郭》、邵晉涵《爾雅正義》、郝懿行《爾雅義疏》、嚴元照《爾雅匡名》、龍啓瑞《爾雅經注集證》。其輯古注者，有臧鏞《爾雅漢注》、錢坫及黄奭《爾雅古義》、嚴可均《爾雅一切注音》、葉蕙心《爾雅古注斠》。其校勘《爾雅》者，有張宗泰《爾雅注疏本正誤》。

羣經總義　此類分五項述之。

（一）歷代石經。考歷代石經者有顧炎武及萬斯同《石經考》、杭世駿《石經考異》、桂馥《歷代石經考略》、馮登府《石經補考》。漢石經有翁方綱《漢石經殘字考》。魏石經有孫星衍《三體石經殘字考》、王國維《魏石經考》。唐石經有錢大昕《唐石經考異》、嚴可均《唐石經校文》、王朝榘《唐石經考正》。蜀石經有王昶《蜀石經殘字考》。北宋石經有丁晏《汴學二體石經記》。本朝石經有彭元瑞《石經考文提要》。

（二）文字校勘。考羣經文字者，有顧炎武《九經誤字》、畢沅《經典文字辨證》、錢坫《十經文字通正書》、李富孫《〈易〉〈詩〉〈春秋〉三傳異文釋》。校勘羣經者，有齊召南《〈尚書〉〈禮記〉〈春秋〉三傳注疏考證》、阮元《十三經注疏校勘記》。

（三）輯佚。輯古經説者，有王謨《漢魏遺書鈔》、馬國翰《玉函山房輯佚書》、余蕭客《古經解鉤沉》、陳壽祺《五經異義疏證》、錢東垣《輯鄭志》、陳鱣《輯六藝論》。

（四）劄記。本朝諸家經學劄記至夥，約舉之，有惠棟《九經古義》、臧琳《經義雜記》、江永《羣經補義》、陳祖范《經咫》、孔廣森《經學卮言》、劉臺拱《經傳小記》、汪中《經義知新記》、李惇《羣經識小》、王念孫《讀書雜志》、王引之《經義述聞》、程瑤田《通藝録》。

（五）通考。通考諸經者，有焦循《羣經宫室圖》、陳懋齡《經書算學天文考》、秦蕙田《觀象授時》、阮元《經籍纂詁》。

小學　本朝小學之精，遠邁前代，著書甚多，今約舉分述如左：

（一）《説文解字》。爲之注者，有段玉裁《説文解字注》，桂馥《説文解字義證》，王筠《説文句讀》、《説文釋例》。考新附字者，有鈕樹玉《説文新附考》。考聲韻者，有段玉裁《六書音韻表》、姚文田《説文聲系》、苗夔《説文聲讀表》、嚴可均《説文聲類》、戚學標《漢學諧聲》。爲劄記者，有惠棟《讀説文記》、席世昌《讀説文記》、王念孫《讀説文記》、錢大昕《説文答問》、薛傳均《疏證》、胡秉虔《説文管見》。爲校勘者，有沈濤《説文古本考》、姚文田《説文校議》、苗夔《説文繫傳校勘記》。

（二）《方言》、《廣雅》諸書。《説文》以外古小學書，有《方言》、《廣雅釋名》、《小爾雅》、《急就篇》諸書。戴震有《方言疏證》，杭世駿有《續方言》，程際盛有《續方言補正》，沈齡有《續方言疏證》，王念孫有《廣雅疏證》，江聲有《釋名疏證》，成蓉鏡有《釋名補證》，胡承珙有《小爾雅義證》，王煦有《小爾雅疏》，宋翔鳳有《小爾雅訓纂》，朱駿聲有《小爾雅約注》，孫星衍有《急就章考異》，王國維有《校松江本急就篇》。

（三）輯古字書。輯已佚古字書者，有孫星衍《倉頡篇》，陶方琦《倉頡篇輯補》，臧庸《通俗文》，任大椿《小學鉤沉》、《字林考逸》，陶方琦《字林考逸補》，王國維有《史籀篇疏證》、《唐韻佚文》。

（四）音韻。本朝音韻之學，始於顧炎武之《音論》、《古音表》、《唐韻正》，厥後江永有《古韻標準》、《四聲切韻表》、《音學辨微》，戴震《聲韻考》、《聲類表》，段玉裁之《六書音韻表》，王念孫《古音二十一部説》，洪榜《四聲韻和表》，錢大昕《聲類》，姚文田《古音諧》，江有誥《音學十書》，王國維《兩周金文韻讀聯綿字譜補》，高郵王氏《説文諧聲譜》。

（五）古金文。本朝考古金文者，始于阮元《積古齋鐘鼎款識》、吳榮光之《筠清館》，但載款識。至曹載奎之《懷米山房》、潘祖蔭之《攀古樓》、吳雲之《兩罍軒》、吳大澂之《恒軒》、端方之《匋齋諸吉金款識》，均圖象、文字並重。厥後吳式芬《攈古録》、吳大澂《愙齋集古録》，搜集較廣。其集爲字書者，有吳大澂《説文古籀補》，近人有續爲補集者。吳大澂又有《字説》，雖僅數篇，然多精義，足補正許書。近年殷墟出貞卜文字，又可補金文所未及。

樂　本朝論樂之書，有應撝謙《古樂書》，李光地《古樂經傳》，江永《律呂新論》、《律呂闡微》，江藩《樂縣考》，凌廷堪《燕樂考原》，陳澧《聲律通考》。康熙以後，凡言律呂者皆根據御纂《律呂正義》，蓋聖祖于樂學至精，後有作者，莫能外也。

二、史學

約爲八類：曰正史，曰編年，曰紀事本末，曰古史，曰別史及載記，曰傳記，曰譜録，曰地理。

正史　本朝學者治正史者約分五類：曰注，曰補，曰校，曰攈逸，曰通考。

（一）注。爲正史補注者，有方苞《史記注補正》，梁玉繩《史記志疑》，錢大昭《漢書辨疑》，沈欽韓《漢書疏證》，周壽昌《漢書注校補》，何若瑶《漢書考證》，朱一新《漢書管見》，王先謙《漢書補注》，惠棟《後漢書補注》，沈欽韓《後漢書疏證》，周壽昌《後漢書注補正》，何若瑶《後漢書考證》，侯康《後漢書補注》，王先謙《後漢書補注》，趙一清《三國志注補》，侯康《三國志補注》，錢大昭《三國志辨疑》，潘眉《三國志考證》，梁章鉅《三國志旁證》，周壽昌《三國志注證遺》，康發祥《三國志補義》，彭元瑞、劉鳳誥《新五代史補注》。其考一部類者，有錢塘《史記三書正譌》，汪越《讀史記十表》，梁玉繩《漢書古今人表考》，王元啓《史記三書正譌》、王元啓《漢書律曆志正譌》，全祖望《漢書地理志稽疑》，錢坫《新斠注地理志》，吴卓信《漢書地理志補注》，王紹蘭《漢書地理志校注》，楊守敬《漢書地理志校補》，洪頤煊《漢志水道疏證》，陳澧《漢書地理志水道圖説》，徐松《漢書西域傳補注》，畢沅《晉書地理志新補正》，方愷《晉書地理志校補》，温曰鑑《魏書地形志校録》，楊守敬《隋書地理志考證》。

（二）補。爲正史補遺者，有錢大昕《遼金元三史拾遺》，厲鶚《遼史拾遺》。補表、志者，有劉文淇《楚漢諸侯疆域志》，華湛恩《後漢三公年表》，錢大昭《後漢書補表》、《補續漢書藝文志》，顧櫰三《補續漢書藝文志》，侯康《補後漢書藝文志》，洪齮孫《三國職官表》，洪亮吉《三國疆域志》，謝鍾英爲之《注》，吴增僅《三國郡縣表》，楊守敬爲《校補》，侯康《補三國藝文志》，洪亮吉《東晉疆域志》、《十六國疆域志》，錢儀吉《補晉兵志》，丁國鈞《補晉書藝文志》，郝懿行《補宋書刑法志食貨志》，洪齮孫《補梁疆域志》，周嘉猷《南北史世系表》，汪士鐸《南北史補志》，徐文范《東晉南北朝地輿表》，顧櫰三《補五代史藝文志》，倪粲《宋史藝文志補》、《補遼金元三史藝文志》，金門詔《補遼金元三史藝文志》，錢大昕《元史氏族表補》、《元史藝文志》。

（三）校。校全史者，有錢大昕《二十二史考異》。校一史者，有錢儀吉《三國志考證》、羅士琳等《舊唐書校勘記》、汪輝祖《元史本證》。校一部類者，有汪遠孫《漢書地理志校本》。

（四）擴逸。輯逸史者，有汪文臺《七家後漢書》，湯球《晉紀輯本》、《十家晉書輯本》、《晉陽秋輯本》。

（五）通考。通考諸史者，有萬斯同《歷代史表》，齊召南《歷代帝王年表》，段承基《歷代統紀表疆域表沿革表》，沈炳震《二十一史四譜》，鍾淵映《歷代建元表》，梁玉繩《元號略葉維庚紀元通考》，李兆洛《歷代紀元編》、《歷代地理韻編》，陳芳績《歷代地理沿革表》，楊守敬《歷代地理沿革圖》，王鳴盛《十七史商榷》，趙翼《二十二史劄記》。

編年　本朝編年之書，有徐乾學《資治通鑑後編》、畢沅《續資治通鑑》、夏燮《明通鑑》。其補正《通鑑》胡注者，有陳景雲《通鑑胡注舉正》、錢大昕《通鑑注辨正》、趙紹祖《通鑑注商》。其校勘

《通鑑》者，有張敦仁《通鑑刋本識誤》。其補正《通鑑綱目》者，有陳景雲《綱目訂誤》，張庚《綱目釋地糾繆》、《綱目釋地補注》。

紀事本末　本朝之撰紀事本末者，有馬驌《繹史》、高士奇《左傳紀事本末》、張鑑《西夏紀事本末》、李有棠《遼金紀事本末》、谷應泰《明史紀事本末》、楊陸榮《三藩紀事本末》、魏源《聖武記》、夏燮《中西紀事》。

古史　本朝治古史者，曰注、曰校、曰輯。分疏如下：

（一）注。陳逢衡著《逸周書補注》，朱右曾著《逸周書集訓校釋》，丁宗洛著《逸周書管箋》，洪亮吉著《國語韋昭注疏》，汪遠孫著《國語發正》，程恩澤著《國策地名考》，張琦著《戰國策釋地》，陳逢衡著《竹書紀年集證》，林春溥著《竹書紀年補證》、《戰國紀年》、《古史紀年》、《古史考年同異表》，王國維著《今本竹書紀年疏證》。

（二）校。顧廣圻著《校刋國語札記》，汪遠孫著《國語考異》，洪頤煊著《校正竹書紀年》。

（三）輯。汪遠孫著《國語三君注輯存》，孫馮翼《輯世本》，雷學淇著《校輯世本》，秦嘉謨著《世本輯補》，王國維著《古本竹書紀年輯校》。

别史及載記　有謝啓昆《西魏書》，陳鱣《續唐書》，湯運泰《南唐書注》，王鴻緒《明史稿》，蔣良騏《東華録》，王先謙《東華録》，吴任臣《十國春秋》，梁廷枏《南漢書》，王國維《蒙韃備録箋證》、

《黑韃事略箋證》、《聖武親征録校注》。

傳記 有林春溥《孔子世家補訂》，孔繼汾《闕里文獻考》，王國維《漢魏博士題名考》，鄭珍《鄭學録》，陳鼎《東林列傳》，錢儀吉《碑傳集》，繆荃孫《續碑傳集》，李元度《國朝先正事略》，李桓《耆獻類徵》，錢林《文獻徵存録》，杭世駿《詞科掌録》，李集《鶴徵録》，李富孫《後録》、《秦瀛己未詞科録》。

譜録 譜録之類三： 曰書目，曰姓氏年譜，曰金石。

（一）書目。目録之學，至本朝而極盛。欽定《四庫全書提要》詳載羣書之得失，刋本之優劣，作者之籍里、履歷，無不詳盡，别爲《簡明目録》，以便瀏覽。阮元有《四庫未收書目》，朱彝尊著《經義考》，謝啓昆著《小學考》，均爲前代未有之創作。至周中孚《鄭堂讀書記》，陳鱣《經籍跋文》，錢泰吉《曝書雜記》，王國維《五代兩宋監本考》、《兩浙古刋本考》，並資博聞。

（二）姓氏年譜。有張澍《姓氏尋源》、《古今姓氏書辨證》，孫星衍、洪瑩輯《元和姓纂》，汪輝祖《史姓韻編》、《九史同姓名略》、《遼金元三史同姓名録》，牟廷相《周公年表》，林春溥《孔孟年表》，狄子奇《孔孟編年》，王懋竑《朱子年譜》，李紱《陸象山年譜》，錢大昕、洪文惠、洪文敏、陸放翁、王伯厚、王弇州《年譜》，王國維《耶律文正年譜》，段玉裁《戴東原年譜》，張穆顧亭林、閻百詩《年譜》，錢大昕《疑年録》，吴修《續録》，陸心源《三録》，吴榮光《歷代名人年譜》。

（三）金石。此學肇於有宋，至本朝而極盛。約分四類： 曰目録，曰文字，曰圖象，曰考證。目録諸書，有錢大昕《潛研堂金石目》，孫星衍《寰宇訪碑録》，趙之謙《訪碑録補》，吴式芬《攈古録目》，繆荃孫《藝風堂碑目》，王國維《宋代金文著録表》、《國朝金文著録表》。録文字者，有吴玉搢《金石存》、翁方綱《兩漢金石記》、王昶《金石萃編》、陸耀遹《金石續編》、陸增祥《八瓊室金石補正》、趙紹祖《金石文鈔》、黄本驥《古誌石華》。至分地之金石志，如關中、中州、山左、兩浙之類，或録文，或不録文，體例不一，多不可計。圖象諸書，其關古禮器者已見「小學類」。他如張燕昌《金石契》、褚峻《金石經眼録》、劉喜海《三巴金石苑》、李佐賢《古泉滙》、程敦《秦漢瓦當文字》、王福田《竹里瓦當文存》、錢坫《浣花拜石軒鏡銘集録》、吴大澂《百家姓印譜》之類，未遑備舉。考證諸家，有顧炎武《金石文字記》、錢大昕《潛研堂金石跋尾》、武億《金石三跋》、嚴可均《鐵橋金石跋》、洪頤煊《平津讀碑記》。至李遇孫《金石學録》、陸心源《金石學録補》，並可考見斯學之概略。

地理　地理之類約爲四目：曰志，曰圖，曰水地，曰考古。

（一）志。本朝地志，欽定《一統志》外，有顧祖禹《方輿紀要》、洪亮吉《乾隆府廳州縣圖志》。雍正間，詔各省修通志，二百年間或一修再修，或後來編輯，計各省有通志者曰畿輔，曰盛京，曰吉林，曰河南，曰山西，曰山東，曰江南，曰江西，曰湖北，曰湖南，曰四川，曰雲南，曰貴州，曰浙江，曰福建，曰廣東，曰廣西，曰陝西，曰甘肅，曰新疆。其他府廳州縣、名山勝跡，莫不有志。其私家著作中尤典核者，有汪中《廣陵通典》、張澍《蜀典》、田雯《黔書》、張澍《續黔書》、王崧《雲南備徵志》、松筠《新疆識略》、徐松《新疆賦》。其考邊防者，有盛繩祖《衛藏圖志》、松筠《西招圖略》、李心衡《金川瑣記》、毛奇齡《蠻司合志》、嚴如熤《邊防備覽》、祁韻士《皇朝藩部要略》、張穆《蒙古游牧記》。考外國者，有魏源《海國圖志》、徐繼畬《瀛寰志略》。

（二）圖。本朝直省地圖，以胡林翼《一統輿圖》爲善，至光緒朝《會典館圖》益加詳密。此外有吴大澂《三省黄河圖説》、馬徵麟《長江圖説》、上海製造局所譯《海道圖説》、施彦士《海運圖説》。

（三）水地。此學分古、今二系。治古水地學者，有戴震及全祖望《校水經注》，趙一清《水經注釋》、王先謙《合校水經注》，張匡學《水經注釋地》，董祐誠《水經注圖説殘稾》，汪士鐸《水經注圖》，陳澧《水經西南諸水考》，楊守敬《水經注要删》、《水經注圖》。治今水地者，有齊召南《水道提綱》、傅澤洪《行水金鑑》、黎世序《續行水金鑑》、徐松《西域水道記》、吴邦慶《畿輔河道水利叢書》、陶澍《江蘇水利圖説》、王鳳生《浙西水利備考》。

（四）考古。考古地理輯佚書者，有畢沅輯王隱《晉書地道記》、《太康三年地記》，張澍輯趙岐《三輔決録》、闞駰《十三州志》、《辛氏三秦記》，孫星衍輯《唐括地志》，曹元忠輯韋述《兩京新記》。自著者，有徐松《唐兩京城坊考》、周城《宋東京考》、顧炎武《歷代帝王宅京記》、朱孔揚《歷代陵寢備考》。

三、子

子部本以周、秦間諸子命名，宋高似孫撰《子略》，凡不能歸入經史者皆入子類，門目極繁。兹約爲四類：曰儒家，曰諸子，曰考證，曰算術。

（一）儒學。本朝治義理之學者，分程、朱派，陸、王派，不分宗派三者。主程、朱者，有李光地《注解正蒙》、《榕村語録》，茅星來及江永《近思録集注》，陸世儀《近思録輯要》，陸隴其《讀朱隨筆》、《三魚堂剩言》、《松陽鈔存》，張履祥《願學記》、《備忘録》，雷鋐《讀書偶記》，全祖望《宋元學案》，唐鑑《國朝學案小識》。主陸、王者，有黄宗羲《宋儒學案》、《明儒學案》，吴鼎《東莞學案》，李中孚《四書反身録》、《二曲集》，李紱《陸子學譜》。其不分宗派者有孫奇逢《理學宗傳》，湯斌《洛學編》、《潛庵語録》。又戴震《孟子字義疏證》、陳澧《漢儒通義》，亦足與宋儒相發明。案漢人治經有家法，宋儒講學分門户。漢儒之學守一先生之説，授受有自，至東漢末季，鄭康成箋《毛詩》、注《論語》，乃兼采衆説，遂廢家法。而唐孔穎達作諸經《正義》，仍守家法之舊。其有稍雜他家之説者，至詆爲狐不首丘，葉不歸根。平心論之，篤守師説，何如擇善而從。至宋代諸大儒，初亦無門户之見存，而因資稟各異，考亭之沉潛，象山之高明，雖取徑略别，而殊途同歸。至門弟子，則斷斷各尊師説，力排異己。數百年來，治程、朱之學者，至詆陸、王學説爲異端，亦已過矣。大抵倡一學術，非得門弟子之紹述，不能昌大，而弊害即于是出。又數百年來，于宋儒門户之見外，更有漢、宋之爭。平心論之，訓詁、名物、典章、制度，自以漢儒爲近古，而發明義理，則宋儒爲勝，合之則交益，離之則兩損。善夫茅星來之言曰：馬、鄭、賈、孔之説經，譬則百貨之所聚；程、朱之説，譬則操權度以平百貨之輕重長短者也。微權度則貨之輕重長短不見，而非百貨所聚，則雖有權度，亦無所用之。故本朝欽定諸經，皆漢、宋兼采，後儒復析漢、宋而二之，後之學者宜悉泯漢、宋之見，而治義理之學者，當以孔、孟爲歸，蠲除門户之習，如康成之破除家法，擇善而從，斯可矣。

（二）諸子。自炎漢表章六經，諸子之學已爲儒家所統一。故本朝治諸子之學者，特以其多存古事古訓，以爲研經之助已耳。汪氏中作《墨子序》，稱其論三年之喪爲悖道而主博愛救世，以詩所謂「凡民有喪，匍匐救之」之仁人許之。蓋汪氏生長孤寒，其撰《先妣靈表》，備述少年孤苦，值饑歲，母氏九死流離，三族無見卹者。其推重墨氏，殆如司馬子長之進游俠，乃有激之言，翁方綱遂斥爲墨者。汪中非能得孟子知人論世之旨者也。本朝治諸子之學約分三類，述之于下：

（一）注。注周秦諸子者，有郝懿行《荀子補注》、洪頤煊《管子義證》、梁玉繩《吕子校補》、蔡雲《吕子校補獻遺》、孫詒讓《墨子間詁》。

（二）輯。輯古子古注者，有邢澍《司馬法輯注》，嚴可均輯《慎子逸文》、《商子》，任兆麟輯《尸子》，章宗源輯《燕丹子》，孫馮翼輯司馬彪《莊子注》，馬國翰有《玉函山房輯佚子書》。

（三）校。本朝校定諸子者，有謝墉校《荀子楊倞注》，吴鼒校《韓非子》作《識誤》，錢熙祚校《尹文子》作《校記》輯遺文，畢沅校《墨子》、《吕氏春秋》，撰《老子考異》，汪繼培、秦恩復校《列子》，任大椿作《列子考異》，錢熙祚校《文子》，作《校記》。

（三）考證。本朝考證羣經者已略載入「經類」，其考證羣書者，兹舉其大要，有顧炎武《日知録》，萬斯同《羣書疑辨》，張爾岐《蒿庵閑話》，閻若璩《潛邱劄記》，王懋竑《白田雜著》，惠棟《松崖筆記》，徐文靖《管城碩記》，全祖望《經史答問》，邵晉涵《南江札記》，盧文弨《鍾山札記》、《龍城札記》，錢大昕《十駕齋養新録》，孫志祖《讀書脞録》，桂馥《札樸》，王念孫《讀書雜志》，李賡芸《炳燭編》，錢塘《溉亭述古録》，梁玉繩《瞥記》，洪頤煊《讀書叢録》、《台州札記》，多不勝舉。其校刋羣書者，有何焯《義門讀書記》、盧文弨《羣書拾補》、蔣光煦《斠補隅録》、陸心源《羣書校補》。

（四）算術。數爲六藝之一，與經史相表裏。本朝治斯學分三類，一曰中法。有戴震《校算經十書》，李潢《九章算術》、《海島算經細草圖説》、《緝古算經考注》，張敦仁《緝古算經細草》、《開方補記》，錢大昕《三統術演》，孔廣森《少廣正負術内外篇》，屈曾發《九數通考》，項名達《句股六術》，馮桂芬《弧矢算術細草圖解》。治西法者有李善蘭《則古昔齋算書》，中西兼采者有梅文鼎《勿庵曆算叢書》、江永《數學推步注解》、李鋭《李氏遺書》、董祐誠《算術遺書》、焦循《里堂學算記》、張作楠《翠微山房數學》、羅士琳《觀我生室彙稿》、夏鸞翔《夏氏算書》、徐有壬《務民義齋算學》、鄒伯奇《鄒徵君遺書》。又阮元《疇人傳》、羅士琳《續疇人傳》，乃記古今之治斯學者。

四、集

集部有總集、别集，本朝作者林立，所撰别集不遑備舉，兹述總集及輯注前代别集，約分四類：

(一)選學,(二)編集,(三)輯注,(四)詩文評。

(一)選學。《文選》之學,取其多存古訓古義,其注多存古書,有裨經史,不僅取其詞華已也。本朝治《文選》者,有汪師韓《文選理學權輿》,孫志祖《文選理學權輿補》、《文選李注補正》,朱珔《文選集釋》,梁章鉅《文選旁證》,張雲璈《選學膠言》。其考文字者,有薛傳均《文選古字通疏證》。校勘文字者,有孫志祖及胡克家《文選考異》。

(二)編集。本朝編集詩古文詞者,有斷代、分地、駢體三大綱。

一斷代。有嚴可均輯《全上古三代六朝文》,郭麐《唐文粹補遺》,陸心源《唐文拾遺》,莊仲方《南宋文範》、《金文雅》,繆荃孫《遼文存》,黄宗羲《明文授讀》,薛熙《明文在》,姚椿《國朝文録》,吴翌鳳《國朝文徵》,王昶《湖海文傳》,李調元《全五代詩》,吴之振《宋詩鈔》,曹廷棟《宋百家詩存》,厲鶚《宋詩紀事》,顧嗣立《元詩選》,席世臣《元詩癸集》,朱彝尊《明詩綜》,卓爾堪《明遺民詩録》,陳田《明詩紀事》,沈德潛《三朝詩別裁》,吴翌鳳《國朝詩》,王士禛《感舊集》,王昶《湖海詩傳》,朱彝尊《唐五代宋詞綜》,王昶《明詞綜》,孫默《十六家詞》。

二分地。有楊宗羲《八旗文經》,夏荃《海陵文徵》,羅汝懷《湖南文徵》,蘇源生《中州文徵》,朱壬林《當湖文繫》,凌淦《松陵文録》,陳遇春《甌栝先正文録》,湯成烈《縉雲文徵》,邵松年《海虞文徵》,鐵保《熙朝雅頌集》,陶樑《畿輔詩傳》,孫贊元《遵化詩存》,盧見曾《山左詩鈔》，張鵬展《續鈔》，周翕鐄《即墨詩乘》，王賡言《東武詩存》，王豫《江蘇詩徵》，朱緒曾《歷代金陵詩徵》、《國朝金陵詩徵》，畢沅《吴會英才集》，阮元《淮海英靈集》，王應奎《海虞詩苑》，顧光旭《梁谿詩鈔》，桂中行《徐州詩徵》，王昶《青浦詩傳》，何其超《續詩傳》，宋蓮《海上詩選》，阮元《兩浙輶軒録》，潘衍桐《續録》，吴顥《杭郡詩輯》，吴振棫《續輯》，丁申、丁丙《三輯》，曹宗載《峽川詩鈔》，許仁沐《續詩鈔》，沈季友《槜李詩繫》，胡昌基《續詩繫》，許粲《梅里詩輯》，陸心源《吴興詩輯》，周慶雲《潯溪詩徵》，胡文學《甬上耆舊詩》，全祖望《續甬上耆舊詩》，尹元煒《谿上詩輯》，商盤《越風》，張廷枚《姚江詩存》，錢玫《上虞詩録》，吕岳孫《嵊詩鈔》，朱琰《金華詩録》，宗源瀚《嚴州詩録》，戚學標《三台詩録》，曾燠《江西詩徵》，鄧顯鶴《沅湘耆舊集》、《資江耆舊集》，鄭王臣《莆風清籟集》，温汝能《粤東詩海》，伍崇曜《楚庭耆舊詩前後集》，彭泰來《端人集》，唐樹義《黔詩紀略》，黄琮《滇詩嗣音集》，袁文典《滇南詩略》，許印光《滇詩重光集》，陳榮昌《滇詩拾遺》，繆荃孫《常州詞録》。凡分地詩文總集，可考見一方文獻，不僅其詞章足重已也。集録之多，此亦我朝文化盛於前代之一，故詳記之。

三駢體。本朝選駢文者，有陳均《唐駢體文鈔》、彭元瑞《宋四六選》、李兆洛《駢體文鈔》、曾燠《國朝駢體文鈔》、吴鼒《八家四六文鈔》。

(三)輯注。本朝校輯前代别集者，有張澍輯《漢皇甫司農集》、《張太常集》、《段太尉集》，孫星衍輯《王無功集》，黄本驥輯《顔魯公集》，錢振常《樊南文集補編》。注前代别集者，有陶澍《陶靖節集注》，吴兆宜及倪璠注《庾子山集》，吴兆宜注《徐孝穆集》，蔣清翊《王子安集注》，王琦《李太白集注》，仇兆鰲《杜詩詳注》，楊倫《杜詩鏡銓》，趙殿成《王右丞集注》，顧嗣立《昌黎詩箋注》，孫之騄《玉川子詩注》，王琦《李長吉歌詩彙解》，馮集梧《樊南文集注》，馮浩《玉谿生詩詳注》，顧予咸、顧嗣立《温飛卿集箋注》，查慎行《蘇詩補注》，馮應榴《蘇詩合注》，王文誥《蘇詩編注集成》，施國祁《元遺山詩注》，金檀高《青邱詩集注》，徐嘉《顧亭林詩集注》。

（四）詩文評。本朝評論詩文詞賦者，有彭元瑞《宋四六話》、李調元《賦話》、王芑孫《讀賦巵言》、趙執信《聲調譜》、鄭方坤《五代詩話》、王士禛《帶經堂詩話》、朱彝尊《静志居詩話》、沈德潛《説詩晬語》、潘德輿《李杜詩話》、徐釚《詞苑叢談》、萬樹《詞律》。

此章所載本朝人著作，除欽定諸書已載前章，不更録入，其四部著作舉其要者，不能備及，讀者就此隅反可也。

第四章　本朝學者之研究方法

本朝學者研究學術方法，或就前人成法而擴充之，或爲前人所略、本朝學者所始創。約舉六端，述之如下。

一曰徵經。漢人治經，篤守師法。至鄭康成，始破師説之拘牽，而兼採衆説。即經傳有疑義，亦或加駁難。而康成以後，治經者仍守師説之舊。顧亭林氏謂左氏解經多不得聖人之意，元凱注傳必曲爲之疏通。鄭康成則不然，其於二《禮》之經及子夏之傳往往駁正，舉其駁正《周禮》者二事、《儀禮》者四事、《禮記》者十四事，稱其所駁，雖未盡當，視杜氏之專阿傳者不同，經注之中可謂卓然者乎！本朝治經亦不盡免顧氏所譏，然如程瑶田作《儀禮喪服文足徵記》，則涵泳經文而不曲徇鄭注。鄭之所駁，程氏每據經文以訂正之。林喬蔭作《三禮陳數求義》，亦據經訂注。胡煦《卜法通考》，詳考古卜法，于《周禮》鄭注之誤一一據經文駁正。今證以殷墟所出貞卜用之甲骨，則僉與胡氏訂正相合。此徵經訂注，乃研究之法一也。

二曰釋詞。經傳中實字易訓，虚詞難釋。語詞之釋肇於《爾雅》「粤」、「于」爲「曰」，「兹」、「斯」爲「此」，若斯之類，皆約舉一隅以待三隅之反。顧語助之文散見經傳者，漢以來經師多略而不究，或以實義釋之，遂使其文扞格而意不明。如《詩》「終風且暴」，《毛詩》謂「終日風爲終風」，《韓詩》謂「終風爲西風」。王念孫以《詩·燕燕》之「終温且惠」、《北門》之「終窶且貧」、《伐木》之「終和且平」、《甫田》之「終善且有」比例之，遂釋「終」爲詞之「既」，「終風且暴」爲「既風且暴」，其文遂明白曉暢。王引之遂據此類推，搜訪九經、三傳，周、秦、西漢之書，撰《經傳釋詞》，于前人之誤解訂正甚多。此爲往代諸儒之所略，乃研究之法二。

三曰釋例。羣經周、秦間古文法與今不同者，多執今日文法以讀古書，每致扞格不通。俞樾撰《古書疑義舉例》以明之，蓋因王氏撰《經傳釋詞》，由比例而知觸類而長，因推廣其法，舉例八十餘條，洵足爲讀書之良法。此亦以前經師所未及，乃研究之法三。

四曰審音。考古韻者肇端于宋吴棫《韻補》，然庬雜割裂。至明陳第撰《毛詩古音考》、《屈宋古音義》，始秩然有條理。至本朝顧炎武作《音學五書》，所造乃益深。顧氏定古音爲十部，厥後江永增爲十三部，戴震增爲十六部，段玉裁增爲十七部，孔廣森增爲十八部，王念孫、江有誥增爲二十一部，愈推愈密，于是本朝音韻之學冠絶前代。古音既明，王念孫作《廣雅疏證》，以詁訓之旨本於聲音，乃就古音以求古義。段玉裁序其書，謂能以古音得經義，天下一人而已。郝懿行作《爾雅義疏》，亦依王氏法以釋詁訓，遂陵駕前人。審音以求義，乃研究之法四。

五曰類考。本朝學者治經史多分類考究，兹舉經部示例，約爲六目：一天文曆象，有盛百二《尚書釋天》，陳厚耀《補春秋長曆》，姚文田《春秋傳朔閏考》，施彦士《春秋經傳朔閏表發覆》，吴守一《春秋日食質疑》，陳懋齡《經書算學天文考》，秦蕙田、方觀承《觀象授時》。二地理，有蔣廷錫《尚書地理今釋》、焦循《毛詩地理釋》、高士奇《春秋地名考略》、程廷祚《春秋地名辨異》、江永《春秋地理考實》。三典制，有惠棟《禘説》，毛奇齡《郊社禘祫問》、《大小宗通釋》，任啓運《肆獻祼饋食禮纂》，程瑶田《宗法小記》，沈彤《周官禄田考》，王鳴盛《周禮軍賦説》，胡匡衷《儀禮釋官》，程廷祚《春秋職官考略》。四氏族姓名，有李超孫《詩氏族考》、陳厚耀《春秋世族譜》、王引之《春秋名字解詁》、高士奇《左傳姓名同異考》、程廷祚《左傳人名辨異》。五宫室輿服，有程瑶田《釋宫小記》、洪頤煊《禮經宫室答問》、胡培翬《燕寢考》、阮元《車制圖考》、鄭珍《輪輿私箋》、任大椿《弁服釋例》。六考工，有戴震《考工記圖》、程瑶田《考工創物小記》。其關於史者，已略見前編中，不更及。此研究之法五。

六曰攈佚。攈集佚書始於宋之王應麟，至本朝乃益昌大之。乾隆間奉勅于《永樂大典》采輯佚書，刊入《聚珍版叢書》者不及三之一，其他尚不下二百餘種。此外若王謨，若孫星衍，若余蕭客，若臧庸，若孫堂，若袁鈞，若張澍，若馬國翰，若章宗源，若黄奭，若嚴可均，若陳鱣，若趙在翰，不下十餘家，輯書不下數百種，俾學者得考見已佚古書，乃研究之法六。

以上六者略舉示例，不及詳述。

第五章　本朝學術之得失

本朝學術概要，已具前四章。至其得失，可得而言，大約得與失蓋相半也。所謂得者何？一曰師承有自。本朝學術固由於國家倡導，而考其師承，則導源於顧處士炎武。處士之學在明體達用，而紹其學者，亦得其半而已。顧氏之學，始傳吴中，傳皖江，已復傳于江蘇，並光被他省。雖嘉慶以前，國家平治，海内安晏，致傳顧氏之學者，不復留意于致用，而於經史考訂紹述甚廣。此一得也。二曰研究有法。本朝學者研究學術心精力果，其法至密，已略具上章。故得超軼漢唐，著作宏富。此二得也。三曰取材宏富。前代學者，于名物制度多憑經注爲圖，非實見其物。如宋代之《三禮圖》等，概憑理想，罕得真象。自阮元以後至吴大澂，始以古禮器文字考證許書。程瑶田作《考工創物小記》，就傳世古器以證經傳。吴大澂用其法以考度量權衡，遂一洗前人鑿空臆定之弊。近三十年洹陽之卜文、西陲之簡牘、中州關中所出古金石刻、古器物，可據以考證古文字經史者不少，又爲以前學者所未及見。此三得也。其所謂失者何？一曰詳訓詁而略義理。本朝欽定諸經注，皆漢、宋兼採，折中至當。乃後來諸儒，悉貴漢而輕宋。夫以顧氏炎武爲本朝學者所服膺，而亭林在關中建朱文公祠。江氏永、王氏懋竑漢學甚深，而一注《近思録》，一爲《朱子年譜》，初未敢輕宋學也。又予嘗見段氏玉裁與王石臞書，有「今日之弊，在不尚品行政事，而尚勦説漢學，亦與河患相同。然則理學不可不講」語，在百年以前，已慨乎言之。今日士氣銷沉，不能不歸咎於重訓詁、輕義理。此一失也。二曰舍訓詁而講微言大義。夫重訓詁略義理，其害既如此，乃道光以來，學者復舍東漢而師西漢，先是有常州莊述祖、劉逢禄講《公羊》之學以造其端；厥後學者從風而靡，變本加厲。至光緒中葉，遂有倡素王改制之説者，惡諸經之害己，詆爲皆出劉歆僞造，惑衆誣民，流毒至今。此二失也。三曰疑古信今。海禁未開以前，學説統一，周、孔以外，無他學也。自西學東漸，學術乃歧爲二。其實近日歐洲新説，皆爲中國古代過去之陳跡。《孟子》載「神農之言」及貉之無君臣上下、百官有司，與今日歐人所倡其何以異？在中國早已扞格不行，久歸淘汰；在歐則爲嶄新之學説。乃今之學者，于我先聖百王數千年所歷試，盡善盡美之政學則疑之；于外來之新説則信之，賤美玉而寶珷玞。其失三也。統觀三失，前者爲百年前之失，後者近三十年之失也。以今日社會現狀觀之，學者倘亦憬然悟乎！

金州講習會論語講義

往歲予避地海東，癸丑春，勞玉初尚書乃宣以書至。言邪説横行，人心陷溺，宜謀所以拯之者。予復書謂是宜講明正學，並請尚書任其事。尚書韙予言，顧撝謙不敢自承。明年返申江，見沈子培尚書，乃以期之勞公者期之。尚書曰：「此事誠切要，然學有漢、宋之分，又有朱、陸之異。欲窮源竟委，亦至繁難。」予曰：「漢、宋諸儒，莫非祖述孔、孟，今以孔、孟爲歸，一掃前人門户糾葛可也。」尚書思之良久曰：「固矣。然今日講學非筆與舌兼擅不可，此事非君莫屬，僕當爲助耳。」予念二老且不敢自任，矧年德如予者？用是荏苒十年，而兩君則已先後謝人世，予亦老且衰矣。戊辰冬，僑居遼東，匆匆逾歲，哀人心之愈漓，念勞生之易盡，始慨然欲自任。又明年，大連文化會請講學，乃爲演述古今學術概略。已而金州曹君冠甲又以爲請，復勉諾之，月二集，講《論語》大旨。三閱月間，得講義十一首，以索觀者衆，爰付梓以代傳鈔。昔東漢季葉，管幼安諸賢避亂遼東，講詩書，陳俎豆，明禮讓，所居至成邑。今其地其時雖先後略同，而德愧先賢，才慚博達，兹所論述乃案切時勢，冀挽狂瀾。與前人之説或未盡合，而旨則無殊。當世方雅幸裁正之。庚午九月，上虞羅振玉。

「子曰：學而時習之」章

此章乃聖人示人以爲學之準。人之求學，所以修身善行，非僅博聞誦説已也。《中庸》論學五條目，始于「博學」，終于「篤行」。《大學》則由「格物」、「致知」而誠、正、修、齊，皆由知以求行。古人之學，不出倫常日用，本易知易行。「學而時習之」者，時，是也。所學在是，所行即在是。習者，聞斯行之，蓋未能安行而勉行之，如人之學步然。習指行說，非指知說。曾子「三省」末云：「傳不習乎？」亦謂吾人學之于師者，是否身體而力行之，與此章「學而時習之」義正合。蓋古之學者爲己，今之學者爲人。爲己者以學淑身，爲人者以學爲禽犢也。君子儒、小人儒之分在此。果能「學而時習」，則師不虚授，我不徒學，反求諸心，能不怡悦乎？「有朋自遠方來」者，同道爲朋，「獨學無友，則孤陋而寡聞」，古人以友輔仁，蓋己立立人，己達達人。學問之事，始於淑身，終於淑世。果能聲應氣求，由邇而遠，由親而疏，吾道日推而日廣，豈非至可樂之事乎？此所謂樂，蓋樂道之行，非喜令聞廣譽施於身也。「人不知而不愠」者，學以淑身，本非徇人干譽。人而知我，則以先知覺後知，以先覺覺後覺，乃道之幸，非我之幸。人不我知，於我何失？不因是而愠，不亦君子儒乎？綜觀此章，第一節示學以淑身，不僅求知而在力行。第二節示學固以淑身，亦所以淑世。第三節示兼善固可樂，而獨善亦無所損。彼以不知於人爲恥者，乃爲人之學，是之謂小人儒而非君子儒也。聖人示人爲學之方，即此一章，已詳且至矣。

「有子曰：其爲人也孝弟」章

此章乃教人以務本之學。「其爲人也孝弟」，則「本立而道生」，身以修，家以齊，擴而充之，則國治而天下平。古人爲學之道，蓋至簡至易，不出於倫常日用，而植其基於孝弟。夫五倫之中，有以天合者，父子、兄弟是也。有以人合者，夫婦、朋友、君臣是也。孟子曰：「聖人，人倫之至也。」又曰：「堯舜之道，孝弟而已矣。」道之大者，曰仁與義。而仁之實，事親是也；義之實，從兄是也。人莫不有父兄，而所以爲學，在循秉彝之好，而爲孝子悌弟。人果能孝弟，則身修而家齊；出而入世，則守順循禮，斷無干犯法紀之事。法紀且不干犯，作亂之事何由而生？如是則人人親其親，長其長，而天下平矣。古人之於倫理，皆由一己推之。其道蓋自修身始，修身莫要於親親，由是而推之家國天下。故孝者所以事君也，弟者所以事長也。而爲人上者，端己率物，亦從孝弟始。上老老而民興孝，上長長而民興弟。故孝弟爲人之本，亦即道之本，即家國天下之本。不僅關於一人一身，而實自一人一身始。倘舍孝弟而言道，舍一人一身而言家國天下，是猶種樹者傷其本而欲求枝之茂，豈可得哉？此章末孝弟爲仁之本，孟子曰：「仁者，人也。」爲仁即爲人。或謂古「仁」、「人」通用，「井有仁焉」，「有仁」即「有人」，亦通。

「子曰：父在觀其志」章

此章乃聖人勉人子以守父之道，不當以親没而改也。夫人子之身，親之續也。親在則盡孝養，親没則守家法，乃孝子之事也。「父在觀其志，父没觀其行」者，父在子不得自專，故行不可見，但可於志見之。志者行之本也。此章之「其志」，其事與「隱居以求其志，行義以達其道」義同。隱居之志，孟子所謂入孝出弟，「守先王之道，以待後之學者」是也。孝子之志，亦入孝出弟，守先人之家法，以詒後世子孫已耳。父母存日之所志，即代親以後之所行，與隱居者得位乘時，行其所素蓄相同。「三年無改於父之道」者，三年，言其久。「三年無改」，即終身不復改也。父之道者，謂祖父以來相承之家法也。治家猶治國然，國之政事，乃本歷代聖君賢相所歷試，而損益因革以成之。一家之法，亦本祖宗累世歷試所留詒爲人後者。一人之經驗，何如累世之經驗，苟能謹遵成法，守而勿失，所以不忍其親者在此，所以保其家者亦在此。歷觀前史，凡有國者，輕改祖宗成法而致亂者比比矣。國既如此，家何獨不然？所謂「無改」者，實不當改，非僅不忍改也。非但己身不改，且當詔後世子孫永永無改也。聖人以此爲孝，爲人子者可勿深長思哉？今者攖三千年未有之奇變，爲國者盡棄前人之大經大法，有家者亦棄祖考彝訓，從流忘返，試與讀此章，不知其有動於中否也。

「子曰：不仁者不可以久處約」章

此章乃聖人示人以仁與不仁之分、義與利之判而已。夫仁爲人心所固有，天理之當然。藴于中之謂仁，行而宜之之謂義。操存不失則爲仁者，舍而亡之則爲小人。小人之始，理欲交戰，理不勝欲而已。及其繼也，馴至欲日肆而理日亡，遂成不仁之人。於是徇欲而行，知利而不知義，其處境若在困約，必求富裕；既富裕矣，又將求駕富裕而益上之。凡可以去困約而致富裕者，不顧禮義而爲之；凡可以厭無窮之欲者，不惜倒行逆施以營之。歷觀前史，極不仁者之所爲，初不過爲身家之謀，馴至生非常之望，倘國家多故，則安危利災，雖辜恩倍德，覆人宗祀，亦所不顧。及願既遂矣，更有他人轉相則效，刦奪頻仍，身亦及之。天下騷然，羣生靡託，邪説暴行，因是踵起。毒痡四海，延及後世。揆其肇端，不過由於不安久約、久樂所致而已。惟仁者、知者則不然。仁者操養純固，無終食之違，造次於是，顛沛於是。無適不然，不待勉强。知者則深知不仁之害，乃益知仁之利。使柄人家國，必以美利利天下。天下利矣，身亦與焉。一時之約樂，固不足動其心也。以視不仁者徇利忘義，賊天下並賊其身，其知愚得失爲何如耶？嗚呼！人亦何苦爲不仁，而不勉爲仁者哉？

「子曰：述而不作」章

此章乃聖人自述修學之旨，並示人以守先待後、思不出位之志也。孔子之學，「祖述堯舜，憲章文武」，集羣聖之大成以爲萬世法。其功烈與堯舜文武比隆，而在當日則固有天德而無天位者也。當衰周之世，諸侯力政，不統於王。惡前王典憲之害已也，而皆去其籍。孔子懼，乃舉先王之大經、大法，修述以垂後世，未嘗自居作者之聖，故首以「述而不作」自明。夫所以「述而不作」者，其故有二：一曰不敢作，二曰不必作。不敢作者何？非天子不議禮、不制度、不考文。有位無德，不敢作禮樂；有德無位，亦不敢作禮樂。孔子作《春秋》以懼亂賊，亦因魯史舊文加以筆削。述也，非作也。其懍出位之嫌至嚴，此所謂不敢作也。不必作者何？中古以來，列聖代興，禮樂制度，實已完備。周之東遷，政化不行，乃人亡政息，非前人典制之過也。孔子憂典制與人俱淪也，遂删述修贊，以爲後世法。此所謂不必作，而不能無述者也。云「信而好古」者，春秋時，異端之説雖尚未朋興，而實已開蔑古之漸。如詆先進之禮樂爲野人，以後進之禮樂爲君子。其好惡既已顛倒，孔子觀史柱下，復歷覽百二十國之寶書，深知列聖典制固已盡美且善。信之既深，好之愈篤也。云「竊比於我老彭」者，老彭事實，説者不一。謂在商爲守藏吏，在周爲柱下史。雖荒遠難稽，然其人必老壽，必多識前言往行，其爲史官，似可信也。孔子以老彭自比者，意蓋謂老彭爲國家守典籍，我之删述修贊，亦爲天下後世典守，俾先聖典章不至失墜已耳。其守先待後、思不出位之苦心，昭然若揭。後世妄人，援公羊學家「黜周王魯」之謬説，遂謂孔子爲素王改制，以便其私，今又變本加厲，蔑古之風益熾，至欲將孔子所修述先聖先王之大經大法，一舉而摧陷之。人倫之禍，寧有已時。故謹述此章之旨以示學者，俾人人知聖人守先待後、思不出位之苦心，邪説庶稍戢乎！

「曾子曰：士不可以不弘毅」章

此章乃曾子明士之責任，以勉天下後世之爲士者。「士不可以不弘毅，任重而道遠」者，弘者量之廣，毅者執之固，重者任之艱，遠者行之難。量不廣則志狹，執不固則中怠；志狹而中怠，未有能任鉅行艱者也。所謂任鉅行艱者何？曰仁而已矣。仁之行，始於愛親，推而極之，至於民胞物與。撥亂反正，其量至廣，其事至艱。孟子之稱伊尹曰：「天之生此民也，使先知覺後知，使先覺覺後覺也。予，天民之先覺者也，予將以斯道覺斯民也。」又曰：「思天下之民，匹夫匹婦，有不被堯舜之澤者，若己推而納之溝中。」此伊尹之任也。孔子生亂賊之世，欲撥亂世而反之正，周流列國，手無斧柯，不得已歸而修《春秋》以懼亂賊，修《孝經》爲世準則。此孔子之任也。孟子以仁義倡導天下，卒莫之遇。而以正人心、息邪説、放淫辭、承三聖爲己任，著書傳後，爲王者師。此孟子之任也。諸葛武侯生炎漢之季，輔蜀拒魏，不問成敗利鈍，以「鞠躬盡瘁，死而後已」自矢。此諸葛武侯之任也。此三聖一賢，後先同揆，無他，仁以爲己任而已。蓋士爲四民之首，其責任至重，世平治則隱居求志，行義達道；世濆亂則救世覺民，守先待後。一息尚存，此志不容少息，如此方能完士之責。今之世爲何世乎？而號爲士者，曲學阿世，揚波逐流，奄然以媚于世，無所怍愧。其善者則私居太息，不敢出一言以攖當世之怒，士之責果安在乎？兹揭曾子之言以告天下。《詩》有之曰：

「凡民有喪，匍匐救之。」又曰：「嗟我兄弟，邦人諸友。莫肯念亂，誰無父母？」嗚呼！邦人君子，其念之哉。

「子曰：後生可畏」章

此章乃聖人詔人即時勉學。既以可畏期之，復以不足畏警之。士之學也，猶農夫之耕也。春耕、夏耘、秋收，此農之時也。幼學壯行，此士之時也。農失其時，則穀不登；士失其時，則學不成。又農之登穀，新舊相乘除，必豫儲來歲之種而後有嘗新之望。蓋天地之道，往過來續。前哲既往，紹述之責，則在後生。「十室之邑，必有忠信」，承學之士，宜有以自勉矣。勉之如何？一曰立志，二曰惜時。古者十五而入大學，以孔子之大聖，其自述平生曰：「吾十有五而志於學，三十而立，四十而不惑，五十而知天命。」學之如此之豫，成德尚如此之難，況常人乎！故士必先抱守先待後之志，果能勇往直前，擇善固執，由博學、明辨、審問、慎思而至篤行。由格物、致知而至誠、正、修、齊，積二三十年之歲月，未有不潰於成者，此後生之所以可畏也。又光陰如逝水，往而不復反，故禹惜寸陰，陶侃惜分陰。嘗謂人生不外過去、未來、現在三界。此三界限，固非均勻齊等也。所謂現在者，謂之僅一秒鐘可耳。過此一秒，即爲過去。未至一秒，即爲未來。現在一秒光陰應當如何愛惜，昔陸桴亭先生《思辨録》記一事曰：「卧病初起，靜坐調息，見日光斜入帳中，如二指許。

因以息候之，凡再呼吸而日光盡矣。因念逝者之速，人安可一息不讀書，一息不進德？」循省此言，令人悚然汗下。故時過而後學，則勤苦而難成。倘因循坐誤，此聖人所以有四十、五十無聞，不足畏之歎也。方今正學式微，邪説方熾，此正士夫投袂奮發之時，宜即年少有爲之日，先當具轉移世界、不爲世界所轉移之志。即時自勵，日就月將，一旦天心悔禍，出其素蓄以應當世之用，爲天地立心，爲生民立命，爲先聖紹絶學，爲萬世開太平。鄙人老矣，已如聖人所謂不足畏，而不能不切望於我可畏之後生。

「子曰：三軍可奪帥也」章

此章朱子《集註》引侯氏曰：「三軍之勇在人；匹夫之志在己。故帥可奪，而志不可奪。」其説至明確，今本其意而申之。學者爲學，以立志爲第一。子曰「志於道」，曰「隱居以求其志」，曰「吾十有五而志於學」。孟子答王子墊「士何事」之問，曰「尚志」。故立志爲學者入德之基。立志之先，首在擇善。凡人志於善則善，志於惡則惡。學者先宜明義、利之辨，舜、跖之分，由博學而審問，而慎思，而明辨，而篤行。《中庸》言學、問、思、辨而繼之以篤行者，蓋擇善必須固執，乃不致見異思遷。至操養純熟，則金石不能喻其堅，死生不能易所守。孟子所謂「富貴不能淫，貧賤不能移，威武不能屈」者，奪於何有。其所以致是者，以操之自我故也。彼三軍之帥、威力之衆，宜莫之奪。

而可奪者，恃人之力故也。志在我者如此，力在人者如彼。吾人學聖人之學，志聖人之志，傷人道之窮，而思所以易之。其毋以匹夫自餒，而有以遂其志也夫。

「子曰：知者不惑」章

此章乃聖人示人以成德之事。人心之靈所賦畀於天者，本來虚明真實，而爲物欲所蔽，則障礙叢生。因燭理之不明，而惑生焉；因操養之未至，而憂生焉；因志氣之不固，而懼生焉。在成德之士則不然。有知之德者，由格物致知，馴至於誠意，正心、明德，既明此心，虚靈不昧，凡天下事物之來，是非邪正，得失窮通，無不燭照無遺，惑於何有？有仁之德者，涵養深純，志道據德，隱居求志，行義達道。世隆則致君澤民，世衰則守先待後。樂天知命，欲仁仁至，憂於何有？有勇之德者，秉弘毅之資，養浩然之氣，臨大節，履大任，雖諸艱歷試，不挫不撓，懼於何有？成德之效蓋如此。今日者，綱常斁、人紀亡矣。邪説詖行盈天下，其在血氣未定者，如蛾之赴火，蟻之慕羶；而老成之士，亦獨居深歎，喪有生之樂，抱淪胥之懼，以爲潮流如此，天運適然，不亦惑之甚乎！馴致天下人心，日淪於惑、憂、懼三者之中而無所措手足，不知天下自亂，吾心自治。今之學者，宜以古之成德者自勉，講明正學以拯已陷溺之人心，俾循三達德以行五達道，經正民興復我三千年文明之舊。此固今日之亟務，亦吾曹之責不容旁貸者矣。

「孔子曰：君子有三畏」章

此章乃聖人以敬與肆判君子小人，欲人勉爲君子，勿爲小人也。畏者，敬之發也。君子之持身也，以敬爲主。於天人之際，凜凜自將，惟恐一息怠慢乘之。今舉君子所尤敬畏者三事：一曰天命。天命者，人所賦於天之正理。秉彝之好，非由外鑠。然操則存，舍則亡。故君子無日不戒慎恐懼，惟恐人欲之或肆，其畏天命也如此。二曰大人。大人者，有天德天位，本物則民彝所固有，而制爲典常法紀，以爲天下法者也。循此典常法紀則世治，悖之則世亂。君子謹遵當世之制，不敢稍有違越。所謂畏大人者，守典常、重法紀也。三曰聖人之言。聖人者，世之先覺先知、立言以爲天下則者。君子服聖人之謨訓，于一話一言無不反求諸身，惟恐其或戾。朝乾夕惕，莫或遑息，常存敬畏，以故修業則業進，修德則德成。而小人則反是，人欲流行，天賦之靈明梏亡且盡。既冥然不知天命之可畏，遂致以禮義爲桎梏，以放誕爲自然。馴至於非法侮聖，無所忌憚，尚何進德、修業之可望乎？而其初，則僅由敬肆分之，發端至微，卒致有君子小人之判，此聖人所以殷殷爲學者勉且戒也。至於今日之小人，其無忌憚則又進矣。舉三千年所謂天命、治統、聖道，悉摧殘之。人紀亡，賊民興。將如孟子所謂「率獸食人，人將相食」，極小人無忌憚之害至于如此。試觀今日之現狀，烏得不歎我先聖之思深旨遠哉！

「子曰：性相近也」章

此章乃聖人示人以人性相近，而因所習之殊，遂有上智下愚之判，欲人慎所習也。古人論性，其説不一。告子言「性無善無不善」，或曰「可以爲善，可以爲不善」。至荀子乃言性惡。孟子則直言性善，並援《詩》語「民之秉彝，好是懿德」以證之。復引而申之曰：「孩提之童，無不知愛其親」，又言「今人乍見孺子將入於井，皆有怵惕惻隱之心」，又言「乃若其情，則可以爲善」，故惻隱、羞惡、恭敬、是非四端，爲人心所固有，非由外鑠。其言至明至確。顧善之與惡，乃對待之辭，亦猶上下、尊卑、大小、精粗，以比例而後見。不如孔子但言「性近」，尤爲簡當不易失。以孟子之祖述孔子，而易「性近」爲「性善」者，蓋因當時多誤習爲性。告子之言，雖與性近相似，而其言囫圇，易滋流弊。故直揭性善之説以矯正之，實與孔子之言無殊也。此章之旨，蓋言習染之力甚大，能將秉彝之所固有而移易之，戒人以必習於善，始能保其所固有而進爲知；苟習於惡，則將失其所固有而成爲愚。既知既愚矣，智者苟不恒其德，操存勿失，則智仍可移爲愚；愚者苟一旦奮發，人一己百，則仍可復其本然而移於善。然若二者積累不返，各造其極，遂成爲上智與下愚，乃一成而不可易，始相近者於是終相遠矣。聖人揭此以告人，深盼學者慎其所習，俾入於智，不入於愚。即已智已愚者，仍望其能轉移其所習，以復其初，並以上智下愚之不可移警惕之。其勉人甚至，誨人甚切，學者所當玩味深省者也。

俗说

丁亥孟夏，譔輯方言里語之載古籍，而粱氏同書《直語補證》、錢氏大昕《恒言録》、翟氏灝《通俗編》所未載者，爲《俗説》一卷。《俗説》，粱沈休文所著書，僭其名也。齋居無事，爲此遣寂，續貂之誚，予無辭焉。上虞羅振玉。

太陽　《説文》：「日，實也。太陽之精不虧。从囗一。象形。」李賀《宮娃歌》：「願君光明如太陽。」《世説》：「元帝正會，引王丞相登御座，王公固辭曰：『使太陽與萬物同暉，臣下何以瞻仰？』」

月宮　宋王珪《宮詞》：「玉兔何年上月宮？」

雷公電母　《管輅別傳》：「使召雷公、雷父。」宋蘇軾詩：「揮駕雷車訶電母。」

旋風　《北齊書・權會傳》：「會方處學堂講説，忽有旋風瞥然，吹雪入户。」李賀詩：「紙錢窸窣鳴旋風。」

天造地設　《四朝聞見録》：「慈明太母張夫人葬處，蓋天造地設，非人力所及。」

下雨　《孟子》：「沛然下雨。」王建詩：「但得天公不下雨。」

下雪　《南史・梁邵陵王綸傳》：「葬之日，黄雪雰糅，唯冢壙所獨不下雪。」

氣候　《南史・扶南國傳》：「氣候風俗大較與林邑同。」

路上　《世説》：「王夷甫妻郭氏貪欲，令婢路上擔糞。平子諫之，並言不可。郭大怒。」

水脚　花蕊夫人《宫詞》：「曲沼門含水脚清。」

黄泥　王建《開池得古釵詩》：「鈿花落處生黄泥。」

地底　元稹詩：「鼓角驚從地底回。」

街頭　王建《鏡聽詞》：「恐畏街頭見驚怪。」

半路　《世説》：「孫承公，狂士。每至一處，賞玩累日，或回至半路卻返。」

外國　王建《贈海東僧詩》：「學得中州語，能爲外國書。」

鞭春　《東京夢華録》：「開封府進青牛，入禁中鞭春。」

打春　宋晁冲之詩：「自慚白髮欺吾老，不上譙門看打春。」《東京夢華録》：「府僚打春，府前百姓賣小春牛。」

守歲　周處《風土記》：「除夕達旦不眠，謂之守歲。」孟浩然詩：「守歲接長筵。」《玉臺新詠》徐君倩有《共内人夜坐守歲》詩。白居易詩：「守歲尊無酒。」

新正　白居易《除夜寄弟妹詩》：「歸思逼新正。」

月内　《孔雀東南飛行》：「視曆復開書，便利此月内。」

多時　《四朝聞見録》：「周必大直宿禁林，孝宗夜召入，謂必大曰：『多時不與卿説話。』賜必大坐。」

平素　《南史·庾承先傳》：「先師平素食不求飽，衣不求輕。」

平常　《世説》：「王子猷、子敬曾俱坐一室，上忽發火，子猷遽走，子敬神色恬然，不異平常。」

期限　漢《鄭固碑》：「以疾固辭，未滿期限。」

二月二龍抬頭　《宛委記》：「都人呼二月二日爲龍抬頭。」

叔父　柳宗元有《叔父墓版文》。《陳書·蕭乾傳》：「善隸書，得叔父子雲之法。」

佳子弟　《世説》：「大將軍語右軍：汝是我家佳子弟。」

男人　《後漢書·東沃沮》：「耆老説海中有女國，無男人。或傳其國有神井，闚之輒生子。」

元配　《晉書·禮志》：「前妻曰元配，後妻曰繼室。」

繼配　王安石《葛源墓誌》：「繼配盧氏。」

親兄弟　《北齊書·神武紀》：「紹宗曰：『親兄弟尚爾難信，何況香火。』」

姪女　《唐法琬法師碑》：「尼仙悟迦毗，即法師之姪女也。」

堂兄　《酉陽雜俎》：「蜀小將韋少卿，韋志微堂兄也。少不喜書，嗜好劄青。」

堂弟　唐《杜行方墓誌》：「堂弟夏陽縣尉述甫書。」

表兄　《因話録》：「唐李寰鎮晉州，表兄武恭性誕妄，又稱好道及蓄古物。」又竇遺直有《夏夜宿表兄宅話舊》詩。

表姪　唐《徐浩碑》：「表姪張平叔題諱。」

織造　《蜀錦譜》：「元豐六年，吕大防始建錦院于府治東，募匠五百人織造，置官以蒞之。」

童生　《鞠坡叢話》：「王十朋寓居臨安，偶值乍寒，諸生有陳元佐、劉士宗，各借以衣。童生謝偉、謝侃濟以衾。因作二詩以贈。」按：今人謂士子未泮捷者爲童生，見此。

罰俸　《宋史·刑法志》：「奪俸一月。」《金史·刑法志》：「罰俸一月。」罰俸之稱，肇此。

履歷　《魏書·源子恭傳》：「時有亡人許周，僞稱梁黄門侍郎。子恭疑之，表云：據其履歷清華，則家累應不輕。今來歸化，何其孤迴。」履歷之稱，始此。

告身　《北齊書·傅伏傳》：「周克并州，遣韋孝寬與其子世寬來招伏曰：『并州已平，故遣公兒來報，便宜急下。』授上大將軍、武鄉郡開國公，即給告身。」

書辦　《野獲編》：「書辦爲管文書者通稱。宣德間，沈度已正拜翰林學士，沈粲已官右春坊右庶子，尚結銜文華殿書辦。」

告示　《南史·梁吴平侯景傳》：「移書告示。」

賞格　《南史·侯景傳》：「城内亦射賞格，出外有能斬景首者，授以景位。」《陳書·陳寶應傳》：「立功立事，已具賞格。」

准　按：《五經文字》云：「《字林》『準』作『准』。」則「准」爲「準」之俗體。翟氏《通俗編》引周必大《二老堂雜志》説，誤。

關防　《隋書·酷吏傳》：「庫狄士文爲貝州刺史，凡所住宿，皆封署其門，禁家僮毋得出入，名曰關防。」

號簿　王建《贈郭將軍》詩：「向晚臨階看號簿。」

白契　《宋史·食貨志》：「建炎五年，始令諸州印賣田宅契紙，自今民間爭田執白契者勿用。」

德政碑　《南史·梁宗室恭傳》：「恭至州，政績有聲，百姓請于城南立碑頌德，詔許焉。名爲德政碑。」

脱鞾　《唐書》：「憲宗時，華州刺史崔戎徙兗、海、沂、密觀察使，民擁留于道，不得行，乃休傳舍。民至抱持取其鞾，戎夜單騎去。」按：今人于循吏去任時，留其鞾懸之譙樓，以志去思其事，已見于此。

抄書　《世説》：「戴安道就范宣學，視范所爲，范讀書亦讀書，范抄書亦抄書。」

句子　《朝天續集·以六一泉煑雙井茶》中有句云：「細參六一泉中味，故有涪翁句子香。」

義塾　《輟耕録》：「周待制月巖先生買地于府城之鄭楻兒坊，創義塾以淑後進。」

學生　《元史・巙巙傳》：「今秘書所藏當時倣書，御筆于學生下親書御名習書謹呈。」

倣本　《元史・巙巙傳》：「世祖以儒足以致治，命裕宗學于王恂。今秘書所藏當時倣書，御筆於學生下親書御名習書謹呈。」按：今童子入塾習字有倣本，其名已見于此。

卷子　《貴耳(録)〔集〕》：淳熙間，省元徐履殿試用卷子寫竹一枝，題曰：「畫竹一竿，送與試官。」

一本　《北齊書・魏收傳》：「及詔行魏史，收以爲直置秘閣，外人無由得見。于是命送一本付并省，一本付鄴下，任人寫之。」按：今人謂書一册曰一本，始此。

一部　《北齊書・權會傳》：「注《易》一部，行于世。」

曲子　花蕊夫人《宫詞》：「御製新翻曲子成。」

書目　《南史・張纘傳》：「欲遍觀閣内書籍。帝執《四部書目》曰：『君讀此畢，可言優仕矣。』」

行狀　《南史・吴均傳》：「欲撰齊起居注及羣臣行狀，武帝不許。」

八行書　元稹《贈嚴童子》詩：「八行飛札老成人。」李治《寄校書七兄詩》：「因過大雷岸，莫忘八行書。」

小隊　杜甫詩：「元戎小隊出郊坰。」

馬隊　《南史·齊鄱陽王傳》："馬隊主劉巨，武帝時舊人。"陶詩："馬隊非講肆。"

請安　《春秋左氏傳》："昭公孫于齊，齊侯將享之。子家子曰：『朝夕立于朝，何享焉？』乃飲酒，使宰獻而請安。"

交杯酒　王建《失釵怨》："雙杯行酒六親喜，我家新婦宜拜堂。"按：今江、淮間婚娶新婦，降輿後，先以酒二爵，夫婦互進一卮，謂之交杯酒。飲畢，然後拜堂。觀建詩，是唐時已然。

看新婦　《南史·徐摛傳》："晉、宋以來，初昏三日，婦見舅姑，衆賓皆列觀。"

三朝　《夢粱録》："三朝與兒落臍灸顖。"按：今人以生子三日爲三朝，本此。

滿月　《北齊書·韓鳳傳》："男寶仁尚公主，在晉陽賜第一區，其公主生男昌滿月，駕幸鳳宅，宴會盡日。"按：兒生滿月慶宴，始此。《通俗編》云："『滿月』字見《北史·節義傳》，滿月慶宴則始于唐。"誤。

後事　《南史·阮孝緒傳》："後事當付鍾君。"

照尸　今人于死人氣甫絕時，必然燈一盞，云冥途昏暗，然燈俾死者魂魄識途。其説甚可笑。然《南史·吴苞傳》曰："吾今夕當死，壺中大錢一千，以通九泉之路；臘燭一挺，以照七尺之尸。"此風南朝已然。

影　司馬光《書儀》："世俗皆畫影，置于魂帛之後。"按：近世謂死後畫像曰影，始此。

辭靈　《北齊書·皮景和傳》：「丁母憂，起復，將赴京，辭靈慟哭而絕。」

喪出然柴　今人喪禮，棺出後送殯人回宅時，列炬於門外，不知何所取義。觀《顔氏家訓》有云：「喪出之日，門前然火，户外列灰。」是此風已始南北朝。

柩底置《孝經》　《南史·沈麟士傳》：「遺令：棺中依士安用《孝經》。」按：今人于安葬時納《孝經》一册，云令後嗣孝順，其俗始此。惟古人置之棺中，今人納之壙内爲異耳。

合葬　《檀弓》：「季武子曰：『合葬非古也，自周公以來未之有改也。』」

銘旌　《周禮·春官》：「司常，大喪供銘旌。」

石人石馬　《唐書·秦瓊傳》：「太宗詔有司琢石爲人、馬，立墓前，以旌其功。」按：今鉅公墓前，用石獸、石人，疑始此。

罪孽深重，不自殞滅　見歐陽修《與弟書》。

火葬　《南史·林邑國傳》：「死者焚之野中，謂之火葬。」

普天同慶　《世説新語》：「元帝皇子生，普賜羣臣。殷洪喬謝曰：『皇子誕育，普天同慶，臣無勳焉。』」

全福　《南史·王彧傳》：「故甘心于履危，未必逢禍；縱意于處安，不必全福。」

反叛　《北齊書·顔之推傳》：「《觀我生賦》自注：『梁武帝納亡人侯景，授其命，遂爲反叛之基。』」《陳書·留異傳》：「顯然反叛，非可容隱。」

聲名　《中庸》：「是以聲名洋溢乎中國。」

名聲　《莊子·天地篇》：「子非獨弦哀歌，賣名聲于天下者乎？」

不中用　《詩·大東》：「無浸穫薪。」《箋》：「浸之則將腐濕，不中用也。」

窮人　《南史·齊文惠太子長懋傳》：「太子與竟陵王子良俱好釋氏，立六疾館以養窮人。」

鐵漢　《駭聞録》：「李遵懿握兵江漢，號鐵漢。」

寒士　《世説》：「王文度弟阿智，長而無人與婚。孫興公因詣文度，言我有一女，乃不惡。但吾寒士，不宜與卿計，欲令阿智娶之。」

惡少　王建《羽林行》：「長安惡少出名字。」

尊貴　《世説》：「褚公東出，投錢唐亭住。爾時沈充爲縣令，送客出亭，吏驅公移牛屋下。沈令問牛屋下是何人，吏曰：『昨有一傖父來寄亭中，有尊貴客，權移之。』」

等候　花蕊夫人《宫詞》：「等候大家來院裏。」

生怕　《龍洲集·同郭殿帥游鳳山》詩：「走馬看花生怕晚，果然桃李一山開。」

從小　宋徽宗《宫詞》：「秦娥從小學宫韶。」

舒徐　元稹《貽蜀張校書元夫詩》：「少年爲事要舒徐。」

出去　《北齊書·杜弼傳》：「高祖叱令：『出去！』」

出來　白居易《琵琶行》：「千呼萬唤始出來。」

過來　韋應物《西樓詩》：「秋雁過來稀。」

上來　宋江夔《李陵臺詩》：「時時一上來。」

下來　《詩》：「牛羊下來。」

回來　王建《宫詞》：「回來憶着五弦聲。」

分别　《世説》：「王夷甫容貌整麗，捉玉柄麈尾，與手都無分别。」

計策　《北齊書·顔之推傳》：「雖不從之推計策，然猶以爲平原太守。」

毆打　《南史·齊廢帝紀》：「若與營署爲異人所毆打及犬物所傷，豈直罪止一身。」

相好　《詩》：「式相好矣。」

得罪　《孟子》：「不得罪于巨室。」

富足　《世説》：「周浚作安東時，行獵值雨，過汝南李氏，李氏富足而男子不在。」

失收　今江、淮人，謂年穀不登謂之失收。《南史·昭明太子傳》：「吴興累年失收，人頗流遺。」

判命　《東都事略·章惇傳》：「能自判命者，能殺人也。」

奔波　《南史·梁宗室蕭勵傳》：「勵乃奔波，届于江夏。」王建詩：「此身誰願長奔波。」

横事　秦觀《與蘇公先生簡》：「薄田百畝，雖不能盡充饘粥絲蔴，若無横事，亦可給十七。」

性暴如雷　《孔雀東南飛行》：「我有親父兄，性行暴如雷。」按：今人尚有「性暴如雷」語。

留意　《國策》：「蘇秦説秦惠王曰：『願大王少留意。』」

快活　《北齊書·和士開傳》：「一日快活敵千年。」

自由　《孔雀東南飛行》：「汝豈得自由？」

天分　《世説》：「王江州夫人語謝遏曰：『汝何以都不復進，爲是塵務經心，天分有限。』」

蓬頭　庾信《小園賦》：「蓬頭王霸之子。」

梳頭　元稹《離思》詩：「閑讀道書慵未起，水精簾捲看梳頭。」庾信《鏡賦》：「梳頭新罷照著衣。」《世説》：「桓宣武以李勢妹爲妾，主始不知，既知，拔白刃襲之。正值梳頭，髮委藉地，膚色玉曜，不覺爲動容。」

神頭鬼面　《農田餘話》：「宋南渡後，文體破碎，詩體卑弱，惟石湖、放翁爲平正。至晦庵諸子始一變。時習模仿古作，故有『神頭鬼面』之論。」

鵓角　《留青日札》：「宋淳熙中，剃削童髮必留大錢許，項左右束以彩繒，宛若博焦之狀，曰鵓角。」按：今日女孩，猶有此妝。

玉體　《戰國策》：「恐太后玉體之有所郄。」《南史・梁武陵王紀傳》：「以兹玉體，辛苦行陣。」

剃面　《顔氏家訓》：「梁朝貴遊子弟，無不熏衣剃面，傅粉施朱。」

聞香　吴均《餅説》：「既聞香而口闞，亦見色而心迷。」《瑞應圖》：「天漢二年，月支國貢香三枚，狀如燕卵，能辟疫。香聞百里。」按：「聞」字從耳，與「聽」字義略同。今人有謂鼻所臭曰聞者，雖於字訓無可考，而古籍往往有從俗者。

身材　《北齊書・趙彦深傳》：「子叔堅，身材最劣。」

經手　《北齊書・韓鳳傳》：「軍國要密，無不經手。」

手心　《北齊書・孝昭帝紀》：「太后常心痛，不自堪忍。帝立侍帷前，以爪掐手心，血流出袖。」

手裏　王建《宫詞》：「宫人手裏過茶湯。」

八字眉　張蕭遠《送宫人入道》詩：「玉指休匀八字眉。」李商隱：「八字宫眉捧額黄。」《妝臺記》：「漢武帝宫人掃八字眉。」

眉心　白居易《春詞》：「春入眉心兩點愁。」

一毛不拔　《燕丹子》：「荆軻曰：『有鄙志，常謂心向意，投身不顧；情有異，一毛不拔。』」

氣喘汗流　《北齊書·傅伏傳》：「每至文林館，氣喘汗流。」

勁　《列子》：「孔子之勁，能開國門之關。」

志　《南史·沈約傳》：「腰有紫志。」

小便　《後漢書·甘始傳》：「或飲小便，或倒懸，愛嗇精氣。」「尿」，《説文》：「人小便也。」

大便　《北齊書·安德王延宗傳》：「爲定州刺史，于樓上大便，使人在下張口承之。」

出恭　俗謂上厠曰出恭。初不得其解，繼閲《神仙傳》云：「淮南王安坐起，不恭。主者奏安不敬，謫守天厠。」疑「出恭」二字原出於此。

不入耳之言　李陵《答蘇武書》：「以不入耳之言，來相勸勉。」

老爺　《楊椒山自訂年譜》：「予方割肉時，獄卒持燈手戰，至將墜地，曰：『關公割肉療毒，猶藉于人，不似老爺自割者。』」

乃兄　趙抃《雙竹》詩：「長者似乃兄，短者弟相逐。」

息婦　《能改齋漫録》引王彦輔《塵史》：「今之尊者斥卑者之婦曰新婦，卑對尊稱其妻及婦人自稱亦然。而不學者輒易之曰息婦，又曰室婦。」

孫息婦　《四朝聞見録》：「皇甫真人號爲有道，嘗自出見高宗，曰：『臣爲陛下尋得個好孫息婦。』」

大人　《野獲編》：「江陵公新得國，先大父隨衆謁于朝房，張忽問曰：『那一位是沈大人？』先大父出應曰：『某是也。』江陵公因再揖。」案：官長稱大人，當始此。

卑職　元陳天祥《奏盧世榮姦邪疏》：「卑職等在内外百司之間，伺察非違。」按：「卑職」之稱始此。但此乃臣對其君之辭，今則下員對長吏爲異耳。

泰水　孫持正：「俗呼人之妻父爲岳丈，以泰山有丈人峰，似亦有理；而呼妻母爲泰水，此何義耶？」

親家母　《太平廣記》引《北夢瑣言》：「有民妻不識鏡，夫市之而歸。妻取照之，驚告其母曰：『某郎又索一婦歸也。』其母亦照，曰：『又領親家母來也。』」

晚生　《晉書》：戴邈請立學校，疏曰：「今後進晚生，目不睹揖讓之儀。」

老師　《觚不觚録》：「嘉靖以前，門生稱座主不過曰先生而已。分宜當國，始稱老翁，此後門生均曰老師。」

某甲某乙　《三國志·王修傳》注：「張甲、李乙，猶或先之。」

太歲　《南史·夷貊傳》：「滑國，其王坐金牀，隨太歲轉。」

土地神　《搜神記》：「蔣子文謂故吏曰：『我當爲此土地神。』」《漢沔記》：「襄陽漢水西村有廟，名士地府君，極有靈驗。」

宅神　庚信《小園賦》：「鎮宅神以薶石。」

劉猛將軍　朱坤《靈泉筆記》：「宋景定四年，封劉錡爲揚威侯、天曹猛將。勑云：『飛蝗入境，漸食嘉禾，賴爾神靈，翦滅無餘。』」

幽冥　《南史·齊宜都王鏗傳》：「自悲不識母，祈請幽冥，求一夢見。」

紙錢　李賀詩：「紙錢窸窣鳴旋風。」

餤口　俗以延僧道薄莫誦經曰「放餤口」。案：唐有不空譯《佛説救餤口餓鬼陀羅尼經》一卷。「餤口」二字，已見于此。

觀音經　《南史·皇侃傳》：「侃性至孝，常日限誦《孝經》三十遍，以擬《觀世音經》。」

道士　《南史·梁沈約傳》：「因病，夢齊和帝劍斷其舌，召巫視之，巫言如夢。乃呼道士奏赤章于天，稱代禪之事不由己出。」按：古所謂道士，皆謂有道之士。以稱羽士始此。又《南史·顧歡傳》：「屢見刻舷沙門，守株道士，交諍小大，互相彈射。」

法師　《世説》：「王文度在西州，與林法師講。」

小沙彌　《世説》：「范寧作豫章，八日請佛，有版。衆僧疑，或欲作答。有小沙彌在坐末曰：『世尊默然，則爲許可。』衆從其義。」

佛事　梁簡文帝《相官寺碑》：「譬若淨土，長爲佛事。」

功德　《南史·虞愿傳》：「新安太守巢尚之罷郡還，見帝曰：『卿至湘宫寺未？我起此寺，是大功德。』」

行香　《南史·岑之敬傳》：「十八預重雲殿法會時，武帝親行香，熟視之敬。」

香火　《南史·陶弘景傳》：「百日内，夜常然燈，旦常香火。」

合掌　《南史·虞愿傳》：「大漸日，正坐呼道人，合掌便絶。」

禮拜　《世説》：「何次道住瓦官寺，禮拜甚勤。」

還俗　《南史·天竺迦毗黎國傳》：「自非戒行精苦，並使還俗。」

來生　《南史·天竺迦毗黎國傳》：「不照幽冥之途，弗及來生之路。」

紙房子、紙人、紙馬　《元典章》：「世祖至元七年，刑部尚書奏稱民間多有無益破費，如紙房子等，請飭禁止。隨降旨，着將紙糊房子、人、馬等物，截日盡行禁斷。」

生活　《孟子》：「民非水火不生活。」

國手　《酉陽雜俎》：「僧一行本不解弈，因會燕公宅觀王積薪一局，遂與之敵。笑謂燕公曰：『此但爭先耳。若念貧道四句乘除語，則人人皆國手。』」

推命　《墨莊漫録》：「紹聖初逐元祐黨人，以水土美惡，繫罪之輕重。執政聚議劉安世，蔣之奇云：『劉某平昔人推命極好。』章惇以筆于昭州。上點之云：『劉某命好，且於昭州試命一回。』」

看命　《桯史》：「中都有談天者，居於觀橋之東，日設肆於門，標之曰『看命司』。」

流年　朱子《逢僧談命詩》：「時行時止非人力，莫問流年只問天。」

圓光　《晉書·佛圖澄傳》：「劉曜攻洛陽，石勒以訪澄。澄令一童子潔齋七日，取麻油合臙脂，躬自研于掌中，舉手以示童子，粲然有光。童子驚曰：『見一人長大白皙，以朱絲縛其肘。』澄曰：『此曜也。』勒悦，遂距曜，生擒之。」

地理　《耳談》：「宋嘉定中，有厲布衣者自江右來，廣精地理之學，名傾一時。」

醫稱郎中　《夷堅志》：「趙珪本上官彦成之隸，粗得醫術，人稱趙三郎中。」

剃頭稱待詔　黄省曾《吴風録》：「張士誠走卒廝養皆授官爵，至此椎油、作麵、傭夫爲博士，剃工爲待詔以此。」又《石屋語録》：「有某大夫官待詔，每每施剃于衆僧。」按：稱剃工爲待詔，或因此。《吴風録》所云，未必然。

儒醫　《老學庵筆記》：「三朝御裹陳忠翊，四世儒醫陸大丞。」

藥劑　顔延之《陶徵士誄》：「藥劑弗嘗，禱祀非恤。」

瓦匠　《宋名臣言行録·張詠傳》：「有一瓦匠，因雨乞假。公判曰：『天晴蓋瓦，雨下和泥。』」

船家　花蕊夫人《宫詞》：「正待婕妤先過水，遥聞隔岸唤船家。」按：今人猶呼榜人爲船家。

妃子　元稹《連昌宫詞》：「朝廷漸漸由妃子。」

老婆　《太平廣記》引《王氏見聞》云：「三蜀有長鬚和尚謁樞密使，宋光嗣因問曰：『師何不剃鬚？』答曰：『削髮除煩惱，留鬚表丈夫。』宋大恚曰：『吾無髭，豈老婆耶？』」

老娘　《武林舊事》：「宫中有娠，令踏逐老娘伴人，乳婦抱洗女子。」按：今人謂穩婆爲老娘，見此。

梳洗　元稹《連昌宫詞》：「太真梳洗樓上頭。」

匀粉　劉克莊詩：「丫頭婢子忙匀粉，不管先生硯水渾。」

房錢　宋周密《浩然齋雅談》載張卿詩：「小小園林矮矮屋，一日房錢一貫足。」

蠅頭微利　蘇軾詞：「蝸角虚名，蠅頭微利。」

鵝眼錢　裴子野《宋略》：「泰始中，沈慶之啓通私鑄而錢大壞矣，一貫長三寸，謂之鵝眼錢。」

毛錢　《宋史》：「高宗紹興十三年，毁私鑄毛錢。」按：今人呼小錢曰毛錢，始此。

債主　《世説》：「桓宣武少家貧，戲大輸，債主敦求甚切。思自振之方，莫知所出。」

交　花蕊夫人《宫詞》：「月頭交給買花錢。」

城牆　花蕊夫人《宫詞》：「背倚城牆面枕池。」

浴堂　王建《宫詞》：「浴堂門外抄名入。」

場屋　《四朝聞見録》：「秦少游未第，王賢良久困場屋。」按：唐以前謂戲場爲場屋，宋人始以爲考文之所。

店面　《夢粱録》：「今之茶肆列花架，安頓奇松異檜等物，于其上裝飾店面。」

學堂　《北齊書·權會傳》：「會方處學堂講説，忽有旋風瞥然，吹雪入户。」

中門　白居易《池上閑詠》：「暫嘗新酒還成醉，亦出中門便當遊。」

屋檐　白居易《答客問杭州》詩：「大屋檐多裝雁齒。」

粉壁　花蕊夫人《宫詞》：「粉壁紅窗畫不成。」元稹《連昌宫詞》：「塵埋粉壁舊花鈿。」庾信《鏡賦》：「窗藏明于粉壁。」

門扇　《南史·侯景傳》：「賊又斫東掖門，羊偘鑿門扇刺殺人，賊乃退。」

公館　《唐殷夫人碑》：「卒于□尉之公館。」《唐魏邈墓誌》：「卒于宣州宣城縣之公館。」韋應物詩：「公館夜云寂。」

門地　《世説》：「温公嶠從姑劉氏有女，屬公覓壻。少日，公報姑云：『已得壻處，門地粗可。』」

瓦屋　《世説》：「蔡司徒在洛，陸機兄弟往參佐。廨中三間瓦屋，士龍住東頭，士衡住西頭。」

當中　王建《宫詞》：「太平萬歲字當中。」

中央　《詩》：「宛在水中央。」

四角　《孔雀東南飛行》：「四角垂香囊。」《南史・齊竟陵王子良傳》：「以銅爲花，插御牀四角。」

傍邊　王建《宫詞》：「玉案傍邊立起居。」

前頭　唐朱慶餘詩：「鸚鵡前頭不敢言。」

外頭　王建《宫詞》：「乍到宫中憶外頭。」

鄰居　《世説》：「孫綽齋前種一株松，恒自手壅治之。高世遠時亦鄰居，語孫曰：『松樹子非不楚楚可憐，但永無棟梁用耳。』」

跨竈　蘇軾《與陳季常尺牘》：「長子邁作吏頗有父風，二子作詩騷殊勝，咄咄皆有跨竈之興。」方回詩：「跨竈郎來温課册，齊眉人爲摺深衣。」

牙門　《南史・侯景傳》：「初，景之爲丞相，居于西州。將率謀臣朝，必集行列門外，謂之牙門，以次引進。」

家堂　《孔雀東南飛行》：「入門上家堂。」

後門　《南史・褚伯玉傳》：「父爲之婚，婦入前門，伯玉從後門出。」按：「今江北人居宅必有後門，其制已肇于此。」

隔子　元稹詩：「微風暗度香囊轉，朧月斜穿隔子明。」

石磉　《南史・扶南國傳》：「可深九尺許，至石磉，磉下有石函。」

門限　《南史・陶弘景傳》：「帝頸血流于門限焉。」

牛屋　《世説》：「褚公東出，乘估客船送故吏數人，投錢唐亭住。亭吏驅公，移牛屋下。」

衣鈕　晉《東宫舊事》：「太子納妃，有著衣大鏡、銀花小鏡，並衣鈕百副。」

衣服　《世説》：「許允爲吏部郎，多用其鄉里。魏明帝遣虎賁收之。既檢校，皆官得其人。于是釋允，衣服敗壞，詔賜新衣。」

帽檐　元葛邏禄迺賢《塞上曲》：「忽見一枝長十八，折來簪在帽檐前。」

紗帽　《北齊書・平秦王歸彦傳》：「齊制，宫内唯天子紗帽，臣下皆戒帽。特賜歸彦紗帽以寵之。」

絲綫　王建《織錦曲》：「唯恐秋天絲綫乾。」元稹《雉媒詩》：「剪刀摧六翮，絲綫縫雙目。」

真珠　《南史・夷貊傳》：「波斯國有虎魄、馬腦、真珠、玫瑰等。」

背心　《北狩見聞録》：「徽廟出御衣衣之，襯一領。」自注：「俗呼背心。」

鐶子　《北狩見聞録》：「又索於懿節邢后，得所帶金耳鐶子一隻。」

衫子　元稹詩：「藕絲衫子柳花裙。」

朝衣　白居易詩：「春風侍女護朝衣。」

皮衣　《南史·虞愿傳》：「帝性猜忌，體肥憎風，夏月常着小皮衣。」

帽子　王建《宮詞》：「未戴柘枝花帽子。」

蘭干　《後漢書·牢夷傳》：「罽毲帛疊，蘭干細布，織成文章如綾錦。」

繭絲　《晉語》：「趙簡子使尹鐸爲晉陽。請曰：『以爲繭絲乎？抑爲保障乎？』」

袴襠　《北齊書·陸法和傳》：「虵頭齚袴襠而不落。」

細布　《南史·司馬筠傳》：「《禮》云『縞冠玄武，子姓之冠。』則世子衣服宜異于常，可着細布衣，絹爲領帶，三年不聽樂。」

手帕　王建《宮詞》：「緶得紅羅手帕子。」

鍼綫　元稹《遣悲懷》詩：「鍼綫猶存未忍開。」

袈裟　《南史·陶弘景傳》：「通以大袈裟覆衾。」

繩床　《北齊書·陸法和傳》：「坐繩床而終。」《唐濟瀆廟北海壇祭器雜物銘碑陰》：「繩牀十。」

竹牀　韓愈詩：「竹牀莞席到僧家。」許渾詩：「露井竹牀寒。」

竹牀子　《唐濟瀆廟北海壇祭器雜物銘》碑陰：「竹牀子一。」

毯子　《唐濟瀆廟北海壇祭器雜物銘》碑陰：「四尺毯子四。」

蒲合　《唐濟瀆廟北海壇祭器雜物銘》碑陰：「蒲合廿領。」

牀脚　《南史・侯景傳》：「及升御牀，牀脚自陷。」

牀邊　《世説》：「劉尹至王長史許清言，時王苟子年十三，倚牀邊聽。」

牀頭　《南史・王僧虔傳》：「往年有意於史，取《三國志》聚置牀頭。」

香案　元稹《連昌宮詞》：「菌生香案正當衙。」

燈臺　《摭言》：「孫泰，山陽人，少師皇甫穎，有古賢風，都市遇鐵燈臺，市之，磨洗則銀也，還之。」《唐濟瀆廟北海壇祭器雜物銘》碑陰：「燈臺四。」

上燈　元稹詩：「滿山樓閣上燈初。」

點燈　宋楊太后《宮詞》：「鑾輿半仗點燈回。」

糞船　《宋稗類鈔》：「南渡後，浙中賦税全是横斂丁錢，有至三千五百者，人由此多去。計會中，使作宮中名字以免税。辛幼安云：『曾見糞船亦插德壽宮旗字。』」

抽屜　庾信《鏡賦》：「暫設裝匳，還抽鏡屜。」

倚子　《唐濟瀆廟北海壇祭器雜物銘》碑陰：「繩床十，内四倚子。」

馬杌　錢氏《私誌》：「賢穆有荆雍大長公主金撮角紅籐下馬杌子，聞國初貴主乘馬，故有之。」按：今坐具中馬杌，始此。

杌子　《愛日齋叢鈔》：「駕頭舊以一老宦者抱繡裹杌子於馬上，高廟時亦然。」

材　《陳書·周弘直傳》：「氣絶已後，便買市中見材，材須小形者。」按：今人呼棺爲棺材，江北人或單呼爲材，已基于此。

靈柩　《陳書·沈洙傳》：「沈孝軌門生陳三兒牒稱：主人翁靈柩在周，主人奉使關内，因欲迎喪，久而未返。」

水車　花蕊夫人《宫詞》：「水車踏水上宫城。」

盒子　宋徽宗《宫詞》：「小金盒子黄封帖。」

竹火籠　謝朓《竹火籠詩》：「體密用宜通，文斜性非曲。」又范静妻池氏亦有《竹火籠詩》。《南史·蕭正德傳》載正德《詠竹火籠詩》七絶。

手爐足爐　《採蘭雜志》：「馮小憐有手爐曰辟邪，足爐曰䞈藻，皆以飾得名。」

筆架　《致虚閣雜俎》：「王羲之有巧石筆架，名扈班。」

筆頭　《開元遺事》：「李白少夢所用之筆，頭上生花。」

筆牀　《玉臺新詠序》：「翡翠筆牀，無時離手。」《梁簡文帝書》云：「時設書幌置筆牀。」

鎮紙　《清異録》：「歐陽通修飾文具皆刻名號，鎮紙曰套子龜，曰小連城，曰千鈞史。」

界尺　《姚氏殘語》：「太祖以柏木爲界尺，謂之隔筆簡。」《清異録》：「界尺曰由準氏。」

水牌　《七修類稿》：「俗以長形薄版塗布油粉，謂之簡版。以其易去錯字而省紙，官府用曰水牌。」

筆筒　陸機《毛詩草木鳥獸蟲魚疏》：「螟蛉有子，條取桑蟲，負之於木空中，或書簡筆筒中。」《致虚閣雜俎》：「王獻之有斑竹筆筒，名喪鍾。」

千里鏡　《清異録》：「千里鏡，電之形也。」

紅紙　花蕊夫人《宫詞》：「紅紙泥窗遶畫廊。」

草紙　《元史·后妃傳》：「宏吉剌皇后侍皇太后于厠，凡所用草紙，亦以面擦軟而進之。」按：今厠上所用紙曰草紙，本此。

蘆席　江夔《昔遊詩》：「長竿插蘆席，船作野馬走。」

粉合　《齊民要術》：「作香粉法，惟多著丁香於粉合中，自然芬馥。」

摺扇　《春風堂隨筆》：「今世所用摺扇，亦名聚頭扇。」

扇面　《春風堂隨筆》：「南宋以來，詩詞咏聚頭者甚多。予收得楊妹子所寫絹扇面，摺痕尚存。」《夢粱録》：「夜市，有崔官人將字攤梅竹扇面兒，在五間樓前大街坐鋪。」

扇柄　《解酲語》：「楊璉正伽啓掘宋帝諸陵，度宗陵得五色藤絲盤、影魚黄瓊扇柄。」

宫扇　《淵穎集》有題宋度宗御書福王慶壽宫扇詩云：「歲周甲子壽筵開，賓客滿堂宫扇來。」

竹片　《世説》：「魏武征袁本初，治裝餘有數十斛竹片，咸長數寸。」

酒海　白居易詩：「詩就花枝移酒海。」《唐濟瀆廟北海壇祭器雜物銘》碑陰：「酒海一。」

茶船　《清秘録》：「茶船，一名茶舟。」

盤子　《唐濟瀆廟北海壇祭器雜物銘》碑陰：「盤子五十隻。」

疊子　今俗呼盛饌之品曰楪子，古作「疊子」。《北齊書·祖珽傳》：「曾至膠東刺史司馬世雲家飲酒，遂藏銅疊兩面。」《酉陽雜俎》：「劉録事日食鱠數疊。」《唐濟瀆廟北海壇祭器雜物銘》碑陰：「疊子五十隻。」

甆器　《柳宗元集》有《代人進甆器表》。

石獅子　《文苑英華》有唐閻朝隱《鎮座石獅子賦》。

火石　潘岳詩：「熲如石取火。」按：以石取火，當始於此。

臘燭　《南史·王僧虔傳》：「僧綽採臘燭珠爲鳳皇。」按：古人燭不用臘，觀此知南朝始然。又《世説》：「石季倫用臘燭作炊。」

白臘燭　《北夢瑣言》：「樂昌孫氏，進士孟昌期之内子。善爲詩，有《代夫贈人白臘燭》詩。」

花臘燭　《四朝聞見録》：「宣政盛時，宫中以河陽花臘燭無香爲恨，遂用龍涎、沉腦屑灌臘燭。」

金剛鑽　《齊東野語》：「金剛鑽，形如鼠糞，色青黑，如鐵如石。」

麻繩　《陳書·沈衆傳》：「以麻繩爲帶。」

雜貨　《南史·梁臨川王宏傳》：「餘屋貯布、絹、絲、綿、漆、蜜、紵、蠟、朱沙、黄屑雜貨，但見滿庫，不知多少。」

刀子靶　《北齊書·徐之才傳》：「又有以骨爲刀子靶者，五色斑斕。」按：今人謂刀柄爲刀靶，本此。

糧食　《南史·張齊傳》：「齊緣路聚糧食，種蔬菜。」

麻油　《晉書·佛圖澄傳》：「取麻油合臙脂，躬自研于掌上。」

臘八粥　《夢華録》：「十二月初八日，諸僧寺作浴佛會，并送七寶五味粥與門徒，謂之臘八粥。都人是日，亦以果子雜料煑粥而食。」

乾飯　《世説》：「王敦初尚主，如厠。還，婢進澡豆，因倒着水中而飲之，謂是乾飯。」

就酒　陸機《毛詩草木鳥獸蟲魚疏》「于以采蘋」條：「可糁蒸以爲茹，又可用苦酒淹以就酒。」

粉團　《開元天寶遺事》：「宮中端午節造粉團、角黍，貯于金盤中。」

薄餅　《荆楚歲時記》：「長沙寺九子母神，四月八日，無子供養薄餅以乞子。」

包子　陸放翁有《食野味包子》詩。《燕翼詒謀録》：「仁宗誕日，賜羣臣包子。」

茶食　樓鑰《北征行紀》：「遼宴使臣茶食，以大柈陳四十碟。」

圓子　周必大《平園續纂》：「元宵浮圓子，前輩似未曾賦此，坐間成四韻。」又朱淑真亦有《圓子詩》。

糖圓　《皇明通紀》：「永樂十年元夕，聽良民赴午門觀鰲山三日，以糖圓、油餅爲節食。」

饊子　《夢粱録》：「冬日茶肆添賣七寶擂茶、饊子、葱茶。」

果子　《武林舊事》：「果子……花花糖……烏梅糖。」

月餅　《武林舊事》：「蒸作從作月餅、春餅。」

春餅　同上。

獅貓　《老學庵筆記》：「秦檜孫女崇國夫人，小名董夫人。愛一獅貓，失之，遍索不得。」

水牛　《世説》劉孝標注：「今之水牛唯生江、淮間，故謂之吴牛也。」

鵲子　《世説》：「王平子出爲荆州，王太尉及時賢送者傾路。時庭中有大樹，上有鵲巢，平子脱衣巾，逕上樹取鵲子。」

雀子　《北齊書・神武帝紀》：「先是童謡云：可憐青雀子，飛來鄴城裏。」

九頭鳥　梅聖俞詩：「嘗憶楚鄉有祅鳥，一身九首如贅疣。」

鵝蛋鴨蛋　《夢粱録》：「三日，女家送冠花緞鵝蛋。又育子父母家，家以綵畫鴨蛋百二十枚及芽兒繡棚彩衣至壻家。」按：鳥卵稱蛋，始見於此。《宛委餘編》云：「『蛋』字似應寫作『彈』，蓋鳥卵圓轉如彈丸，故有彈之名。」其説較可信。

魚秧　陶宗儀《南村雜賦》：「徑分黄菊本，池種小魚秧。」

田鷄　《四朝聞見録》：「杭人嗜田鷄如炙，即蛙也。」

水鷄　《侯鯖録》：「水鷄，蛙也。水族中厥味可薦者。」

蒼蠅　《詩》：「蒼蠅之聲。」

蚊子　《爾雅翼》：「蚊生草中者，吻尤利而足有花文。吴興號豹脚蚊子。」歐陽修詩序：「予作《憎蠅賦》。蠅，可憎矣，尤不堪蚊子自遠嘤喝來咬人也。」

橘子　王建《宫詞》：「衆内遥抛金橘子。」

種子　《陳書・世祖紀》：「天嘉元年，詔恤農曰：其有尤貧，量給種子。」

小麥　《南史・夷貊傳》：「渴盤陀國，地宜小麥，資以爲糧。」

竹子　郭茂倩《樂府》：「江干黄竹子，堪作女兒箱。」

仙果　王建《朝日賜百官櫻桃》詩：「仙果人間都未有，今朝忽見下天門。」

瓜子　《南史・韓靈敏傳》：「兄弟共種瓜，朝採瓜子，暮生已復。」

根鬚　《南史・齊晉安王子懋傳》：「華更鮮紅，視甖中，稍有根鬚。」

烟火　《宛署記》：「烟火有聲者曰響礮。」《武林舊事》：「西湖有少年，競放爆仗，及設烟火。」

地老鼠　《宛署記》：「烟火旋繞地上者曰地老鼠。」

起火　《宛署記》：「烟火高起者曰起火。」

毬燈、走馬燈　《夢粱録》：「杭城大街春冬，撲買玉栅小毬燈、奇巧玉栅屏風棒燈、沙戲走馬燈。」

賭錢　《南史・王敬則傳》：「呼僚佐文武摴蒱賭錢。」

一張　《東宫舊事》：「皇太子初拜，給香墨四九，赤紙、縹紅紙、麻紙、勑紙、法紙各百張。」

一下　《北齊書・廢帝紀》：「文宣怒，親以馬鞭撞太子三下。」又《陸法和傳》：「又有人以牛試刀，一下而頭斷。」《陳書・始興王叔陵傳》：「叔陵又斫太后數下。」

一條　《南史・宋前廢帝紀》：「書跡不謹，上詰讓之曰：『書不長進，此是一條耳，聞汝比素業都懈。』」

六十花甲子　《唐詩紀事・趙牧詩》：「手挼六十花甲子，循環落落如貫珠。」

七旬　白居易詩：「且喜同年滿七旬。」

元來　元稹《放言》詩：「蓮葉元來水上乾。」

誠如　王績《三日賦》叙：「誠如褚爽之詞。」

情知　王績《三日賦》：「情知上巳風光好。」

自然　庾信《謝趙王賚絲布啓》：「妾遇新縑，自然心伏。」

蚤已　《世説》：「王司州與殷中軍語，歎曰：『己之府奥，蚤已傾寫而見，殷陳勢浩汗，衆源未可得測。』」

居然　《世説》：「殷中軍道韓太常曰：『康伯少自標置，居然是出羣器。』」

什麽　《傳燈録》：「爲什麽向佛頭放糞？」

恐防　王建《宮詞》：「恐防天子在樓頭。」

神氣　《世説》：王戎、和嶠同時遭大喪。王鷄骨支牀，和哭泣備禮。武帝謂劉仲雄曰：「卿數省王、和否？和哀苦過禮，使人憂之。」仲雄曰：「和嶠雖備禮，神氣不損。王戎雖不備禮，而哀毀骨立。」

粉碎　《世説》：王丞相令郭璞作一卦。卦成，郭云：「公有震厄，可命駕西出數里，得一柏樹，截斷如公長，置牀上常寢處，災可消矣。」王從其語，數日中果震，柏粉碎。

氣憤憤　白居易樂府《縛戎人》篇：「同伴行人因借問，欲説喉中氣憤憤。」

農事私議

附墾荒裕國策

農事私議目録

卷之上

卷之下

〔校記〕

〔一〕此目原缺，據正文標題補。

農事私議　卷之上

農事私議

理國之經，先富後教；治生之道，不仕則農。予束髮受書，不辨菽麥，長更世故，思歸隴畝。爾來外侮頻仍，海内虚耗，利用厚生尤爲要圖。爰就斯業，竱慮探討。偶有造述，言之無文。一得之愚，差同獻曝。世有達者，舉而行之。空言之誚，庶幾免夫。光緒庚子冬，上虞羅振玉。

農官私議

今舉古今中外之農業而比絜之，今不如古，中不如外，蓋章章矣。夫以中國地土之廣、氣候之適、人民之多，古今無異也。絜之歐美，三者殆皆遜於我，而我之農事有退無進者，何哉？不立農學啓發之，不設專官以維持勸厲之，故也。歐美各國特立農商務省，以司農商之事。凡山林、道路、水利、畜牧、製造、學術、税課，一切官爲之定法令規則。欲興一利，民力不足者，官爲補助之。發明一器，可以利用者，官爲獎勵之。於是民智日啓，事業日興。稽之於我三代之法，殆無以異。

三代農官之可考者，以周爲詳盡。上自司徒，遞次而甸師、載師、閭師、遂人、遂師、遂大夫、縣正、酇長、里宰，以至草人、稻人、土訓、廩人、倉人、司稼，所以教稼利畝、急時簡器、稽數收斂者，至周且密。秦漢以來，雖存大利歸農之説，而司農之職不修久矣。至今日則由户部以迄牧令，不聞教稼之舉而徒有催科之令。無官爲之保護啓發，而責農夫以田事之不修，烏乎可？故今日欲修農事，立學固矣，而設官尤亟。然欲特立專官，亦有難焉者。不如仿宋代以提點刑獄官兼勸農使之制，而令各道之道員兼攝勸農事務，管内之農事轄焉。凡荒地之開墾、水利之興修、學堂之建立、製造之規創，皆責之。而尤要者，則在以勸農之勤惰課吏。昔宋徽宗政和間，立守令勸農黜陟法。見《宋史·本紀》。高宗紹興時，立州縣墾田增虧賞罰格。見《本紀》。今宜仿行。凡地方官能墾荒興學、修水利、實力創辦者，予以異常之獎勵。政學不修明、荒蕪失治者，褫罰之。更舉紳士明農學、公正肯任事者，爲農正令，佐長吏從事焉。事治職舉獎之，與振荒、河工、軍營等不稱職者易之。凡此者皆勸農使之責，如是則職事舉而人才出矣。若不此之務，而欲明農興利，何異不翼而思奮，無杭而求渡耶！《記》有之曰：「物有本末，事有終始。」立官，其興農之始也夫！

墾荒私議

謀富之道，莫要於興農。興農之端，莫急於墾荒。而墾荒一事，至易亦至難。夫大地不耕，一旦而募人夫施耕鋤、布嘉種，期年無不收穫者，此至易之説也。而官荒有胥吏之需索，私地有原主之把持，此又至難之説也。今欲洞察其利弊，而定一成不易之法，舉其主要，有五端焉：

一曰編荒籍。由地方主吏查勘管内荒地，籍其坐落、畝數。分官荒、民荒二宗，管地之大者，三五月靡有不悉者。荒籍既立，則管内之荒數可稽矣。二曰禁把持。荒籍既立，官私既分，乃由長吏布令，凡管内私荒，仍責原主限一年内開墾，若逾期不墾，即改私爲官，聽他人領墾。墾熟以後，原主不得爭執，以懲惰而弭爭。嘗有地主曠地不耕，一旦有耕其土者，原主輒訟而攘之，致沃壤寧任蒿萊，無敢過問。今立逾限充公之事，而原主之把持可免矣。三曰蠲舊賦。蘇、松一帶多荒地之故，半由欠賦太多，不得已而遂流亡，以蕪其田。若有人闢草萊而耕之，吏輒向之徵逋課。今定例新墾之户，從領田之日起算定限升科，以前舊賦悉予蠲除，胥吏不得詐索，如是則人無所畏忌矣。四曰緩升科。六年升科，原有常制。然考之康熙十二年，有十年起科之詔。雍正元年，有旱田十年起科，水田六年起科著爲定例之詔。今上詔旨屢頒，諄諄以爲民興利，並不重在賦稅。曉諭有司各省地方官，宜體聖上重農興利之意，緩其升科以厚民力。墾户不盡富民，有舉債從事者，緩其升科則踴躍恐後，無虞竭蹶矣。五曰獎墾户。墾荒予獎，著在前典，今宜破格施行，以爲民勸。有開地千畝者，予職銜；數千畝至萬畝者，益優其獎。且由本省督撫頒手諭以褒美之，如是則人情益奮勵矣。

以上諸端，必須諸條告，由督撫飭令長，由令長頒示通衢，家諭户曉。令人人知墾荒之有利無害，向日之所顧慮者，一旦曠然清之。如是而地有不墾、民有不勸者，吾不信也，吾不信也。

勸業私議

土産之多寡，地方之貧富繫焉；郡縣之貧富，國家之强弱判焉。是土産者，生人之大本、國家之枝幹也。夫物産之在大地，豐此則嗇彼。故南土蓺稻粱，北方多黍稷；山鄉饒林木，澤居足魚介。此固一定之理，然亦得以人力左右其間。即以中國物産之大宗絲、茶二者言之，古昔蠶桑爲北方利源，今則此業專在南方。茶葉爲中邦特産，今則歐人植之印、錫。是地方素無之土産，不難以人力謀興盛，此其徵也。而今日二十餘行省之大，從未見闢未有之利源，創新興之産業者，其故何哉？無勸業之經，而有釐税之苦故也。

遠稽歐美，近考日本，其政府於勸民興業再三致意。平日既免出口貨税，以鼓舞商人；於民間起業時，更貸金贍助，深恐其力薄而業不舉，故能庶業繁興，税課日盛。然今欲遽師其法，力實未逮，無已其暫免税釐乎！其法官府頒令，凡本管内向無之物産，有能謀興創者，給憑褒獎之，許免釐税十年，届期業漸盛，半税之，再十年，業大盛，乃全税之。

玉旅居江淮間，能言江淮間事。淮人素不事蠶桑，勸以興此業，不顧也。叩以故，曰：「亦知此利厚，然地不織綢，得繭必外售，載貨出不百里，釐卡已二三，本且不保，利於何有？誰爲此者！」曰：「免釐何如？」曰：「果爾，則阡陌間皆桑婦矣。」就此一端，可例其餘。客或難之曰：「釐税充國家要需，免之如國用何？」曰：「暫免非久免，爲勸業免，非常物概免也。夫税起於業，民不興業，税於何有？免税而勸業，業盛而税豐焉。譬之植樹以求材也然，方其幼稚日，必培壅萌芽，必保護，非愛萌芽也，望其將來之成材也。材成，斯爲棟梁矣，爲榱桷矣。若方其萌蘖而伐之，安有成材之望？夫創業猶植樹，免税猶培壅，保護業盛而税之，猶待成材而用爲棟梁、榱桷。此理固易明者。」客恍然曰：「吾始以子專爲創業者謀耳，今知爲豐税計，實舍此末由。盍著其説？」玉曰：「謹諾。」遂書之，爲《勸業私議》。

郡縣興農策

今日理財，利遠易興者莫如農。今日治民，切近而易圖功者莫如牧令。以牧令之力興農，而佐之以士紳，行之十年，利源不十倍於今日者，殆未之有也。雖然，興農之策奈何？試爲舉其條目，約爲七端：一曰開荒蕪，二曰興水利，三曰考物産，四曰興製造，五曰課農學，六曰厲山林業，七曰興牧利。

曷言乎開荒蕪也？中國各行省，其上壤開闢十之九，其下壤不過闢十二三耳。加以兵燹之餘，未經墾復，江湖之側，淤墊初成，及因事故而封禁之山林，因爭訟而閑置之腴壤，如是之類，在在多有，均宜設法招墾，以興大利。至斥鹵之地，向無種植，瘠薄之區，歲收苦少者，又可依學理爲之改良，增其收穫，此又收效於墾荒之外者也。

曷言乎興水利也？水利爲農田首務。水利既興，則農事整理過半。地方官宜考求四鄉之溝渠幾何，田畝幾何，若者已興水利，若者未興水利。其未興水利者，宜責民鳩貲爲之；民力不及者，官貸金焉。至官款如無可挹注，可以地方之積穀貸之，而歲收還焉。與糧並徵，蓋積穀原所以防荒歉，而水利之興實可增歲産，二者固相倩而不相背也。

曷言乎考物産也？物産多者民必富，少者必貧。然可以人力移殖，俾繁衍也。其法先考求所有物産，凡可以濟用阜財者，分類爲物産表，更就表中所列爲産品陳列，所以資考究。物産表可頒發格式，懸賞金購之，或發題徵文於書院諸生，考核精者予賞品焉。表中不但列其品目，並記産某鄉，歲産幾何，價值幾何，贏絀之數幾何，贏則售之何處，絀則補之何地，一一備載，庶一目瞭然。而後可從事於人工移植，而補天産之未備焉。

曷言乎興製造也？夫物産雖富，以其原料輸出焉其利五，而以製品輸出則其利十，是故製造尚焉。然製品首宜充境内之用，如織布、繅絲、製糖、造油、釀酒、焙茶，先從事於日用之品，而徐及其他。推而衣裳之藍縷、森林之條枚、鳥獸之毛骨、稻麥之梗桿、油酒之糟粕、人畜之矢溺，悉供製造而化無用爲有用焉。

曷言乎課農學也？今者農業之衰，由於農不通學，士不習農。今遽欲責不識字之耕夫而使讀書，無寧使讀書者以考求農事。然欲如東西洋之立農學堂，經費浩大，不易觀成，計莫如府設一學，而每縣則設農談社，取今日已譯之東西各國農書，分門講肄。牧令於尋常書院考試藝文以外，別課農學，策優者獎之。今官派之農學報，閣置可惜。若頒發於書院中，前列諸生，勸其肄習，其功甚大。有欲開試驗場售種所者，地方官力扶助之，以速其成。如是則士夫之知識日啓，農智亦可漸進矣。

曷言乎厲林業也？林業用力少而得利遲，然隙地廢壤，荒山斥土，靡不有所宜之木。宜導民種植，以收餘利。略見下《振興林業策》。

曷言乎興牧利也？五鷄二彘，載在前典，理財之精，莫先聖若。今郡縣興牧利，亦宜爲小規模者。蓋在大牧養家須大場地，多人夫，失利甚多，而畜多易致病，損利尤甚。不若每家以餘力隙地爲之，合四鄉所畜，足抵設大牧場百數，而用費則不及什一焉。苟購置牛、羊、鷄、彘種類之佳者，俾民繁殖，數年以後，其利溥矣。

以上七者，果能次第畢舉，興利固不可勝計；即不克畢舉，而實行其一二端，而民間亦必隱收無形之利益，爲民牧者，倘有意於斯乎！

郡縣查考農業土産條説

一、當查明本管境内之田土幾何，繪爲一圖。圖上詳載鄉鎮道路及距城里數及田畝總數。

二、四鄉所有田畝應分荒田、熟田二宗，熟田中又分水田、旱田二宗，水田、旱田又分爲上壤、下壤，而各記其總數。至荒田，須詳載其致荒之由。如瘠薄、爭訟、流亡、封禁之類。

三、四鄉水利當别爲詳圖，其通利淤塞，繫以詳説。

四、地方如有山林、湖沼，當載記其有無種植，有無物産。山林之表土厚薄，池沼之淺深通塞，亦一一詳記。

五、地方物産應編成物産表，大端分六門：曰穀類，曰植産，曰水産，曰製品，曰畜牧，曰礦産。穀産中米麥若干，雜穀若干，每畝布種若干，得穀若干，每年全境所産若干，詳記豐、凶、平年三數。穀類每石得價若干，記最高、最低、平均三數。以其總額供地方食用，爲贏爲絀，盈則售出何處，絀則取盈何處，一一記載。植産分平地、山林二宗，平地所産爲工藝、植物、如棉、麻、桑、靛之類。藥品、花卉、蔬果。山林則爲材木、藥品、果物，亦詳其産數、價值。水産分淡水、鹹水，即海與江湖之别。而二者之中，又分動、植二類，植如海藻、菱藕，動如魚鱉、螺蛤。詳記其出産之數，采取之法。製品分銷售本境及輸出境外二宗，而計其總數，銷路利息。畜牧則紀其産數、品目、價值，礦物則載其産品、地段及開采與否。

六、地方有特産品及特製品，特産品如湖州之桑，江西之靛，閩、皖之茶之類。特製品如廣東彫牙，温州刻竹，江西之甆，湖州之綢之類。則宜條舉詳考於物産表以外，更别爲一書，詳記其原委、産地、品目、價額、商況。

七、地方農民之勤惰，工價之昂否，農狀之興衰，田值之高低，農器之利否，宜别爲農事情形，條舉無遺。所有農具，宜以照象鏡爲之寫真，以備考求。

八、地方所有物産，一面編集物産表，一面即選公所地方設産品陳列所，分門陳列，而記其品位、價值，以貲考求。

九、各縣所查，上之郡，會爲一編，爲某郡《物産志》，寧詳毋略。更上之省，以爲全省《物産志》之藍本。

十、農業物品既經查明，則凡地方有無荒田可開墾，水利可興修，製造可推廣，藝術、子種可改良，可詳爲條陳，以備上官采擇。

墾荒代振策

振荒無善法，自古爲然。而以工代振，較爲得策。但世所謂以工代振者，不過修城隍、浚川河等事耳，究不如以墾代振爲尤善。蓋以工代振，雖成一時之工，不能興長久之利。若墾荒代振則否。考殖産之事有三要焉：土地也，人力也，貲本也。今有荒地於此，或爲江海新漲之區，或爲兵㚇就荒之地，而欲墾爲良田，於是築隄防焉，開溝洫焉，招人夫焉，購牛種焉，在在須人力與資本。今若以振代墾，則以無數待食無事之人，鳩集備振之款，而驅令從事於南畝，飢民自食其力，而振款又不至虚縻，豈非兩得之事哉！

至所墾熟之田，即永爲備荒之用。但與尋常積穀備荒之法，當爲之變通焉。夫陳倉之粟朽腐，不可不爲假穀收息之舉，以爲糶陳糴新之計。但人情貸易而償難，而司倉者或上下其手，或已還而侵蝕之，詒爲未還者有之。如是不但不能收息，而轉致虧本，得收息之虚名，而有虧本之實際。蓋經理一失其人，流弊滋多，未遑僂數。不如將田畝所入，創爲教工院，收養貧民，教織布、紡紗、刻書、製器、刺繡、雕刻等藝。售物所得之利，半以勞工人，半以備蓄積。歲歲推廣，人人得業，民即遇荒歉，工作餘貲足以自活，不待振矣。況更有蓄積之金，可爲平糶之用乎！

但此事辦理非難，而行之貴有秩序。今陳其略於此：一查荒地，二定墾法，如築隄、開溝之類。三甄別飢民之老稚，老者贍養，壯者作工。四購牛種，五謀善後興工院。依次行之，不周年而效著矣。噫！國家即富足，安能遍失業之民而人人授之食，令安坐待哺哉？亦授之業，令自養而已。況國力支絀如今日，焉得復爲乘輿濟人之故事耶！謹紓末議，用質通方，備采質焉。

論農業移殖及改良上

天生農品，有遍産於大地者，有特産於一處者； 有産此方而優，彼方而劣者。此固造物者之憾事，然可以人工彌其缺也。人工爲何？ 移〔植〕〔殖〕改良是已。

試就日本之往事稽之。明治維新以後，殖産數倍於昔，今讀其今世農史，其經營締造之迹可略言焉。考明治三年，民部省頒美國棉種及西洋牧草等種於諸縣； 四年，頒荷蘭棉種及美國大小麥種於諸州，試種中國天津之水蜜桃； 五年，大藏省試育美國綿羊； 七年，購美國牧草、赤頭草及瑞典蕪菁、燕麥、林間草等，試育美種羊，頒美國烟草種； 八年，購甜橙、檸檬、園苺、蛇麻草種於美國之桑港，遣人之中國購羊、驢及穀、菜蔬、果種子，以謀傳殖，試種加非於琉球； 九年，從中國人仇金寶、陸享瑞習人工孵卵術，集生徒習中國製茶術，求法國葡萄苗，求中國蓮藕； 十年，試養美國鱒魚及中國之鰱、鯖、鯽魚，飼意大利蜂； 十一年，試種俄國麻，法國菾菜，求中國之野蠶種卵及麥種於芝罘，求護謨（中國譯稱橡皮）、阿利襪（中國譯稱洋種橄欖）於印度，求羊種於澳洲，求赤、白二種小麥於英； 十二年，求蔗苗於中國之香港； 十六年，購種馬於匈牙利，以謀改良。

以上之所陳，皆爲日本之陳蹟。其君若臣經營於三十年之前，而收大利於三十年之後。今推其農商務統計表，其輸出物品半皆爲以上所稱之移植改良者，其效之捷如是。故不吝數典，以告我政府、我同志，盍亦從事於斯也夫？

論農業移（植）〔殖〕及改良下

農業移（植）〔殖〕改良，日本之成效固昭昭矣。我國亟宜加意於此，而蘄農業之進步。今舉移（植）〔殖〕及改良之尤要者如左：

一曰麥。近來外國麥粉進口者日多，初則因西人憎華麥調製不精，輸入以供西人之食；，今則華人亦嗜食之，由商埠而轉輸入内地者日有所增。夫華麥固調製不精，而粉量亦不如美麥，蓋種類之異矣。宜求美國嘉種傳布内地，以蘄改良，如此非但可阻外麥之輸入，且可輸出矣。去年壽州孫君首試種美國小麥於揚州，結實壯於華麥殆倍，不僅質良，收量亦增。且歐美之麥有紅皮、白皮二種，白皮者適燥地，紅皮者適溼潤地。是地無論燥溼，均可擇種而植，其便利孰甚焉？

二曰棉。美棉之質軟絲長，華棉則質剛絲短，夫人知之矣。往者周玉山廉訪在直隸曾勸民植美棉，甚適其土，所收之棉質與美産無殊，而去歲湖北農學堂所試種亦然。夫湖北與直隸相去頗遠，氣候頓殊，而植之無不宜，可見美棉之適吾土矣。但美棉移植於華，成熟之期稍後於吾棉，而畏霜特甚，宜早種。且棉實上仰，畏雨浸漬，此其所短。若取通州棉種與之交配，必可改其上仰之性，短其成熟之期矣。邇來各處紗廠日增，而細紗仍仰給東西洋各國，若不早圖移植美種，則欲塞此漏戹末由矣。

三曰牛。歐洲各國乳酪之利最饒，中國飲食嗜好殊於西人，似牛乳非所亟。然今者口岸日闢，外人之來者日衆，而飼中國之牛以取乳，其利啬甚。而荷蘭乳牛之良者，則日可得乳湩二斗，是宜移殖荷蘭、瑞士等佳種以興酪業，但此業宜興於附近商埠之地耳。

四曰馬。馬之爲物，不僅在服役，尤爲戰陣所必須。而中國之馬類皆駑下，此亟宜求西域良種而講求牧草；移植歐美良品牧草以貲芻養，而强我守禦。此今之急務矣。

五曰鷄。家禽之繁育中國爲最，非因飼養之善及選種之優也，地大産多故也。近鷄卵之輸出者日益衆，而價亦日昂，此莫妙之機也！宜選嘉種而獎勵養鷄業。考歐洲鷄有名「列古吽」者，富産卵力，歲可得卵二百七八十至三百。長成極速，五閲月即産卵，宜求此類之種而配以華種，而事移殖改良，則利莫大焉。

此外，若中國之果品質良價賤，宜改良向者貯藏之法，而習罐藏之術，以遠輸歐美。紹興之蠶種甲於地球，宜改良製種之術，盡屏向來之惡種，而遍育於各行省，此亦改良之最要者也。其他尚多，不遑枚舉，是在熱心農業家之隅反矣。

北方農事改良議

天下農民之窮莫過於北方，農事之愉亦莫過於北方。非民之樂窮而性愉也，無啓發之者故也。有考北方農事之失策者有三：一曰水利不修；二曰耕地多而力與糞不能贍；三曰知識太陋。有此三弊，遂成今日之現象矣。今欲遽爲之大開水利而植南方之上穀，固亦非難致，然工費浩大，未易語此。姑就第二、第三兩端而爲之謀改良，其庶幾乎！

考北方一夫之力耕地百畝，而百畝之穫不及南方之十二三，如是者謂之廣種薄收。今推其致此之故，蓋北方壤地廣漠而税課僅少，地價廉約，故一夫嘗領地一二百畝。既領如此之地，不忍棄而不耕也，乃遍樹之。然瘁其力不足善其田，竭其資財以市肥糞不能腴其壤，年復一年，地方愈疲。欲捄此弊，莫如略師古者代田之法。譬如一夫百畝，三分之，耕其一而休其二，歲易其處。以向之施於百畝之糞，併施於三十畝；以向之用於百畝之力，併用於三十畝。如是則三十畝之穫必逾於向之百畝，而種子且較省。如此數歲，田可日良，民可日富矣。夫一易再易，載在往籍；有萊有田，亦著前典。然彼蚩蚩之甿，固未可語，此勢非有志之士，躬行而誘導之。先示之成效，而後示之以理由，如是則疑議不作而率由者衆，民智日啓，地利日興矣。

北方又有斥鹵下地，廢棄不耕者。此非不可種植也，若於此植稗亦能成長，但稗有水、陸二種，海濱溼地宜植水稗，無水之地宜植陸稗。每畝所穫併稾計之，歲可得銀二三圓。所收之稗，人可以飽，且可飼鴨，稾可薪。三四年後，即可植甘藍、蕎麥矣；再數年，可植二麥矣。若興水利，則得效尤速。至斥土之不毛者亦可種樹，可深耕土面令鬆，和以堆肥、緑肥。冬期再耕，令土凷凍結，春而融解，再和以馬糞、人糞，而植松柏之苗木，十可活八九。稚苗既生，一二十年成材矣。此亦利用廢地之法，但亦須有志者躬行以導之耳。敢抒末議，以告地方長吏、薦紳先生，倘垂采察，北方蒼生之幸矣。

郡縣設售種所議

改良農事，以精選種子及購求佳種爲第一要義。顧有難焉者，中國選種之學不講久矣。遽責以東西洋各國精密之法，將畏其繁難而憚於從事。然導之以漸，尚易着手，而購歐美、日本各國之種子，或此省而購彼省特産之種子，有曠時日、費貲財而終不可得者。憶曩者，湖北農學堂嘗購果穀種苗於美國，其時美與西班牙有兵事於古巴，水運阻滯，比種苗至中國，閲日既久，枯損太半矣。又邇來江浙農家擬試種美棉，累歲購種，皆以後期誤事。舉此二事，他可類推矣。

計莫如各處設立售種所，以便志士之購求。其設立之法五：一購選種器。若試鹽水濃淡之比重計，驗種子甲拆力之器之類。二曰購求歐美佳種。凡購求外國之種，或中國夙無者，或中國有而不如外國産之佳者，若歐美之麥、英倫之葱、美利堅之棉與玉粟黍、印度之藍。推之農用動物，如瑞士之羊、意大利之蜂、荷蘭之牛、亞拉比亞之馬之類，皆羅而致之，以廣傳殖。三曰設種田。美國植棉專設造種之田，擇向陽平坦之地，厚其肥培，專於此植棉種，較種棉采花，其利尤厚。見《美國種棉述要》。今宜師此意，立種田，俾得繁殖，免遠求之勞，而收倍蓰之利。四曰教種植法。凡售種處之種，或來自外國，或傳自遠省，求者或昧其培植之法，宜於包裹種子之紙袋表面載明其名目及貯藏之法、栽植之時期，性質之宜忌，若土質乾溼之類。以便覽省。五曰造新種。近歐美學士依植物學新理施人工媒合之法，以人力改良植物之種類，故近來植物新種類日出不窮。譬如朝顏，即牽牛花。一供玩好之微草耳。品種至簡，而日本人從中國求種以人工媒合之，近得種品萬餘。闢廣園植之，其從事於培植者稱朝顏師，幾如治專家之學者矣。今亦宜從事媒合之術，而爲種子改良之計。以上五端，用力省而收效捷。若有負郭之田十畝，備貲數百金，舉行易易矣。

用風車洩水議

世界工作生力之具有五：曰人，曰畜，曰汽，曰風，曰水。五者之中，其利用而費少者，尤莫如風。蓋人畜之力有時而竭，不能晝夜無間也。汽與水之力可晝夜無間矣，而汽機有炭薪之費，水澤非隨處有之，故以風力爲尤便利也。考荷蘭人用風車，成績大著。其國亞爾零海本爲一片汪洋，後國人於水淺島多之處，横築一隄，隄成以風車排水，今涸出之田日增一日。

中國南省水田之低者多築圩防盛漲，乃大雨時行之際，往往圩外之田高於田内，水不外洩，致隳一歲之收者有之。蓋時值農忙之際，以人力排除則所費不貲，而汽機洩水微特非農家力所能購，而薪炭之費甚巨，且非諳習機器者不能用，何如用風車之便易乎！且用風車有三利焉：微風即轉，晝夜不停，一也；無薪炭人工之費，二也；洩水之外可任他事，三也。惟中國從來所用風車笨拙不得力，風小則不能轉運，風大則桿軸將折。是宜用美國奇埃疊哀安摩太新式者，其製較荷蘭式尤善。荷蘭風車爲方形，四葉挺出；美國製則輪形，葉多至十餘，收風力較多，其價值較購汽機爲省，是誠利用之要具矣。書之以告我農，所企購而試之，有深盼焉。

僻地糞田説

古人有言，糞多而力勤者爲上農。是農田者，固須以人力肥糞保持其土地生産力者也。然在僻遠之區，人烟稀少，以村落之糞糞其田而不足，又無川流以輸入肥糞之來自遠方者。於是地方年瘠一年，必成石田而後已。然則僻地糞田之術，不可不特地講求矣。

今案中國肥糞以人糞爲大宗，而輔之以燼肥，是均非附近通都大邑，不便取求。若在僻遠之區，非籌人糞、燼肥之代用品不可矣。試略舉四端於後：一曰種牧草以興牧業。今試分農地爲二，半植牧草，半種穀類。以牧草飼牲而取其糞，地爲牧場，溲溺所至，肥沃日增。必歲易其處，今年之牧場，爲明歲之田畝。如是不數年，瘠地沃矣。至所畜之品，以牛、羊、豕、鷄爲宜。而豕、鷄之用途尤廣，糞亦最良，但飼草以外，須兼飼粃糠耳。二曰種豆而興製油業。豆科植物葉多，膛管能吸取空中氮氣，培養土膏，故不施肥料亦能生長。但所種之豆，宜就地製油，而留取豆粕。既可直以肥培，且可飼牲而以畜糞糞田，利尤厚也。三曰用緑肥。大凡肥糞原料不出三者：曰動物，曰植物，曰礦物。緑肥者，取植物枝葉漚腐以供肥壅，一切植物皆可用，而以豆料植物爲尤。若豌豆，若紫雲英，若苜蓿之類是也。然天然植物隨在可取，若草木落葉，根荄雖腐化較遲，然以人造尿水、浴湯池淤等浸而腐之，亦皆利用。人造尿水法，見日本著《肥料效用篇》。又蘋之爲物，蕃衍甚速。諺謂一夜蘋生九子，其證也。若於小溝洫及低窪水地，皆散布蘋種，待成長撈取糞田，腐化速於他物，其益尤洪也。四曰用土肥。此有燒土、壘土二法。燒土者，削表土約二三寸，處處堆積，和以殘株敗梗，徐徐燒之。其法詳日本農學士原熙《肥料篇》。於粘土最宜壘土者，乃摶土爲墼，歲壘數堵，每逾一二年，隳而培田，功等他肥。蓋新土壘壁則土面吸受大氣中養分，兼受日熱，又經嚴冰朔雪融解而鬆，土性一時頓化熟土也。夫糞田一事，爲農事要端。而其術頗繁夥，在僻地致糞難，尤宜精究其事。頃有以此來質者，爲雜遝書之，還以質之我農。

創設蟲學研究所議

農家之大患三，曰旱、潦、害蟲。三者之中，旱、潦屬諸天，非人力所能挽，縱興水利、謹隄防，亦僅救十二三而已。若夫蟲災，雖因天時地質不順利所致，然人力可挽十九焉。歐美各國隨處有昆蟲學會，所以發明考究防遏驅除之法，新理日出。其始也用藥品、人力驅除之，繼則以益鳥、益蟲代人力矣，繼且以寄生菌類補益蟲、益鳥之力所不及矣。中國則不然。每遇蟲災，歸之天數，除蝗孽以外，不聞捕治之策，安望其驅除技術之進步哉？

前歲蘇州有微形甲蟲爲患，囓吸穗液，損稼甚多。此蟲性機警，振翐稻株，輒飛集水面。土人不識，試注石油，斃者甚夥。考之日本人所著書中，此物乃浮塵子也。東邦殺此蟲以石油、樟油，土人之法蓋偶得之。然殺蟲之家，秋間罹疫，其鄰近遂引以爲戒，謂擅殺災蟲，鬼禍之矣。民愚如此，亦可憫哉！去年紹興塘決災退，而蟲大肆。其蟲有甲，大如浮塵子，狀亦相類，而甲有芒刺，初囓稻，及稻盡囓菘菜，爲害甚烈。老農不知其名，質之日本農學家，亦不知也。殺以石油，不效，土人袖手，無如之何。吾於此益知，研究昆蟲學之不可緩矣。

今舉創設之概要於此：一曰購害蟲、益蟲標本，以資考求。二曰購修昆蟲學器，如顯微鏡之屬，以便研究。三曰購殺蟲藥品，以資試驗。四曰植除蟲植物，如除蟲菊之類，以廣利用。五曰備飼育室，以考驗害蟲性情、狀態。六曰購益鳥、益蟲，廣其傳殖，以收天然捕獲之功。以上諸端，從事甚易，且不損巨資，隨處可辦，而功效則頗宏。今之策農事者，盍於此加意乎！

論海濱殖産

水産業爲海濱絶大利源，五洲各國每歲水産一宗得貲之巨，殆不下於農林也。中國海岸綫由東北迤西南，綿續蜿蜒，依經濟學家説，每歲獲利當不貲，而魚介之類，仍仰給異域。歲自日本輸入海介，價額多至三百餘萬圓，則中國海濱殖産之不講求可知矣。海濱殖産一日不講，則漏卮一日不塞，此不待智者而知之也。今案中國漁利若浙之寧波、廣東之汕頭、福建之廈門，漁獲頗富，而江蘇以北沿海産品蓋寥寥焉。此固地氣有南北之異，然果以人力補天事之憾，其産品必盛無可疑焉。夫以人力補天事，以移殖爲第一要義。稽之日本往事，如德川家康移殖三河之鱠殘魚於東京，水户藩主黄門光國移殖江户之鱠殘魚於水户，安藝藩主淺野家移殖紀州之牡蠣於安藝。凡昔日之所無，今殖産日豐焉，如斯成績，不勝屈指。

今考江蘇海濱塗田甚多，土人以其通潮汐不能種植，棄而不顧。今若以種蜆種蟶，可驟增良田數萬萬畝。此二物種之極易。嘗叩寧波土人殖蜆蟶之法，土人言蜆田宜軟塗深尺許，四圍作竹籪高五六寸，取穉蜆大如米，每百餘顆重約一兩者種之，三年即可市。種蟶則宜軟塗深二尺許，四周作籪如蜆田，取稱蟶形如小豆，每百顆重量約一兩者種之，以三月下種，周年即可市。凡種蟶之田，必日夜通潮汐，旋來旋退之處乃可。此田豐穫之歲，母錢一可得子錢百，殖産之利無逾此者。但忌虎魚，若遇虎魚則種遭殘害，即失利矣。方今江蘇沿海若殖此二種，則海濱殖産每歲驟增價額數千百萬，不但可杜外品之入，且可謀輸出，豈非今日理財上之要圖哉！

夫移殖不過水産業之一斑耳，其效已如斯，若再振勵漁獲之術，精究製造商販之理，其利更有倍於斯者。言殖産者，其知所從事哉！

廢物利用説

天下之大利，農以生之，工以成之，商以流通之。三者交相爲濟，如環之無端。而與農業關係尤密接者，莫如工。農産製造之學，至今日而益精，而製造之餘材棄物，今亦本理化學新理而發明利用之術。考之今日歐人新發明者，如取馬糞中纖維質以製紙，人溺爲漂白劑，甘藷及他物造澱粉，品物之殘滓造沙糖，爪哇薯造無煙火藥，草木嫩枝造顔料，木屑造酒精，見日本高橋橘樹《廢物利用篇》。此類甚多，僂指難罄。然此類皆須研究理化學乃能從事，中國尚未易行，而有極易興之利源捐棄而不顧者，隨在皆是。即以廢物利用言之，若人溺爲最有效用之肥料，凡動物之溺，含由里阿質內有氫氮碳養質。甚多，其有益於植物，功與氮、氫同。而人與豕之溺肥分尤多，凡用動物溺爲流質肥料，宜施之於春夏，每溺一分約加水三四分，其益不亞於古阿奴。即祕魯鳥糞。今各處多半棄置不用。若以木桶貯蓄，有益田畝不淺，且街道因之清潔，有功於衛生尤不細也。今乃委大利於溝渠，豈不惜哉！

又如濱海之地，貝殼、牡蠣積置甚多，如坻如京，隨在皆是。若取以燒爲蠣粉，既可肥田，且資塗堊，其利不貲。又如稻藁僅以備爨，其值甚賤。考此物可以造蕈，有稱南華蕈者，以腐藁爲蕈母，而積藁爲長狀之阜，廣二三尺，高三四尺，以蕈母間雜其間而施以泥水，不逾旬而（藁）〔蕈〕生矣。每藁百斤，獲蕈甚多，其利極厚，風味不減松蕈也。近江西之贛州已傳其術，此極易仿行者也。更有獸骨、敗葉並可製肥培，惟骨類須舂碎加以石灰，俾油質化盡乃易爲土所吸收，敗葉則宜和堆肥積貯，腐化而後用之。果能加意貯蓄，其利不細。他如敗絮、藍縷可以造紙，蠶蛹、桑渣可以飼魚，皆爲無窮之利藪，亦農家理財學之一端也。書之以告世之言殖産者，幸留意焉。

編中國重要輸出商品歲計表説

中國地處温帶，物産富饒。每年由通商各口輸出外國之貨，價在一萬五六千萬兩上下。其品物大抵天生者多，製造者少。其品目價值於海關稅册得見大略，欲知其詳，末由也。鄙意物産富饒之地，宜編中國重要輸出商品歲計表，以資考核。

其法分輸出品爲五類：一曰農産，米、穀、果物、棉、茶、煙、麻、皮革、羽毛、牲畜、藥材、染料等屬焉。二曰水産，海味、魚介屬焉。三曰林産，竹木、香料、漆蠟、五倍、樟腦之類屬焉。四曰礦産，煤、鐵、五金之類屬焉。五曰製品，絲、布、糖、茶、油、酒、綢、絹、瓷器、草帽、緶之類屬焉。每一品物爲一書表，分八目：一産地，二種類，三用途，四輸出之處所，外洋或外省。五輸出各處之多寡，六輸出之總額，七輸出之價格，八逐年銷數價值之比較。既爲旁行之表，表前後繫以詳説。每歲計之，以驗商務之盈絀，地方之興衰，即進而謀推廣改良之術，胥基於是焉。

此表之作，與各郡縣物産表可互相考證，彼詳出産而此詳銷售，蓋有輔車之勢焉。今者各省多設商局以考求商務矣，若先於此加意，則本末先後，其庶幾乎！

與江西友人論製樟腦辦法

承示《熬製樟腦招股試辦章程》，敬讀一過，大致周密。佩佩！然尚有與敝見不合者，敬陳一二於左。

竊謂中國棄利甚多，而農産製造，其一端也。即以貴省之樟言之，其棄置不顧者無論矣，即每歲伐以代薪以製器者，得價亦甚嗇，坐視大利而不興，誠爲可惜。諸君子有鑒於此，乃出而設法集貲，欲以棄置之材而興靡涯之利，其志誠可敬佩！但鄙意必措施有方，乃可興辦，否則寧棄置不用耳。何則？天産之物有一歲之穫，有數十歲之穫。今貴省以豫章名，千數百年於兹矣，雖天時、地土並宜此木，而參天蔽牛之材，亦必成於二三世之久。今觀《章程》有教民製腦、隨地收買之條，導以厚利而不爲之裁制。行見民間任意斬伐，悉數靡遺，不十餘年，豫章之茂林盡矣。公司僅僅得十年之利，而舉記載以來一二千年之名産，俄然而成泡幻，寧不可惜？且濫伐山林能致水旱，即公司亦何樂殫心竭力，以開此暫時立涸之利源，而貽後日無窮之患害哉！

鄙意當爲之立限制，約爲三端：一曰存老林；二曰造新林；三曰用枝葉。其法藉現有之樟林，以十分之一爲供用林，十分之九爲保存林。供用林可刈榦，保存林僅刈枝。然每樹取枝，亦不能逾全樹十分之一。案年遞伐，十年而盡一樹。僅用老枝，至每年刈後所長之新枝，則留而勿翦，翦亦無用，新枝無腦，徒傷樹耳。

今世界東半産樟諸地，向惟臺灣、日本。今日本樟林將盡，臺灣者亦垂盡矣。故近日農家皆發明取枝存樹之説，夫取腦於枝葉，雖不如幹部之多，然利已甚厚。且必如是，乃能長保其林，源源取用，久而不絶也。至供用林既經刈伐，當就其迹地更造新林。伐老樹一必補植穉樹十，植而未活者更植，必足其額。公司宜就本省官山，從地方官稟請用造新林，從每年公司項下扣存十分之二爲造林費，所造之林即爲公司産業，如此則地方不受濫伐山林之害，而公司坐致長久無疆之休。較之顧目前沾沾之小利，而致樟林罹靡有孑遺之慘者，其得失爲何如乎？愚陋之言，不忍緘默，謹布區區，惟執事加察焉。不宣。

振興林業策

歐美洲地產之利，農居其七，林居其三，非舍農而林也，因地制宜故也。原野沃壤植九穀、蔬果，磽瘠之區、山腰屋角不任種植者，乃毓林木以收餘利，充材用焉。中國農利雖啓，而林業未興，童山濯濯所在有之。而考海關税册外國材木進口者，歲有所增，此商途一大漏卮亟當挽回者！

夫就植物家所説地球五帶，各有宜木。今中國氣候温和，極寒之地不逾赤道北五十度，則何物不能長成？而有乏材之慮者，洵人事未盡之故矣。然欲遽興林利，亦有難焉者。農利近故易舉，林利遠故難興。十年樹木，尚指下等易長之木言之，若楝梁之選，有遲至三五十年者，而人情則多騖近利，此一難也。墾田招佃，田主供給只期歲耳。期歲以後，便可食田之毛，且輸租焉。林利則非旦夕可期，若闢地千畝，役夫數十，歲歲養之，縻帑無算，此二難也。始植有人畜之作踐，成林又虞偷兒之盜伐，此三難也。有此三難，遂致廢業。

今爲之策曰：地方有荒山或斥鹵，相其地之大小，百畝立之監，監以下役夫五，合六家爲廬舍，從事看守，司培壅。田主起廬舍，購苗木，並給林監及役夫一歲之食。苗木未長，蔭翳不生，其下可植農用工用雜物，若蠶豆、麻枲、藥草之類。所收之利，足給一歲之食。林木則榆、柳、茶、柏、桐、杉、栗，相宜間雜植之。柳五年可薪，茶桐五年以後可榨油，杉栗逾十五年中材，利無窮矣。若更植槲，則三五年後可飼山蠶，則又興蠶絲之利。如是佃既足食，更以納課，田主第一年出資，第二年後便收微利，逐年增加，十年可收成本。十年以後，食利不已。前之所謂林利苦遲者，令之速養；佃費多者，令之寡作；踐盜伐者，得佃防守，而無意外之虞。且以荒土活貧民，而更收利毓材，一舉而三善備焉，尚何憚而不爲哉！又運渠之隄南訖杭州，北至直隸，蜿蜒三千餘里，而植木甚少。若於此種樹，汛兵可資看守，清蔭足庇行人。有固隄防河之益，無招佃養工之費。利益既溥，舉行不難。附著其説，以告地方長吏。有舉而行之者乎！企予望之矣。

江干種樹議

天下各國繁盛之區，皆在長流巨川貫注之域。蓋地濱川河，灌溉既便，輸運亦捷。中國揚子江東西蜿蜒數千里，流域及數省，東南之富源悉鍾於此。瀕江都邑，人口悉繁密，宜若無棄地矣。乃試由吴淞航行而西，帆檣所指，兩岸平蕪，一望無際。森林密蔭，殆不可見，沃壤膏腴，棄置不顧，可惜孰甚焉！又操奇握贏者遍天下，而目前衝要之區，每歲數十萬舟檝之所來往，而漠然無加意於此者，可異又孰甚焉！而考之泰西各國，行道之旁亦必樹木，既以取蔭，且以阜財。

今長江兩岸廣漠如彼，若以植樹，可種榆柳十餘行，每里計之可得萬餘株。若上下游遍植之，十年以後，收利且數千萬。至其辦理之法又甚易易，江岸之内，皆爲農田，村氓植樹，照料極便。且江干人迹稀少，較之要津孔道，少攀折之虞。若官府下令招民種植，各認地段，著之册籍。成林以後，官定伐期，約以十年爲準，以十分之一輸官爲租税。未至期而私伐者罪之，至伐期亦不得盡伐，必存其十五。而取刈株之條枚爲苗木，補植於既伐之隙地，再十年又伐去前期所餘之十五，則新林已成。如是遞種遞伐，收利無窮期而地力不加耗。若附近都邑之處，農民更能於平林密蔭中結茅看守，則更可於此植嘉果上材，利尤厚矣。今市井多徒手之民，朝野有屢空之歎。若於此加意，益國利民，一舉而數善備，是在賢有司之提倡誘導矣。謹著末議，世之言理財學者，倘不以斯言爲河漢歟！

運河隄種樹説帖

一、運河南北約三千餘里，若處處種樹，其利無限。兹先就淮、揚一帶三百里言，每丈種樹二株，河隄寬廣之處可種二行，其窄處防阻礙行舟縴路則種一行。計每里三百六十弓，合量地尺一百八十丈，以雙行計之，可種七百二十株，單行則三百六十株。僅以單行計之，則三百里中可種樹十萬八千餘株。十年以後，以每株值洋一圓計之，可得洋十萬八千圓。又洪澤湖隄尤寬廣，可種樹者不止數十里，若於此種樹，亦可得數萬株。

二、江淮之地低溼，於榆、柳爲宜，而種柳生長尤速。每丈約可種樹二株，但三年以外必行間伐，每丈斫去一株，至十年再行間伐。就舊株之跡，每兩樹之間種小樹三株，再五年，則將第一次所餘之生長十五年老樹悉斫去。再就舊株之跡地種新樹，以後周而復始，隄樹常新，隄工永固，而收利亦永遠不絶。

三、種樹必須看守，且須官爲之保護。必須每十里爲一段，置四棚派人看守。至每段中若有損傷樹秧者，即令河營兵弁拿交河營汛官究辦。

四、此事能由官辦最妙，然究不如招紳民分段認辦。以私資種樹者，每逢伐樹之年，每樹一株售價令繳租十分之一，再以十分之一爲河營兵弁及汛官保護之酬金。至每人如何認段承領，可擇紳董中公正者充之。其册送官備考，以爲將來收税之地。

五、無論官種民種，必須出示禁止損害，並須札飭地方官及河營汛員隨時切實保護。每段之棚，可養寒人四家，月給薪米工價以資津貼。是此舉不但可以興利，且可贍恤窮民。

六、近來運河駛行輪船，輪船所過之處水流激急，沖射兩岸，致兩岸之土日益崩頹，河淤日甚。種柳原可固隄，然沿岸必留縴路，是能固隄面不能固河漘。若能於河岸以下與水切近之處，全種杞柳，則可禦輪舟之沖激，而土不下卸，於河工甚爲有益。且杞柳可作筐筥等器，亦能興利。此事可責看管之棚民爲之，而責承認種樹之業户令出苗木。至三年以後歲歲可刈，所收之利，將來均分與營弁及棚民，以爲分外之酬勞。所刈之杞柳條，可聘人教濱河居民學製筐、筥，以沾餘潤，且隱寓勸工興利之意。

農事私議　卷之下

日本農政維新記

日本當幕府末世，國勢亦頗岌岌矣。今皇踐祚，百度維新，三十餘年而成效昭著。其君若臣擘畫之迹，著在方策。

今讀其《今世農史》，由明治初紀至十有六年，其間農政革新，經營締造，有可觀者。史載明治元年正月，設内國事務科、會計事務科，農政分隸焉。四月發布《蝦夷地開拓法》，此爲農政革新之起點。尋改内國事務、會計事務科爲兩局，尋又廢而置會計官。二年四月，置民部官。七月，又改爲民部省，改會計官爲大藏省。八月，民部、大藏二省合併，改蝦夷地爲北海道。三年二月，置樺太開拓使，民部省頒問書諮詢養蠶方法，選種察病之實際試驗。九月於民部省置勸農局，立開墾、樹藝、養蠶、編輯、雜務五課。十二月改勸農局爲開墾局，歲歲開拓。更於札幌試養野蠶，誘民從事蠶業。

四年正月，民部省統計客歲諸國新開墾田畝之數，上之太政官。二月，民部省於諸國開墾地之旁近，擬設農學校，以開進耕牧之法，稟太政官得允許。又請募歐洲熟達農事者數人，至是亦得請。三月，美國基堯幾阿葉基浩爾就聘屬開墾局，從事種藝、牧畜事宜。八月，藉諸縣地理、經界、水利、道路、户籍、田畝，廢穢多非人之稱，授之産業，於東京、大坂兩府開勸業局，令該民入局習製革、造靴、製牛酪等一切工業。四月，遣民部權少丞細川潤次郎赴美國桑港工業博覽會，民間出品者得隨意申請，並至該國東部農事博覽會，民部申請購耕耨具及果穀種於美國，以擴張農事於太政官。太政官許之。是月開墾局改勸業局，設開墾、種藝、牧畜、生産四科。五月，詔官用物品可收買東京府下窮民救育所此殆即勸業局。之製造品以充用，藉貲振恤。始於民部省置山林局。八月，延見北海道開拓顧問農學教師開柏羢於吹上離宫，親諭北海道開拓事。樺太開拓使併入北海道開拓使，於大藏省中置勸業寮，尋改勸農寮。九月，於文部省置博物局，改物産局爲之。頒布美國大小麥種於各縣。十二月，以明年奥國將開博覽會於維也納府，命參議大隈重信、外務大輔井上馨掌其事，使民與會。大藏省於駒場闢農事試驗場，場地八萬坪。又於駒場野外試驗美國馬耕器及他農具，試種歐洲穀類及蔬菜。

五年正月，置博覽會事務局。二月，大藏省令各府縣將管内所用各種農具，送致大藏省以供考究。先是大藏省欲遣生徒至美國習農工業，稟太政官，至是得太政官裁可。三月，禁民間濫製劣惡之蠶卵紙。大藏省定調查各府縣管内物産簿記式，每年令各簿計其管内物産額。四月，大藏省令府縣申報水利及水害，具表録上，頒表式於諸府縣。五月，開拓使定勸農規則。八月，命將國産物品每歲送致英國倫敦博覽會。九月，勸農寮設牧畜、種藝試驗場。廢勸農寮，以其事務屬租税寮中。置勸農課，尋又改勸業課。十一月，博覽會事務局命以國産品物送俄國博覽會。是歲於工部省設製絲試驗所，試以坐繅器製絲。

六年三月，詔頒静岡縣人杉山安親所譯《牧牛説》於府縣。是歲，大藏省始調製全國物産表，頒布於府縣置下總牧羊場。

七年正月，於勸業寮置農務、工務、商務及編纂四課。三月，定《勸業寮處務條例》於農務課中，别爲農學、編輯、開墾、養蠶、樹藝、牧畜、本草、分析、蟲學等分科，又將内外農産品類陳列新宿試驗場，以供衆覽。四月，於勸業寮新宿試驗場置農事修學科，分獸醫、農學、農藝、化學、農學豫科、農學試業等，招聘教師於海外。六月，前遣留學農工業於美國之學徒五人歸朝。七月，勸業寮聘德國人古奈噴映諮詢蠶學。十一月，託美國人濟雍斯購植物種於美國。

八年，置美國博覽會事務局於東京。四月，内務省聘清國人姚秋桂、凌長富教授國人製茶法，試製紅茶及緑茶、烏龍茶等。五月，勸業寮遣員至清國調查農産物。六月，謀官林之增殖。八月，内務省定牧羊開業方法，於牧地徵集生徒講習芻牧之術。九月，内務省定下總牧羊場地，凡一千九百一十一町三段四畝二十八步，場中分爲五區，令美國人濟雍斯任其業務，迺陟姆助之。已而又推廣面積，增第六區。是月，令勸業寮管理内外博覽會事務，開拓使於札幌等處開桑園。十月，内務省於駒場設置農事修學場，文部省聘德國人古奈噴映商議蠶業。十一月，内務省於下總牧羊場開種畜場，以謀繁殖。勸業寮遣使至清國觀察製茶實況，紀伊郡人民開農産品評種子交換會。

九年二月，内務省稟請貸熊谷縣及飾磨縣管下製絲所資金於太政官，太政官裁可。命美國博覽會事務副總裁西鄉從道等赴美國費拉特費府博覽會，並派審查官賫五千金購美國農具，調查植稻、植棉方法。三月，勸業寮再集生徒傳習清國製茶法，又攜其所製茶至印度，調查印度茶業實況。五月，勸業寮遣佐佐木長淳赴意大利國養蠶公會，考求蠶學。六月，皇上親巡行各縣，閲視農業。車駕至宇都宮，召縣令詢民情及地味物産等事。至白河驛省察牧馬，驛人上《産馬表》，詔賞之。至須賀川縣覽馬市。至桑野村詢開墾狀，並旌賞開墾員，温語褒之。至二本松覽製絲社會，賞社員金以勞其功。七月，至岩手縣，召縣令詢去年洪水狀及土地物産，賞罹水害者金。至三本木驛追念新渡部傳開墾拓地功，以金賞其遺孤。又詔廣澤安任詢牧事。八月，内務省頒《明年内國勸業博覽會章程》，開拓使開札幌農學校。九月，内國勸業博覽會出品者資金不足而不達其意者，則於府縣税内貸金與之，或補助其運費，令内務、大藏兩省由本年七月至翌年六月一周年間，補助及勸業資本貸與金，限定不得逾五十萬圓。是歲内務省至清國購綿羊，牧之下總牧羊場。勸業寮試罐詰製造，即貯食物於馬口鐵罐，令不腐變。試育歐洲及中國蠶種，傳習歐美養魚法，移殖魚苗於山梨縣，設植物試驗所。

十年正月，廢内務省中勸業等寮，而設勸農等七局。廢大藏省中造幣等寮，而設租税等十局。以大藏大輔松方正義兼勸農局長。内務省地理局於美濃國厚見郡今泉村設樹苗培養場，改内藤新宿勸業寮出張所爲勸農局試驗場。場中事務分動物、植物、農具、養蠶、製茶六科。於石川縣設農業講習所，募集生徒。二月，假勸農局試驗場内之農業博物館爲農事修學場，俾生徒受業。内務省十等出仕多田元吉等至印度歸，仿印度製茶法試製紅茶。三月，勸農局定職務爲動植、製造、農學、報告四課及新宿試驗場、下總牧羊場、富岡製絲所、堺紡績所、新町紡績所、羅紗製造所等。因明年法國巴黎開萬國大博覽會，於内務省置法國博覽會事務所。内務省賃金七千二百八十圓於千葉縣農民，爲開墾費。四月，開拓使定《山林監護條例》。勸農局農事修學場分析土質，照會京都府以下二十三縣，送土壤以便分析。賃金二十萬圓、洋銀三十萬弗於售蠶種商澀澤榮一，以維持售蠶種業。初，意、法兩國蠶病種卵劣，故自日本大輸出蠶種，至是意、法人把持圖貶價，種商力薄不耐持久，故賃金助之。開拓使於管内集生徒三十人，入札幌官園授農學，月俸金六圓，十一月而卒業，令歸授鄉人，再給以六閲月俸金。六月，東京三田四國町勸農局内三田培養地，改稱三田育種場，以栽培内外國穀、菜、果樹及有用材木之良種，應農民之需求賣與之。以前田正名爲場長。七月，勸農局試養清國鰱魚、鯽魚，於神奈下縣設養魚場。清國人胡秉樞以所著《茶務僉載》來傳製紅茶法，勸農局購其書刊行之。八月，内務省編農産表製例言，頒表式。内務卿命地方長次官來觀勸業博覽會，考求將來振興物産方法。開内國勸業博覽會，天皇、天后俱臨幸，行開場典禮，皇族大臣參議以下及外國公使皆陪從。勅曰：「内國勸業博覽會開場之日，朕躬臨蒞行開場之典，朕期會場完整，列品精好，足徵智識日趨文明，藝術日增精巧，而有司獎勵之效匪小。朕甚韙之。朕更冀我民愈奮勉，産業愈增殖，俾我全國永享殷富之福。定賞牌式爲三等：一龍紋，二鳳紋，三花紋，以旌賞出品者。」先是青森縣遭蟲害，勸農局徵求驅除之策，揭之各日報。至是東京府民渡邊藤十郎等數十人，前後各報經驗之説。改新潟樹蓺場爲農事試驗場，設農學教場，募集生徒授業。十月，内務省以洋種牛貸民間，以謀增殖定貸與規則。十一月，勸業博覽會列品審查畢，是日内務卿大久保利通臨場授賞牌，優等者給名譽證狀。第五區農産品類出品者，凡五千五百四十人，其中受龍紋牌者二十人，鳳紋牌者百十人，花紋牌者二百十七人，受褒狀者千五百人。内務省定農學校《入學規則》，分農學豫科、本科、獸醫科、農藝化學科、試業科，凡五門。勸業博覽會期滿，天皇、天后親臨行閉場典禮。勅曰：「内國勸業博覽會將届期滿，朕躬蒞行閉場之典。朕深悦汝有衆之奮勉與有司之勤勞，得完此會。尋令以本年爲第一會，以後五年一開之。」十二月，内務省謀樹木改良之法，於東京西原村設樹木試驗場，屬之地理局。勸農局移新宿試驗場内之農事修學場於駒場野，尋改稱農學校。是歲，内務省購美國牝牡牛馬，以謀繁殖。又購意國蜜蜂，飼之於新宿試驗場，以驗内外蜂種之得失。出雲國仁多郡大谷村設植物試驗場，並開農産物展覽場，以供縱覽。

十一年正月，勸農局設製紅茶場，募集府縣生徒，頒傳習規則。本年每府縣募五人。駒場野農學校成，車駕臨幸，行開校典禮，大臣參議以下及外國公使悉參集。勅曰：「朕維農爲邦本，物産由以殖，生民由以富，是斯學不可不講也。本校建築竣，朕甚嘉之。兹躬臨舉開校之典。冀此後我國産日益繁，國民日益富。朕有厚望焉。」內務卿大久保利通爲祝詞，答勅曰：「本校建築竣，龍駕親臨，舉開校典，本校榮幸，何以加之！恭惟本邦農事從未專門講肄，陛下聰明叡哲，知農學爲急務，創建此校。徵萬國之實驗，究庶物之性質，俾富民殖産之道大興隆，實生民之大幸，國家之洪福。臣利通欽奉聖旨，豈敢不黽勉從事，猗歟休哉！我邦農事駸駸乎日開月進，物産益繁殖，民生益富饒，其自今日始。」勸農局令各地方有名穀、菜種互相交换，以謀增殖。於三田育種場每年四月、十月開大市二次，每月開小市數次，以流通之。勸農局行農事通信法，定爲三等：曰臨時報，曰月報，曰年報。以考察内外農事之實況，以聯絡其氣脈，計較其利害，俾質問應答，以謀農産改良，農業進步。頒規則十七條，尋續增七條。參議兼內務卿大久保利通以其俸金五千四百二十三圓捐入勸農局駒場野農學校。其款項永存銀行，以其息金充學校諸生褒賞金。三月，內務省議貸金三百餘萬圓於民間，爲墾闢原野、疏通水利之費，以謀物産增殖。勸農局刊行《農事月報》。四月，於和歌山縣開農事通信委員會，討議植物改良方法。勸農局定種苗交换規則，頒之各府縣。五月，曩舉勸業博覽會，内務省特頒條教於府縣地方官，令具陳關勸業之現狀及將來施行之意見，至是地方官上陳查考各事項於勸業博覽會事務局。參議内務卿大久保利通薨。利通夙慮物産不殖，國力不旺，謂時勢之急要，無過殖産厚生之術，故專力於勸農興業，其功甚偉。内務省貸金二萬四千二百四十圓於山形縣管内，充增殖桑、楮之費。愛知縣三河國北設樂郡，數村人民始開農談會。六月，地理局置官林作業課。先是大別内國山林爲五大林區，至七月更增爲六大林區。七月，勸農局購英國小麥、馬鈴薯、苜蓿等佳種。改駒場農學校試業科生徒稱農事見習生。九月，愛知縣開博覽會。三重縣開管内物産博覽會。十月，内務省購羊種千五百餘頭於澳洲，移之下總牧羊場。岐阜縣假設農事講習所，募集生徒，肄習農學。十二月，勸農局以赤、白二種小麥頒大坂府及靜岡、愛知、兵庫、堺、岡山等處播植之。是歲勸農局應府縣人民請求，頒貸穀、菜、牧草、用材等種子七石一斗七升二合，果樹用材之穉苗十二萬三千五百七十八本、牛二十四頭、馬六頭、羊十八頭於民間。調查官林。從前調查僅查林位、面積二項而已，今復精查地質、地勢、氣候、植帶等項。開拓使因北海道漁家乏資本，米鹽、漁具貸於人，仰漁獲價金以償之，致往往貶價求售，常致失利。特定漁業貸金規則，貸金以贍助之。

十二年正月，議決置暖地植物試驗地於神户，勸農局求蔗苗於清國香港。内務省遣員獎勵製造紅茶者。勸農局謀煙草栽培、製造改良法。二月，福岡縣於管内設勸業會，時時開小集會，於春、秋二次開大集會。廣島縣開勸業會，謀植桑及製造海苔改良法。三月，命內務、大藏兩省管內外博覽會事務。長崎縣開博覽會議，繁殖山林及試植有用植物。四月，開拓使所傭清國人范永吉、許士泰請編籍北海道，許之。內務省所募集牧羊生徒，既三年卒業，授證狀，歸鄉下總牧羊場。農事篤志者謀開東洋農會，尋刊行《農會四季報告》。內務省以勸農局新宿試驗場屬宮內省，爲植物御苑。勸農局議決：明年德意志於柏爾靈開漁業博覽會，出品前往。內務省置山林局、勸農局。長松方正義氏自法國歸，謂法國農、商事業保護獎勵之順序及慣法，雖政策多端，而以設競爭會爲尤有利益。特稟內務、大藏兩卿，爰效其法，蒐集各地物産而品評之，名曰共進會，以振起殖産之業。稟之太政官，得裁可。自兩省布令開生絲、繭、茶共進會，頒規則。尋又頒申告書式會規則、審查規則。以速水堅曹爲審查生絲長，齋藤素縣副之，多田元吉爲審查製茶長。內務省謂調查地質殖産基本乃方今急務，以自今十二年起期調查全國土質，每年支用費金五萬八千圓，得太政官裁可。命地質學師德意志人納吾孟昂任調查事。六月，定山林局中事務，分置植樹、伐木、運材、運船、出納五課。再置內國勸業博覽會事務局，以大藏、內務二省管之，處第二次內國勸業博覽會事務。內務省以靜岡縣人中條景昭等開茶園，培養乏力，貸金二萬圓助之。是月內務省定國內農田爲十二區，遣勸農局員分區視察農況。七月，山梨縣興葡萄釀酒業，內務省稟太政官貸以金一萬五千圓。九月，開製茶共進會於橫濱，內務卿伊藤博文、大藏卿大隈重信臨會場，行開場典禮。勸農局長松方正義謀農業進步，議會萃中外古今關農事之良法新説，編爲一大完備之農書，以資實際考求。伊藤内務卿納其議，徵員討論，然後編纂。勸農局刊行農務統計表，大别爲土地、人口、農事三類。羣馬縣於管内選篤志農事者四名爲督農委員，巡視各村，以奬勵農業。十月，製茶共進會列品審查畢。内務卿伊藤博文、大藏卿大隈重信臨會場授褒賞，勸農局長松方正義以下官員悉參列。出品人員八百四十八人，預賞者二百八十三人。勸農、商務兩局更招集各地茶業者，開茶事集談會及製茶共進會，期滿，勸農局長松方正義、商務局長河瀨秀治臨會場行閉會典禮。松方正義演説茶業要旨，奬勵出品者。以駒場農學教員松屬新之助充德意志漁業博覽會事務官。内務、大藏兩省决定明年開棉、糖共進會於大阪府，頒布規則。十一月，開生絲、繭共進會於横濱。勸農局三田育種場所屬之農具製作所成，於是月開業。生絲、繭共進會列品審查畢，内務卿伊藤博文、大藏卿大隈重信臨會授褒賞。出品者千一百餘人，得賞者三百五十七人。會期滿，勸農局長松方正義等行閉場典禮。青森縣設産馬共進會。秋田縣開勸業會，謀農産、畜牧之開進。廣島縣設農學校。十二月，頒美國早熟琥珀甘蔗種於各地。愛媛縣創製絲傳習所，以教授女工。

十三年正月，大藏省令府縣每歲將部内之穀類收穫數目，及有無水旱申報常平局。取香種畜場與下總牧羊場合併爲下總種畜場，補正駒場農學校規則，增置普通農學科。二月，大坂府開棉、糖共進會，大藏卿河瀨秀治、勸農局長田中芳男等臨之，行開場典禮。内務省决定設置紅茶傳習所之處爲岐阜、堺、熊本、大分四縣，用金二萬六千圓。尋於鹿兒島再增設傳習所一。三月，宮城縣人至内務省求製蘆粟餹器械，賃與之。先是勸業試驗場試以蘆粟製餹得良績，故各村頗傳習云。以能久親王爲第二次内國勸業博覽會事務總裁。棉、糖共進會出品審查畢，内務卿松方正義臨會場授褒賞，勸業局長田中芳男等以下官悉參集，凡千八百餘人。出品者棉凡五千九十三人，受賞者九百十三人；糖凡一千四十四人，受賞者二百九十六人。又以大隅國人直川智讃、岐國人向山周慶首習製餹術，及周防國人村本三五郎考求種棉法，有功賜金。内務省改勸農局分課爲本務課、報告課、陸産課、水産課、製造課、算查課、地質課；庶務掛農學校、下總種畜場、三田育種場、富岡製絲場、千住製絨所、新町紡績所、愛知紡績所、廣島紡績所、三田農具製作所。又於本務課置議案、視察兩掛，報告課置通信、統計、編輯、簿册四掛，陸産課置樹藝、牧畜、開墾、農具、棉務、餹務六掛，水産課置調整、漁撈、採藻、蕃殖四掛，製造課置蠶絲、製茶及各種製造三掛，地質課置地質、地形、土性、製圖、庶務、會計六掛。勸農局依津田仙之請購美國琥珀甘蔗種百十石，以應宮城、長野、石川、栃等縣農民之購求。又購蔗苗於清國廣東，試植於和泉等國。又求得臺灣種，植之駒場農學校、三田育種場。四月，東京府民小松新爲開墾相模國仙原，從内務省賃西洋農具，許之。内務卿松方正義代理勸農局長。田中芳男等臨棉、糖共進會行閉會典禮，松方内務卿演説開會之主旨，並將來當注意之處，告戒出品者。五月，勸農局勸告府縣可漸次開農事會、共進會，以謀各管内之物産蕃殖、農業改良。六月，車駕西巡至山梨縣，幸勸業場、物産陳列所、製絲場。車駕至信濃國，追念宮坂伊三郎父子移殖蝦、蜆於諏訪湖之功，賞物於其嗣子以勞之。内務省定勸業資金貸與法，厥有七端：一曰貸與勸業資金。别爲二，甲士族授産，乙一般殖産。士族授産者，使無産貧窮之士族咸得恒産爲宗旨；一般殖産者，不論族籍貧富，概以增殖國産爲主旨。二曰凡貸與，以受者有抵質品爲定則。然授産士族則衡其人之情狀，事業之景象，或無抵質品亦貸與。三曰雖一般殖産，苟請求者性情篤實，事業之利益著大，或無抵質品亦貸與。四曰以抵質品貸與者，必使地方官督其營業，以其起業之房屋、器械等爲抵質。五曰抵質品以公債證書，或土地，或機械并製造場等充之。六曰返納貸與金及據置年限等，由事業之種類及士族一般之不同而定。即無論士族、一般，凡係於開墾牧畜者，以十年爲返納年限。係於農産或製造事業者，以五年爲返納年限。據置年限則無論士族、一般，凡係開墾與牧畜者，皆係五年。其係於製造事業者，則三年。係於士族之農産事業者，則五年。係通常農産事業者，則三年。利息則士族之係於開墾牧畜者，概免納。其係於一般開墾牧畜者，以百分之三以上、之六以下爲定例。係於士族之製造事業者亦然。係於一般製造事業者，則百分之四以上、之六以下。而係於農産事業者，則士族、一般皆百分之三以上、六以下。但據置年限中，則總不付利息。七曰以上限制皆示其極度者，故苟其事業容易，不必付與據置年限。七月，車駕發京都，至神户，賞兵庫縣人高田嘉兵衛興紡績業之功，賜金勞其子孫。十一月，内務省令府縣爲勸誘業産起見，將官設事業之種類，區別起業之旨趣、創始之年月、資金之出處及數目、開業以來之沉狀，並將處理方法悉申報。十二月，内務省以養護山林之要旨諭告府縣，令挽回其衰荒。山林局更正《處務條例》，陸産課中分樹藝、牧畜、開墾、獵業、農具、棉務、糖務、獸醫八掛，製造課中分蠶絲、製茶、試製各種製品四掛，地質課中分地質、土性、地形、分析、製圖、事務六掛，算查課中分審查、調整、計算、用度四掛，農學校中分學事、植醫、獸醫、化學、現業、博物、書器七掛。下總種畜場頒獸醫術學制，募集生徒。

十四年正月，宫城縣開米、豆共進會。内務省令府縣董勸保護漁業者，令改良漁法，以謀水産之繁殖。大坂府棉商社設棉種交易所。愛媛縣設農事會行種苗交易法。熊本縣士族結蠶業會社，内務省貸以金三萬圓。翻刻清國欽定《授時通考》，松方内務卿表上之，頒之府縣。三月，開第二次内國勸業博覽會於上野公園，車駕臨幸，行開場典禮，皇族大臣參議以下及外國公使悉陪從。勅曰：「第二次内國勸業博覽會館落成，爰行開場之典。朕維爾來産業日昌盛，絜之前次，品物較精良且夥多，信爲人智開進之所致，亦由有司獎勵之功。今後其益黽勉，以期産業日盛，以永享殷富之福。」本會事務總裁能久親王爲祝詞，答勅曰：「今兹明治十四年三月一日，第二次内國勸業博覽會館建築落成。鸞輅臨幸，親行開場之盛典。維博覽會之要旨在謀物産增殖，工藝進步，商路擴張，以使國家殷富，豈非勸業之要務耶？自第一次開設内國勸業博覽會以來，至復開設，前會出品人員萬六千一百餘人，本會出品人員至三萬一千五百四十五人，殆增三倍。是實人智開進之所致，由於前會之鼓勵。伏惟農桑之業，遠出神代；工藝之務，上世已開。累朝修勤儉之法，講文明之治，物産、工藝之進步，雖由來已遠，實無今日之盛。嗚呼！我民幸際明時開盛會，當知感奮興起，使物産益殖，工藝愈進，況親辱勅語獎勵？能久承乏爲本會總裁，幸據陛下聖德，始勵率先，他日必以成蹟奏上，以副聖意。茲呈會場區畫圖及出品目録，敬頌陛下聖德，並祈國家康福。」石川縣開米共進會。内務省召集各地方老農及篤志農事者，開農談會於東京淺草本願寺，及閉會，左大臣熾仁親王、參議寺島家則、伊藤博文及内務卿松方正義以下官並臨會所。特命會員中村直三演説農事意見。三重縣設製茶會，討究製茶改良方法。静岡縣人海瀨八十八等創産馬會社。四月，東洋農會、農談會合併爲大日本農會，議定會章，設事務所於三田育種場。立農商務省，割内務省中内務、大藏兩省事務屬之。省中設書記、農務、商務、工務、山林、驛遞、博物、會計八局。廢勸農局，移其事務入之。以田中芳男爲農務局長。五月，農商務省爲視察各地農、工、商實況，興勸農事務，以圖改進。特創農工商諮詢會，定訂規則。農務局定牡(勵)〔蠣〕移殖地於武藏國金澤灣。六月，農務局輯《農事要覽》頒府縣。内國勸業博覽會列品審查畢，天子臨幸，授褒賞。勅曰：「第二次勸業博覽會列品審畢，行授褒賞之典。朕維圖産業之隆盛，在審查優劣，褒賞精良，自今望全國人民益奮勵盡力於産業。」本會總裁能久親王爲祝詞，答勅曰：「濟世之要，在利用阜物；安民之務，在殖産興工。恭惟陛下叡聖文武，夙開經綸之業，丕焕維新之謨。曩各館建築竣，行開會典，龍駕賜幸。今審列品畢，更臨授賞之場，辱鳳綸之旨。能久任總裁，敢不奉戴聖意，翼贊皇猷！抑萬類咸陳而睹博覽之工，百工齊興而舉勸業之實，所賞之品乃六館之雋，所褒之物爲各類之選，名譽於以輝彰，而進步益可期望。出品者及九萬，與賞者幾四千，較之前會效果大著。爾後其績必熙，富强之源於是既開，文明之治自此益振，誠昭代之盛事，本會之光榮。恭進奏褒賞，授與《人名録》二卷，謹答聖諭。計本會第五區農產物品之數，凡三萬一千九百七品，得褒賞者千七百七十三品。」會期滿，事務總裁能久親王行閉場典禮，副總裁以下官悉參與，能久親王躬爲演説，東京府知事松田道之等陳答詞。山口縣及長門國人民並開農事會。七月，大日本農會始刊行《會報》。八月，農務局刊《農談會日誌》。九月，開拓使及新潟、秋田、石川、福井四縣，聯合開米、繭共進會於札幌。十月，長野縣開蠶種、繭、烟草、藍、紙、麻共進會於東筑摩郡之松本。車駕巡山形縣，賞縣民竹村仙次郎、板垣董五郎、深部議平大之墾田，生田十兵衛之疏水，平山度次郎之牧畜，佐佐木宇右衛門之養蠶，桝屋十兵衛之製鹽功，賚金有差。十二月，農商務省諭告府縣，令獎勵農、工、商事業，務宜盡意鼓舞保護之，勿得疏懈。

十五年正月，三重縣鈴鹿郡人民合資開物產會，其會中所列品凡千八百三十六種，縱觀十日而畢。三重縣又開米、麥、菜、藍共進會，列品二百七十有九種，縱觀五日而畢。又和歌山郡人民開農事會，講求選種及貯藏方法、耕田節季之利害。福井縣人民開農談會，講求山林蕃殖法、害草芟除法等事。農務局購求清國青魚、鰱魚、鯝魚於上海，以謀增殖。二月，禁伐森林。開米、麥、大豆、烟草、菜種及山林共進會於上野公園，農商務卿品川彌二郎臨之，行開會典禮，警視總巡樺山資紀以下悉參集。品川彌二郎讀開會文，述開會要旨，令衆庶得縱覽，列品三萬五千餘種。岐阜縣開生絲、茶、米共進會，列品二千一百餘種。三月，熊本縣開繭、生絲、茶、棉、蠟紙、烟草、藍、大小豆共進會。琦玉縣下三郡開聯合農談會。大日本農會設支會於京都。上野公園博物館成，行開館禮，車駕幸臨，遂授米、麥、大豆、烟草、菜種及山林共進會之褒賞，農商務卿品川彌二郎臨場行授賞典禮。大日本農會開穀物、烟草、菜種集談會於農商務省議事堂，頒問題如下。穀物部：一選種及貯藏交換方法；二耕耘得失；三農具之便否得失；四害田圃物驅除法；五農業將來改良方法。烟草部：一氣候及地味；二種類及選種；三苗床播種及移植；四栽培肥料及收穫；五驅除害蟲；六乾製方法；七販賣、製造及器械。菜種部：一氣候及地味；二種類及選種；三移植、耕耘、栽培、肥料及收穫；四販賣及壓油方法、器械與油滓之用途。農商務省令沿海府縣戒漁户，以潛水器採鮑等介族當爲之節制，勿妨害其蕃殖。愛知縣人民開農談會，講求蟲害豫防及驅除方法。四月，農商務省謀製鹽改良，立洋式製鹽試驗場。五月，秋田縣農談會講求設試驗場法及肥料製造法，植桑、桐及漆獎勵法。十二年，勸農局長松方正義建議編纂農書，以鞅掌繁劇，未遑着手。本年二月，農務局長田中芳男及松方正義再申前請，期以八年，蒐羅中外古今農書爲一大完備之書。農商務卿西鄉從道採納之，仍申太政官，得許可。農商務省於曩年定《種牛馬貸與規則》，至是令府縣申報邇來牛、馬、羊、驢、豚蕃殖之狀。駒場農學校定職制及具名稱等級。三重縣召集管内蠶業家會議，開養蠶製絲會於縣廳議事堂。六月，特旨贈農政物産學大家佐藤信淵正五位。信淵，出羽國人，幼通天文、曆數、内外一切學術，專修農政物産，著《農政本論》、《草木六部》、《耕種法》等書數十種，農政之學賴以昌明。嘉永三年卒。至是追録其功，特加褒贈。車駕再幸下總種畜場，察視種畜蕃息之景狀。廣島縣民岡八壽事等二十餘人謀殖牛方法，貸貲金萬圓於農商務省，許之。先是岩手縣設獸醫學舍，至是改稱岩手獸醫學校。宫城、岩手、青森三縣謀牧馬改良，謀補助金於農商務省，得請，給補助金二萬圓。定農務局處務條項爲報告、陸産、水産、庶務四課及農學校、農具製作所。但各課處務順敘，與從前無異。八月設立大日本山林會，以二品貞愛親王爲會頭。又立大日本水産會，以二品嘉彰親王爲會頭。各賜内帑金五百圓獎勵之。十月，羣馬等七縣聯合開繭、生絲、絹織物、棉織物共進會，出品數五千五百十有四，農商務省遣速水堅曹等員審查之，二旬而畢。熊本縣私立獸醫學校。十一月，農務局謀鱗族蕃殖議決，放養鮹、鯇等魚苗於下野日光山之中禪寺湖。十二月，農商務省開山林學校於西原，稱東京山林學校。設水産博覽會事務所於上野公園。千葉縣設比較農産談話會，參集者百十餘人，農産列品三百餘種，農商務省遣關澤明清等臨之。

十六年三月，開水産博覽會，農商務卿品川彌二郎臨之，行開場典禮，主務局長以下並參集。

本會幹事田中芳男述本會概況，並呈列品目録於品川農商務卿。品川彌二郎讀開會文，述本會要旨。出品人操答詞，禮畢，賜各員茶果。本會出品者，無慮萬五百餘人，物品萬五千餘種。農務局設製糖試驗場於鹿兒島縣，試驗該縣土質是否宜植蔗，及試驗栽培法之得失。四月，文部省定《農學校通則》，分農學校爲二種：甲種之宗旨，主育成躬操農業者；乙種主育成善處理農業者。又校課亦分甲、乙二種：甲種授農事實業；乙種則學理與實業並授，且須準備供試驗之田圃。農商務省令府縣調查鳥獸中於農業有功者，當保護蕃殖，可將其名稱、性質、效用、蕃殖期及獵具等開陳。五月，定《第二次製茶共進會規則》。更東京山下町農務局所轄地稱農産陳列所。農商務省中農務、商務、工務三局，謀召集各地方蠶業者數十人，開蠶絲諮詢會於本省議堂。水産博覽審查會畢，車駕臨幸，行授賞典禮，皇族大臣參議等悉陪從。敕曰：「朕爰親臨水産博覽會，行授與褒賞之典。惟吾邦河海之物産雖富，而蕃殖漁獲之術未精，用是設本會。自今伊始，其益改良進步，以圖斯業之隆盛。」農商務省卿西鄉從道拜授且奉答，乃進奏褒賞授與人名録，受賞者凡千一百三十二人。及典禮畢，賜參列諸臣酒饌。農商務省授與駒場農學校創立以來，各專門學科卒業生中優等五十八人學位。是日，皇族大臣參議等臨校行授學位典禮。農商務西鄉從道讀式文曰：「茲舉行授學位證書之典，夫位之所屬，責亦歸之，諸子之任頗大。諸子其益勉勿怠！」農務局長田中芳男讀式文曰：「本校卒業生甲等者得五十八人：農學科凡二十三人，獸醫科凡三十人，農藝化學科凡五人。諸子曩負蟾宫之譽，今賜學士之稱，實諸子之大榮幸。芳男今特以一言稱贊之，可乎？夫本邦以農立國，雖有『瑞穗國』之稱，然或原本習慣，或摹倣漢土，固無一定之規律，是以未有學士之稱。故内務卿贈正二位右大臣大久保公夙慨歎之，參酌歐美諸洲之法，以養成學士圖富强，特倡開創本校之議，首捐金以助學資，興學於明治十一年一月。於戲！公既没矣，而今日乃得舉此盛典。蓋本校維持法之得宜，雖始於大久保公，亦由松方内務卿能繼續之。非然，安得見公之遺績！今西鄉農商務卿知農事之貴重，特諭授以學士之稱。夫令名所屬，亦在諸生之自任以振興之。然則此業之振興與否，實諸子之責既重且大。其興世益利生民，此芳男所深信不疑者，諸子其勉之！」次農學校長關澤明清述祝詞，學士玉利喜造代衆述答辭，成禮而退。農書編纂掛定《農書》目次，大别之爲農史、農政、農理、農業、統計、農曆六門。農史門起神代迄今兹。農政門分類十一：曰祭典，曰職官，曰法制，曰田積，曰田類，曰賦役，曰土工，曰牧畜，曰備荒，曰山林，曰漁獵。農理門分類九：曰氣象，曰植物，曰動物，曰土壤，曰肥料，曰農器，曰土木，曰農用經濟，曰農事試驗，專載農業與學理關係之説。農業門專類編耕種牧畜之事實。統計門具載全國之地積、人口及耕地、山林、牧場、物産等。農曆門以札幌、仙臺、東京、大阪、熊本五處爲本，記耕種、牧畜之年中行事，而謀材料蒐集之便，令府縣徵集民間之舊聞故籍，申上以資採擇。此明治十七年以前，農政之大略也。

總計日本農業革新之由，不外設農官，定規則，開荒地，毓森林，興水利，編書報，開賽會，創學堂、學會，貸帑金爲開業費諸事。而尤能鼓舞國民之精神、促事業之發達者，則在天子臨幸會場、學校，巡視農田水利工場，褒有功，獎優異。即事業家之既往者，且追贈其子孫。大久保公又首捐金以倡導之，政化之行，風行草偃，有以也夫！日本以海中島國，境地如此之狹隘，而自農政革新以來，殖産乃倍於昔，況中國之地大物博，若鑒日本之成績，而謀振興之，其殖産之豐富，豈有既哉！爰書之，以爲我政府、我國民勸。

德意志農會記略

歐洲農業夙推德與法，而德尤精。讀《大日本農會報》所記德國農會情形，不覺瞿然驚，慨然歎曰：「德國農業之進化無已，有以哉！」

案《日本農報》所載，德都大農會二：一曰農政會；二曰農事會。農政會創於一千八百七十二年，其宗旨在觀察全國農業之利害、法令之得失，以應政府之咨訪。會中常議員七十五人，選自聯邦各農會。每邦員數多寡不等，普國最多，凡選二十有五員；他邦則少至一二人，多至四五人已耳。三年爲一任期，期滿更選焉。農事會則創於一千八百八十五年，以考驗學術、改良實業爲宗旨。最初會員二千八百人，今遞增至萬二千五百六十五人。會員分四等：曰通常，曰贊助，曰名譽，曰通信。會金則通常員歲輸銀十圓，終身百圓；贊助員歲輸五十圓，終身五百圓。每歲收會金十七萬五千圓，其他歲入又三萬五千圓。財産五十萬。會中有總裁、副總裁、總務委員、重役、監查役等，以掌會職。總裁歲一易。分全國農地爲十二區，每歲大集會一次，循行十二區中。又於此十二農區順次開農事共進會。去年開會時自六月一日至六日，來觀者十四萬六千四百八十七人。至日曜日，則一日之間來觀者多至六萬有八百二十五人。皇太后、皇帝及皇族貴介，農商務省大臣、次官以下咸集，出賞品焉。其會之大略如是。

案西人之於學術事業，其所以日進無疆者，實因合羣力羣智故。農業，其一斑也。而以絜之中國古者井田通力之意，若合符節。嗚呼！歐洲今日文明之制度，中國二千年以前實已起點，惜良法美意遞降遞失，非但不能進步，且並不能保存焉。噫！

記巴黎世界大博覽會農産館

日本國民新聞記者人見一太郎氏，在巴黎觀世界大博覽會，而記農産館之大略，刻之《新農報》。其言曰：「大博覽會之農産館與祝典室鄰，均舊機械館地也。農産館之地位實夾祝典室，其一旁爲法國列品所，他旁爲各國列品所。」

法國列品之地，視各國廣大殆十倍之。其建築或爲高數丈之鋭塔，或爲容數百噸之船形，自外視之，龐然一大厦也。逮入門，則門户錯列，爲異時代異建築之家屋。其列品以香鞭酒及葡萄酒爲最，其農商各出品並極精美。

至各國列品室，左爲俄，右爲德。俄列品室有高三丈、長七八丈之假岩窟，而以翦絲爲蔓纏之，極壯麗。其中列酒類，岩前列農具、雜穀、麻苎之類。農具不見大進步，殆遜於英、美。其火酒及他酒之裝飾頗大費財力，而他物裝飾則不及英、美，猶存農家本色焉。其博看客之贊賞者，爲以雜穀所造之圓柱，計稞麥柱二，以稞麥黏附高一丈五尺、直徑二尺五寸許之圓柱上。樹之於門，以代門柱。此二柱之左右，又有燕麥柱高丈二尺，小麥柱高六尺，大麥柱高四尺，豆柱高三尺五寸，隨其高低，依次立之。而更納此等雜穀於帒，以資考查，絶不裝飾，殆同農家老屋中之貯藏也。

德國館廣三丈，長十二丈六尺。其樓上爲數小室，每室陳一人所出品，有研究泥炭試驗器、發酵試驗器等寫真，及其他研究農學之成蹟圖畫寫真、翦羊毛及剥革器械、罐藏蕪菁、馬鈴薯、岩石及地質試驗成蹟表、林檎標本、關牧畜書籍等。又室諸果、麥酒、葎草，又室有食料、試驗器械類、農具類、製造麥酒器械類。館中隙地又陳諸大器械，羅列最爲精整。

鄰德國者爲英，英國列品室之廣殆與德同。其列品多爲精製品，故陳餅而不陳麥，陳林檎酒而不陳林檎，其他皆類是。其陳列麥酒尤多，又作餅塔高丈餘，爲有名餅商某會社所製，其自稱爲世界第一者也。其他如芥末、果物等，要皆精製品。更羅列器械類，麥酒罐藏器械之外，則爲大有聲譽之農用具甚夥。

合觀英、德兩國出品，英國殆不異商店，其廣招來、擴販路之意顯然（各）〔若〕揭。而德國則所陳諸品，若成蹟表、器械標本等，顯見學術之進步，殆翹然首出於各國。總之，德國列品似出於學術家，英國列品則似出之商人也。

英國部之側爲美國部，其陳列室四壁聳出，宛如大城郭，其内列所數十，整然可觀。其出品之主要者爲林檎、梨等果物之罐藏品，杏、梅、櫻桃等之糖漬品。而桃與葡萄尤佳，殆有獨步世界之勢矣。又懸玉蜀黍於圓架之四周，白、黄、赤色相間，粲然可觀。更有玉蜀黍粒貯玻璃匣中。其他農産物可觀者甚多。

其亞於德國部者爲丹馬，次之者爲日本，亞於英國部者爲比利時。丹馬部長七丈八尺，闊七丈二尺，裝飾雖畢而未許游覽。比利時之陳列所，其地之廣殆兼有日本、丹馬二部，而出品不多。館前左右有酒肆，售麥酒。入門則一室陳列酒類，一室置製麥酒機械二、製糖機械一，其兩壁悉以酒罋數百飾之。其他尚有關官府學校出品、農産物産出表、教科書、牧畜寫真等。日本部廣四丈二尺，長六丈六尺餘，狹於丹馬。場所既隘，出品亦少，然有數品大博觀者之嘉許，亦可稍吐氣也。其主要者約三品：曰日本茶，曰臺灣茶，曰醬油。而醬油中外人嗜好，將來輸出品中定可望推擴也。此外更有麥酒，亦爲外人注目。更懸挂籃、玉蜀黍、豆類、麥、稻等於壁間，玻璃箱中置煙草葉、葛粉等，並陳蓮根、松茸罐藏品等。又列農商務省出品之穀類、絹、茶等生産一覽圖之類。此其大略也云云。

玉案：博覽會之益，可獎勵實業家之進步，可推廣國家之商務，可增長交換國民之智識，蓋一舉而數善備焉。中國風氣未開，而地大物博，若加意講求，先於各地開競進會，其用金有限而鼓厲甚捷。兹因述巴黎博覽會事而論及之。我農家其加之意乎！

附墾荒裕國策

今日環球各國財政之支絀，莫中國若；而理財之易，亦莫中國若。玉，農夫也，請言農。農事繁，請先言墾荒立策如左。

此策之宗旨，在令民間以私財墾荒田。三十年間逐次收爲公田，歸之國家，以充國用。

法宜每省立稽查荒田局，設員總其事。由大府飭各地方官呈報管内荒田之數，繪圖貼説，不厭詳細。予以期限，逾期不報及報而不詳實者，一經查出，輕則降調，重則斥革，以示懲儆。其舉報速而查核精者，予升賞，以示優異。

局中總辦，必選夙究農事能舉其職者，不拘資格。局中散員亦然。凡局員皆由總辦自行徵選，以免掣肘，以專責成。

此次墾荒，務諄戒地方官，令不得如從來故事，敷衍稟報，苟且塞責。故必須派員核驗其稟報，以行賞罰。總以不留一寸荒地，令地利盡闢而後已。

中國從來墾法，皆由地方官就荒田之等差，分上、中、下三則，而令民領墾。第一年有領墾費，上則每畝約錢千，中則、下則視此遞降，三年而升科税之如熟田。此常法也。今訂墾法則不然。凡荒地無論多寡，既由一人領墾，則貲金由其自籌，章程由其自訂，或招股，或獨任，地方官不加限制。領田時不須領費，墾熟後亦不必升科。惟必限五年内墾熟，捐其所墾之田六分之一於國家，再五年又如之。以後每五年，必捐其田六分之一，三十年而盡收爲公田焉。

此舉，利國利民利墾主。曷言利國？譬如有田萬畝，若照舊例，即上則者亦不過收領費萬圓已耳，墾熟以後，歲税所入不足以濟大用。今用前策，墾熟歸公，則每年有萬圓之收入，此利國之徵也。曷言利民？畝養一人，萬畝養萬人，百萬畝則養百萬人。而墾田既多，穀價較賤，貧民便利孰甚焉！此利民之徵也。曷言利墾主？假如有荒地三萬畝，每畝墾費銀四圓，合計須銀十二萬圓。五年而墾熟，除繳國家五千畝以外，餘二萬五千畝。每畝所收至歉之數爲銀一圓，計得二萬五千圓。通五年所積得十二萬五千圓，墾本收回以外，尚贏五千圓。及十一年至十五年，除去繳官五千畝外，餘二萬畝，歲得二萬圓。通五年所積，得十萬圓。十六年至二十年，除去繳官五千畝外，餘萬五千畝，歲得萬五千圓，通五年所積得七萬二千五百圓。二十一至二十五年，除去繳官五千畝外，餘五千畝，歲得五千圓，通五年所積得二萬五千圓。核計以上支出之費不過十二萬圓，而三十年之歲收得三十七萬二千五百圓，實贏二十五萬二千五百圓。此利墾主之徵也。

但領墾之人，國家須加厚獎，以導誘之。宜定例令，有墾田五千畝者，予七品官。墾愈多，賞愈加。以是爲差，凡墾主墾地至三十年期，第六次繳田時，再格外加恩予以賞功田，其數視所墾之多寡，要以十分之一爲率。賞功之田永遠不税，以示國家旌勞勸農之意。

二百四十步爲畝，三百六十步爲里。方里爲田五頃四十畝，方百里爲田五萬四千頃。考之各省荒地，除東三省不計外，即以各行省計之：畿輔自天津東至永平，各屬近海漲地，不下一二百平方里。即以一百平方里計之，已得田五萬四千頃矣。至山西之河套，土地膏沃，皆廢爲牧場，若墾之可拓爲田數百平方里。推之就近諸省，若江蘇之海州葦蕩、通海鹽場；湖北沿江、沿湖各漲地，隨處有之，其數不勝計。今以至少之數斷之，假定各省荒地爲一千平方里，合田五十四萬頃。今由民間墾熟，至第五年國家收地九萬頃，歲收九百萬圓。第十一年則併前所收地得十八萬頃，歲收千八百萬圓。第十六年則併前所收地得二十七萬頃，歲收二千七百萬圓。第二十一年則併前所收地得三十六萬頃，歲收三千八百萬圓。第二十六年則併前所收地得四十五萬頃，歲收四千五百萬圓。第三十年除去賞功田十分之一，計五萬四千頃以外，增官田爲四十八萬六千頃，歲收四千八百萬圓。國家不費一錢，而坐致每歲數千萬之巨款，其利豈不溥哉！

畿輔之側，若開地百平方里以爲稻田，則每歲所收足供天儲之需，不復仰給南漕矣。其所省運輸之費，又不少。

利國如此，利民如彼。而墾户於三十年中，以本金一得息金二有奇，誠無乎不利矣。顧或謂今以銀百圓貸於人，以歲息一分計，三十年中可得息金三百六十圓，合本金計之得四百六十圓，其利更厚於墾荒矣。此言殊誤。考墾荒之利，依前所舉則一百二十圓之貲本，得息銀二百五十餘圓。再合以賞功田十分之一，計十畝，以每畝值十五圓計之，常田有歲税，賞功田無之，價當較昂。又得百五十圓，合之前數，本利共得五百二十餘圓，較之貸金，殆不減矣。

或謂開地五千畝，賞七品官，毋乃太優乎？曰依籌餉捐例例之，殆未爲過。荒田墾熟，至賤之價每畝值十圓，五千畝值五萬圓矣。烏得爲太優！

公田收入以後，可令將來肄業農學卒業之士，爲田畯以掌之。每地千畝設田畯一人，任課耕、收納之事，教民以改良之法，以增歲收。其所赢之金，即爲田畯之勞金。而租額則仍畝收一圓，但無論豐歉，不得短絀，惟大凶之歲乃得酌免。如是則田野既闢，農學亦日臻進步矣。至田畯之能舉其職與否，應不時訪察，以行勸懲。

凡民已墾之田，日後若須用爲鐵路、工廠，無論爲官爲私，皆給田值，其價與他民間熟田同，不得意爲低昂。又開荒時所購農具、機器、種子、牛馬等，應準免各税，以貲激勸。

墾主具領官地以後，由本省督撫頒執照，令收執以後獎敍頒賞功田，以此爲憑信。賞官之典，俟五年田地墾熟，繳第一次官地時行之。

墾户領田至第五年，仍未一律墾熟者，仍照收六分地之一爲官田，而不給獎勵。俟全田墾熟，然後行賞官之典。若所墾地已五年，而仍未墾至六分之一者，奪其田予他人。

新墾之田，不得植鴉片等病國殃民之物，著之令典，違令者奪獎，不給賞功田。墾主力不足，應准其以領墾執照至銀行貸銀。但僅能在中國銀行，不得在外國銀行，亦不許借外國債及招外人入股。若犯以上所説，除奪獎不給賞功田外，更加以相當之懲罰。至向銀行貸金亦有程度，每萬畝所借不得逾萬圓。

財政之絀，待用之殷，莫今日若。况又當外侮内變初定之際，理財之策，更須妥籌。若聚斂失宜，國益不堪。故得百分利之策，不如得一開源之方。若照以上辦法，效速而款巨，富國而益民。不損民間固有之財産，而開萬世不竭之寶藏。若再合以東三省之荒地，亦盡行開墾，則所得又豈止千方里而已哉？謹著芻議，當代達人君子，倘有取乎？

整理後記

《羅振玉學術論著集》第十一集共收書九種。與役同仁分工如下：《上虞羅氏枝分譜》、《集蓼編附録三種》爲張中澍君整理；《扶桑兩月記附張紹文記》爲管成學君整理；《扶桑再遊記》、《五十日夢痕録》、《金州講習會論語講義》由余整理；《本朝學術源流概略》、《俗說》由陳維禮君整理；《農事私議附墾荒裕國策》由陳維禮君整理，管成學君校訂。

整理工作中之謬誤訛漏，所在多有，尚祈讀者諸君不吝賜正。

王同策二〇一〇年三月五日